成为父亲

为什么你能照顾好孩子

[美] 詹姆斯·K.里林（James K.Rilling） 著

王博 译

Father Nature

The Science of Paternal Potential

机械工业出版社

CHINA MACHINE PRESS

本书是一部深入探讨父亲角色及其对孩子成长影响的著作。书中通过分析人类与各种动物的对比，揭示了人类男性在演化过程中形成的独特父爱关怀能力。本书详细阐述了父亲在孩子生存、心理社会发展、情绪调节等方面的重要作用，并探讨了父亲照料的演化历程及其在不同社会中的表现差异。书中还讨论了父亲的经济支持、敏感性、管控能力对孩子成长的影响，以及非传统父亲类型的角色和挑战。通过丰富的案例和研究，本书为读者提供了全面理解父亲在家庭和社会中重要性的视角，强调了父亲积极参与育儿对孩子幸福成长的关键意义。

图书在版编目（CIP）数据

成为父亲 : 为什么你能照顾好孩子 / （美）詹姆斯·K. 里林（James K.Rilling）著；王博译. -- 北京：机械工业出版社，2025. 6. -- ISBN 978-7-111-78317-6

Ⅰ. G782

中国国家版本馆CIP数据核字第20257UE083号

机械工业出版社（北京市百万庄大街22号　邮政编码100037）

策划编辑：坚喜斌	责任编辑：坚喜斌　陈　洁
责任校对：丁梦卓　刘雅娜	责任印制：任维东

唐山楠萍印务有限公司印刷

2025年7月第1版第1次印刷

160mm×235mm · 18印张 · 1插页 · 255千字

标准书号：ISBN 978-7-111-78317-6

定价：79.00元

电话服务　　　　　　　　　　网络服务

客服电话：010-88361066　　机　工　官　网：www.cmpbook.com

　　　　　010-88379833　　机　工　官　博：weibo.com/cmp1952

　　　　　010-68326294　　金　　书　　网：www.golden-book.com

封底无防伪标均为盗版　　机工教育服务网：www.cmpedu.com

序

在大学时光里，我对人类的起源和演化的奥秘深深着迷，这份热情如此强烈，以至于我放弃了成为医生的机会，选择了攻读人类学博士学位。我有幸在研究生阶段见证了非侵入性脑成像技术的诞生，这为我打开了一扇门，让我得以运用现代神经科学的先进手段，探索人类学的深层问题。完成博士后研究后，我投身于研究人类行为特征背后的神经机制，比如合作与语言。后来，我意识到父职关怀是人类独有的行为之一，这个领域虽然被忽视，却极具研究价值。得益于约翰·坦普尔顿基金会的慷慨支持，我将研究转向了父职的生物学基础。在约翰·坦普尔顿基金会项目的开展过程中，我的妻子生下了我们的第一个孩子—— 一个名叫托比（Toby）的可爱的胖小子。在研究父职的同时我亲自抚养他，我的家庭生活与学术研究得以相互启发。五年后，我的女儿米娅（Mia）出生，她的到来为我提供了全新的视角，让我对父职的理解更加深刻，超越了学术的界限。如今，托比和米娅分别十二岁和六岁。在过去的十二年里，无论是在家庭生活还是学术研究中，我都积累了丰富的父职知识，我希望能将这些宝贵的知识和经验分享给更多的人。这本书就是我分享这些知识的尝试。

在我学术生涯的旅途中，我要向多位恩师表达我的感激之情，是他们塑造了我，并且鼓励我进行研究和学术追求，包括 Ted Golos、Karen Strier、Carol Worthman、Melvin Konner、Thomas Insel、Clinton Kilts、Jonathan Cohen、Todd Preuss 和 Larry Young。同时，我也要向那些不吝赐教、为本书各章节提供宝贵意见的朋友和同行们致以谢意，他们是Andrew Engell、Sherryl Goodman、Peter Gray、Michael Gurven、Barry

Hewlett、Sarah Hrdy、Glenn Hutchinson、Melvin Konner、Michael Lamb、Minwoo Lee、Peter Little、Elizabeth Lonsdorf、Daniel Paquette、Jodi Pawluski 和 Larry Young。此外，我还要向实验室的前成员们致谢，特别是 Jennifer Mascaro，她与我共同参与了本书中所描述的研究工作，贡献巨大；还有 Arianna Ophir，她为第二章绘制了许多令人赞叹的动物插画。

我要向麻省理工学院出版社的编辑 Matthew Browne 表达我的感激之情，感谢他在整个出版过程中提供的深思熟虑且审慎的指导。

我非常幸运，因为我的成长之路上有两位世界上最优秀的父母，Richard 和 Carolyn Rilling。他们不仅树立了卓越的父母榜样，而且在我学术探索的道路上，包括这本书的创作过程中，始终给予我坚定的支持。

我特别感谢我的妻子 Barbara，她不仅鼓励我投入必要的时间和精力来完成这项宏大的工程，还阅读了我的几章草稿并给予了建设性的反馈。没有她的爱和支持，这本书是不可能完成的。

我同样要向我的两个孩子，托比和米娅，表达我的感激之情。他们不仅赋予了我关于父职的深刻见解，还慷慨地允许我在书中讲述那些关于他们的温馨故事。

最终，我将这本书献给我亲爱的兄弟 Bob 以表怀念，他在我撰写本书期间突然离世。他是一位出色的丈夫和父亲，我相信他会喜欢这本书的内容。我每天都在怀念他。

前　言

————————

　　小强出生在中国西南部的四川省，他的四肢扭曲、背部佝偻，这让他无法行走。在他三岁时，他的母亲离家出走，他的父亲余旭康决定独自抚养他。唯一一所能接纳残疾学生的学校距离他家将近 8 公里[○]，并且公共交通无法到达，但余旭康决心让儿子接受教育。他会在早上 5 点起床准备小强的午餐，然后背着他步行去学校。之后，他步行回家做工，赚钱维持两个人的生活。稍后，他再回学校去接小强回家。为了让小强接受教育，他每天总共要走将近 32 公里的路程。余旭康的努力似乎得到了回报，他说："小强在学校成绩名列前茅，我为他感到骄傲，我知道他会取得更大的成就。我的梦想是他能上大学。"¹

　　现在，我们将这位忠于奉献的人类父亲同与我们最相近的灵长类动物黑猩猩的父亲进行对比。成年雄性黑猩猩在争夺统治地位和尽可能多的交配机会方面表现得非常积极。它们经常与邻近的黑猩猩群体发生争斗，并很少关心它们自己的后代。² 有时，它们甚至会杀死其他雄性的幼崽。³ 一些著名的学者相信，黑猩猩虽不是我们的祖先，但它们可以作为一个合理的参照供人们研究大约 600 万年前衍生出人类和黑猩猩的原始猿类物种。⁴ 在其他与我们相近的灵长类动物（如倭黑猩猩、大猩猩和红毛猩猩）中，父亲这一角色在照顾后代上也是比较缺失的。⁵ 由此可见，人类男性祖先一定在演化中发生了某些显著的转变，演化赋予了他们父爱关怀的能力，这种能力在余旭康以及许多其他现代人类父亲身上都能看到。

————————

　　○ 原文所用单位为英里，此处已经换算成公里。前言中的单位均已经换算。

这本书将告诉我们这些转变是如何发生的，以及为什么父亲对孩子的幸福变得重要。

雄性黑猩猩的例子并不奇怪。在哺乳动物中，雄性参与育儿是鲜见的。[6] 在大多数物种中，演化使雄性选择追求更多的配偶，而不是只对一个配偶忠诚，并帮助其养育后代。这是因为在冷酷的自然选择中，多配偶的雄性通常更易于将自己的基因传递给下一代，从而获得更大的繁殖成功。然而，在大约 5% 的哺乳动物中，雄性似乎会通过养育子女来最大限度地提高繁殖成功率。[7] 雄性养育子女（或称父亲照料）在哺乳动物中已经独立演化了多次。照料主要有两种类型，即直接照料和间接照料。直接照料包括亲自动手的照料活动，如怀抱、背扛、清洁和玩耍。间接照料不涉及与婴儿的直接接触，但对其有利，主要包括资源供给和提供保护。人类男性把间接照料进一步深化，尤其是资源供给方面，他们在人类社会中始终扮演着这个角色。[8] 但在人类社会的不同群体内部及之间，与间接照料相比，直接照料的情形则有较大的差别。[9] 在许多社会群体中，父亲几乎不参与或根本不参与直接照料。而在另一些社会群体中，父亲的直接照料十分普遍，他们作为高度参与、敏感和有爱心的照料者的潜力是无可置疑的。[10] 事实上，父亲角色在高度参与育儿方面最令人信服的体现是日益增多的全职爸爸、同性恋爸爸和单亲爸爸，这突显了男性承担主要育儿职责的潜力。[11]

本书第一章集中讨论了父亲对儿童发展的影响。在许多传统的人类社会中，父亲帮助维系孩子的生命。[12] 也就是说，当孩子的父亲在孩子身边时，孩子的存活率比父亲不在时要高。我们可能会认为这不会发生在像美国这样的现代、发达、富裕的社会中，但最近的一项研究表明，对于 1990 年在佐治亚州出生的孩子，如果母亲在出生证明上列出了父亲的名字，那么他们的存活率比没有列出的更高。[13] 除了基本的生存，大量证据表明，父亲积极参与养育会给孩子的社交、心理、行为和学习方面带来更好的结果。[14] 父亲尤其参与了孩子情绪调节技能的培养，这带来了一系列后续的好处，为孩子面对家庭之外的世界做好了准备。[15] 但这并不是说其他照料者不能做到这些，只是父亲在这方面往往更为出色。

第二章聚焦于父亲养育的演化。我们无法回到人类的过去，不能确定人类男性是如何以及为什么发展出了尽心尽力照顾后代的父亲角色，但是已经有一些令人信服的理论被提了出来。尽管这种不确定让那些对人类起源感兴趣的人感到困扰，但对我来说，它总是让人类演化研究充满着一种引人入胜的神秘感。一种理论认为气候变化导致了非洲大草原的干旱，大草原上大型哺乳动物的出现导致男人们开始专门从事狩猎工作，女人们则开始专门采集草原上的植物作为食物。女人主要提供碳水化合物，而男人主要提供蛋白质。儿童需要这两种互补的物质才能生存，因此，如果后代要活下去，男人必须为他们提供资源。[16] 另一种理论认为，男性提供资源的前提是知道谁是他们的后代，而这取决于女性的选择。根据这一理论，一旦女性通过选择性交配给予了男性亲子关系上的信心，男性便开始为他们的孩子提供资源。也就是说，男性提供资源取决于伴侣联属（pair bonding）关系的演化。[17] 当代关于狩猎采集社会（hunter-gatherer societies）的合作育儿研究也发现，父亲只是众多潜在的异亲（alloparent）之一，这些异亲可以协助母亲直接照顾孩子，而这种生活方式被认为与我们人类祖先的生活方式大致相同。[18] 这些异亲共同的支持让母亲缩短了生育间隔，同时提高了后代的生存预期。这不仅提高了母亲和父亲的生育成功率，也间接地提高了祖母和其他相关异亲的广泛适合度（inclusive fitness）。[19]

无论如何，父亲照料的演化需要通过自然选择使男性在生理上适应这一新角色，这是第三章到第五章的重点。在女性中，怀孕期间剧烈的激素变化确保她们有动力提供对后代的关怀。我们现在知道，男性其实也经历了微妙的激素变化，这为父亲照料做好了准备。[20] 例如，为了提供直接照料，一种生理性的适应是睾酮水平的下降。在不同物种中，睾酮始终都是使男性将精力集中于交配而非育儿的激素。当人类男性参与直接照料时，他们的睾酮水平会下降，[21] 肽类激素催产素也明显增加，从而使男性的行为倾向发生了反向变化。[22] 这些激素作用于大脑中古老的神经系统，

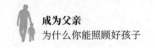

该系统最初的演化是为了支持母亲照料，但自然选择也利用它在少数哺乳动物中演化出父亲照料的能力。[23] 其他关于雄性参与照料的哺乳动物的研究显示，当雄性哺乳动物过渡到父亲角色时，它们会经历显著的大脑变化，这些变化帮助它们为参与育儿做好准备。[24] 类似的研究在人类中才刚刚开始，但初步结果揭示，当男性成为父亲时，他们的神经系统也发生了相应的变化。[25]

父亲照料对孩子的成长非常有益，进而也为整个社会带来益处，但它在社会内部和不同社会间存在很大的变异性。第六章探讨了父亲照料为何存在这些差异，以及我们可以如何努力在那些父爱不足的地方投入积极的父爱。

最后，第七章提炼了我希望准父亲们从这本书中汲取的主要信息。作为全书的最后部分，我希望父亲们思考他们能从孩子那里收获什么，而不只是他们为孩子付出了什么。

目 录

第一章
父亲的影响

———————

"一位父亲胜过百位教师。"

——乔治·赫伯特（George Herbert）

阿道夫·希特勒（Adolf Hitler）讨厌自己的父亲。他的父亲虐待他，并且极度专制。阿道夫·希特勒的父亲以极端的严厉和不公管理家庭，希特勒将他视为敌人。[1]值得注意的是，希特勒似乎深爱着他的母亲，甚至认为自己是与母亲一起对抗父亲的人。[2]

认为这些父亲应对他们的儿子给世界带来了灾难和痛苦负责的想法是愚蠢的。许多在童年时期遭受父亲虐待的人并没有变成施虐者，他们中的一些人甚至能够在逆境中成长。无疑，遗传、环境、历史和社会政治等一系列因素相互作用，共同导致了这些悲剧的发生。尽管如此，我们不禁遐想，如果这些人能在一个充满温情、富有爱心的父亲的呵护下成长，并且他们的父亲能够提供坚实的道德指引，同时在不施加严苛管教的前提下设定合理的界限，那么他们的生命轨迹会变得有何不同呢？

有一些世界知名领袖，他们有幸拥有更令人钦佩的父亲。西奥多·罗斯福（Theodore Roosevelt）就对他的父亲怀有深深的敬仰和崇拜之情。罗斯福自己曾说，他的父亲帮助他战胜了严重的哮喘病，为他日后的人生道路奠定了坚实的基础，并深深地影响了他的道德观念的形成。罗斯福的话语最能贴切地表达出这份父子情深：

我有幸拥有一位我一直敬仰为楷模的父亲……童年时，我体弱且胆小。他不仅对我细心照料，从不疲倦……他还明智地避免对我过度溺爱，他让我明白，我必须努力在其他孩子面前坚守自己，并准备迎接世界的挑战……出于我对他的爱、尊敬，以及某种程度上的畏惧，若让他知道我有任何撒谎、残忍、欺凌、不洁或懦弱的行为，我都会深感羞愧。随着时间的推移，这种自我要求的感觉逐渐内化为我自身的感受，而不仅仅是为了取悦他。[3]

确实，在我们的日常生活中，有许多普通男性扮演着杰出父亲的角色。他们中的一些人甚至可以被尊称为英雄。例如，前言中提到的那位小强的父亲（余旭康），每天背着他残疾的儿子往返 16 公里，坚持送他上学。

试想，如果希特勒在西奥多·罗斯福的父亲的养育下长大，我们是否能够防止数百万条无辜生命的消逝？

我提到的希特勒与他的父亲对他的不当养育之间的关系实际上只是一些轶事，缺乏科学证据，我所进行的只是一种有趣的推测，并非严谨的科学研究。那么，基于大量样本的正式研究又是如何推断父亲在孩子成长过程中所起的作用的呢？

父亲能否帮助孩子活下来？

评估父亲对孩子成长影响的一个直接途径是观察在父亲缺席的情况下孩子的生活状态。我们可以从这样一个根本性的问题着手："父亲能否帮助孩子活下来？"对于我们这些生活在儿童死亡率极低的现代发达国家的人来说，这个问题可能显得有些荒谬。但在那些缺乏现代医疗资源、儿童死亡率较高的地区，这个问题就显得尤为重要。目前，世界各地仍然存在着这种以"高自然死亡率"为特征的群体。由于这类群体在人类演化的大部分时间里很常见，因此研究这些群体可能有助于我们更好地理解父亲在人类演化历程中的角色。

生活在高自然死亡率地区的孩子们，每天都在生存的边缘挣扎。这些社群的人们依靠诸如狩猎、采集、放牧、种植和捕鱼等手段来获取食物。确保足够的食物供应对他们来说是一项持续的挑战，孩子们要付出极大的努力来获取必需的能量。儿童不仅需要足够的能量来促进身体成长，还需要能量来强化他们的免疫系统，从而抵御致病细菌的入侵，保持身体健康。一旦食物供应不足，能量匮乏，就可能引发营养不良、生长发育迟缓、疾病频发，甚至导致死亡。

巴拉圭的亚契狩猎采集部落就是一个高自然死亡率的社群样本。1970年之前，亚契人居住在森林里而不是保护区，父亲们确实能帮助孩子们活下来。在成年后去世或离婚后离开孩子所在村庄的父亲在亚契部落中并不少见。与其他孩子相比，这些父亲缺席的孩子死亡的可能性要高出三倍。亚契人的生存在很大程度上依赖于狩猎所得的肉食。孩子们依赖父亲提供食物，因为男性是狩猎的主要参与者，并且他们参与到食物分享网络中，这些网络确保了家庭成员能够得到食物。没有了父亲，孩子进入这些食物分享网络的机会就会受到威胁。在亚契部落中，没有父亲的孩子往往被视为负担，杀死这些孩子的现象并不鲜见。因此，父亲的存在为亚契儿童提供了保护，使他们免遭这种悲惨命运。[4]

尽管亚契父亲在确保孩子生存方面的作用得到了证实，但其他高自然死亡率群体的研究数据并不总是能揭示父亲对孩子生存的影响。实际上，一项研究的结论是，在所考察的群体中，父亲的存在仅在不到一半的情况下提高了儿童的生存率。这与母亲的作用形成了鲜明的对比。在该研究涉及的所有28个群体中，母亲的去世都与婴儿死亡率的上升直接相关。更引人注目的是，在超过一半的群体中，祖母对提高婴儿存活率起到了积极作用，其有益影响甚至超过了父亲对婴儿生存的正面效应。[5]

为何父亲在不同社会中对孩子生存的影响并不一致呢？一个可能的原因是，其他家庭成员能够补充父亲缺席带来的空缺，在自然死亡率较高的社群中，这些家庭成员往往是可依靠的。比如，在以采集食物为主的社群中，如果大量能量来源于所采集的食物，那么祖母们可能会通过增加采集活动来应对父亲的缺席，从而确保孙辈们的食物供应。在像亚契部落这种以男性狩猎肉食为主的社群中，父亲缺席对孩子的影响就尤为显著了。然而，即使在这样依赖男性狩猎的社群中，男性亲属或者甚至是没有血缘关系的男性，也可能会站出来填补父亲缺席的空缺，从而提高孩子的生存希望。

为何祖母之于孩子的生存显得比父亲更为重要？一种可能是因为，与父亲相比，祖母更持续地参与到关键的直接育儿活动中，这种关怀有助于孩子的生存。例如，当母亲身体不适时，祖母可能会照顾婴儿；或者在母亲忙于照顾新生儿时，祖母会照看生病的幼儿。此外，祖母还能为新手妈妈提供宝贵的知识和指导，帮助她们学习如何高效照顾婴儿。尽管我们经常提到父母的本能，但实际上，育儿是需要学习的，而年长一代可能会促进父母的学习。另一种可能是因为祖母拥有一双警惕且经验丰富的眼睛，从而可以发现潜在的危险并预防与婴儿相关的事故的发生。

基于在高自然死亡率群体中父亲对儿童生存影响有限的证据，以及美国相对较低的婴儿死亡率，你可能会感到意外，一项研究显示，至少在1990年的美国，父亲对婴儿的存活起到了积极作用。[6] 在佐治亚州，母亲有权选择是否在婴儿的出生证明上注明父亲的名字，这并非强制性要求。因此，如果出生证明上缺少父亲的名字，可能意味着婴儿缺少一个愿意提供支持的父亲。研究发现，那些出生证明上没有父亲名字的佐治亚州婴儿，在一岁内死亡的风险是那些有父亲名字的婴儿的两倍多。即使在控制了一系列可能的干扰因素后，这种效应仍然显著。

尽管研究没有明确指出佐治亚州的父亲是如何为婴儿存活提供帮助的，但我们可以做出一些合理的猜测。众所周知，有伴侣的母亲相比单亲母亲更便于进行母乳喂养，而母乳喂养对婴儿的健康有着诸多益处。因此，父亲的存在可能促使母亲增加母乳喂养行为，从而促进婴儿存活率的提高。此外，那些出生证明上没有父亲名字的婴儿更可能缺少必要的产前护理，并且出生时体重较轻，这可能意味着父亲在支持母亲获得充分孕期护理方面发挥了作用，进而有助于产下健康的婴儿。此外，像祖母的角色一样，父亲在母亲生病时起着关键作用。他们可能会接手亲力亲为的育儿任务，或者协助母亲处理其他事务，以便她能将有限的精力集中在照顾婴儿上。或者，就像祖母的职能一样，父亲可能在监督婴儿安全方面发挥作用，从而预防意外事故的发生。回想起我的儿子还是婴儿的时候，他对任何能拿到的东西都充满好奇，总是试图把它们放进嘴里，如果没有我们不断的看护，他可能会有窒息的危险。我和妻子的双重监护，让我们更有信心不会遗漏任何潜在的风险。

* * *

作为父母，我们不仅希望孩子能够生存下来，更希望他们能够健康成长。在一些高自然死亡率地区，父亲似乎能够帮助孩子避免生长发育迟缓和患有疾病。例如，在刚果共和国的邦东戈（Bondongo）渔农社区，那些被周围人认为更积极投身于育儿的父亲，他们的孩子往往更加健康，这对于生活在生存边缘的家庭来说无疑是一种福音。[7]类似地，在尼加拉瓜的马扬纳（Mayangna）和米斯基托（Miskito）农耕社区，对于那些提供更多直接照料与间接照料的父亲，他们孩子的体重更重。[8]最后，在墨西哥的一些贫困农村地区，父亲因外出务工而导致的家庭缺席，与孩子们患病风险的增加，尤其是腹泻，有着直接的联系。父母可以通过煮沸饮用水和确保孩子们养成勤洗手的习惯来预防孩子们腹泻，而父亲在场时通常会履行这些责任。[9]

父亲对孩子心理社会发展的影响

发展心理学家致力于探究父母对孩子心理社会发展的影响。长期以来，相关研究主要聚焦于母亲的影响作用，然而自20世纪70年代起，迈克尔·兰姆（Michael Lamb，现为剑桥大学荣休教授）等学者开始关注父亲对孩子成长的影响。[10]尽管关于父亲对孩子身体健康和生存的影响的研究相对有限，但有充足的研究表明，父亲对孩子的社会性、心理和行为的发展具有深远的影响。然而，这些研究大多在高收入国家（如美国和欧洲各国）进行，我们应谨慎对待，避免将这些结论简单推广至全球其他地区或不同环境下的人群。因此，我们迫切需要在非西方国家、发展中国家以及中低收入国家开展更多关于父职的研究，以便获得更全面的理解。

同样，在探讨父亲对孩子心理社会发展的影响时，一个直观的起点是观察有无父亲陪伴成长的孩子的不同成长轨迹。一些研究结果已经广为人知，无论是在学术界还是公众领域。实际上，在 2008 年，时任美国总统巴拉克·奥巴马（Barack Obama）在上帝使徒教会的父亲节演讲上就曾概述了一些结论："我们清楚地知道，相比有父亲陪伴的孩子，没有父亲陪伴的孩子生活在贫困中，走向犯罪的可能性高出 5 倍，辍学的可能性高出 9 倍，最终被监禁的可能性高出 20 倍。他们更容易出现行为问题、离家出走或在未成年时就成了父母。"[11] 奥巴马总统在演讲中并未提及父亲缺席还与婴儿死亡率上升、儿童物质滥用和肥胖风险增加有关。此外，那些没有父亲陪伴的孩子，成年后的收入往往较低，并且更可能经历婚姻破裂。[12]

在我们深入探讨相关证据之前，需要先说明几个关键的前提。首要的一点是，父亲缺席并不以相同的方式影响着所有的孩子。人们自出生起就携带着不同的基因，这些基因决定了他们对父母影响的敏感程度。[13] 在托马斯·博伊斯（Thomas Boyce）富有洞见的著作《兰花与蒲公英》（The Orchid and the Dandelion）中，他比喻那些对环境，尤其是对有关父母的家庭环境高度敏感的孩子为"兰花"。[14] 这类孩子在遭遇压力和逆境时可能会遇到困难，但在一个充满关爱和支持的家庭环境中则能够茁壮成长。而"蒲公英"则代表那些天生具有较强抗压能力的坚强孩子，但相较于"兰花"们，他们从积极养育环境中获得的益处较少。理解这一概念至关重要。它告诉我们，有些孩子即使在缺乏父爱甚至遭受虐待的环境中成长，也可能不会受到太大的影响，因为他们天生具有较低的环境敏感性。同时，这也意味着，即使有些孩子拥有非常优秀的父母，他们也可能不会如预期那样茁壮成长。

在 2016—2017 年我进行的一项研究中，我深刻地了解了这一概念。在这项研究中，我采访了亚特兰大地区的 120 位父亲，探讨了他们作为父亲所体验到的欢乐与挑战。我的采访问题之一是询问他们童年时，他们的父亲是否在身边。如果答案是否定的，我会进一步询问这种缺席是否对他们产生了任何负面影响。我被他们给出的截然不同的回答深深触动。一些父亲表达了他们对自己的父亲未能陪伴在身边的深切遗憾，以及对更多父爱的渴望。还有一些父亲对他们父亲的缺席感到愤怒和背叛。然而，也有少数父亲坚定地告诉我，他们父亲的缺席并没有对他们造成困扰；他们得到了其他家庭成员的关爱和陪伴，并且他们对父亲没有任何怨恨。这再次证明了，父亲的缺席对孩子们的影响是因人而异的。

尽管如此，通常情况下父亲在孩子心理社会发展的多个领域中确实发挥着重要作用。在我们深入探讨一些证据之前，我还想提出第二个重要前提，即父亲会以多种方式为儿童的积极发展做出贡献。在一些案例中，我认为父亲们倾向于养育孩子的某些方面，如帮助孩子调节情绪，或者为他们在家庭之外更大的世界里获得成功打下基础。这并不意味着母亲和其他照顾者不能或不愿参与这些活动，而只是说在我们的社会中，父亲往往更倾向于扮演这类角色，并且有证据表明孩子可以从中获益。但要说明的是，父亲倾向于承担这类角色并不一定与他们的性别有关。例如，这也许可以归因为父亲更常见的角色是作为次要照顾者而非主要照顾者。次要照顾者会试图与主要照顾者区分开来，去补充而非重复主要照顾者已经提供的东西。我这样说的部分原因是，多项研究表明，由同性恋女性伴侣抚养的孩子在心理和社会适应方面与由异性恋伴侣抚养的孩子一样健康。[15] 这表明父亲的角色可能是可以被替代的——其他人也有能力为孩子提供父亲所做的大部分有益的事情。许多人也许有合理的直觉，认为父亲在教男孩如何成为男人方面特别有帮助。由于他们自己经历过男孩时代，他们很可能在这个领域拥有特殊的知识。正如前 NBA 巨星德怀恩·韦德（Dwyane Wade）所说："所有孩子都需要他们的父亲，但男孩特别需要父亲教他们

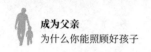

如何成为男人。我记得在我和父亲一起生活之前，我非常渴望有人教我如何打领带、如何走路，这些是只有男人才能教给男孩的东西。"[16] 然而，对于我们认为非常重要的许多方面，如行为问题、同伴关系、社交能力、自尊、学业成就等，由两位母亲抚养的孩子与由一父一母抚养的孩子相比，并没有明显区别。[17] 来自众多小规模非工业社会的例证，进一步支持了父亲的付出通常是可以被替代的这一观点。在这些社会中，父亲通常很少亲自参与养育，但孩子们可以顺利地成长为适应该社会文化的成年人。[18] 在这些社会中，母亲通常从父亲之外的亲戚那里获得帮助来抚养孩子，如祖母、阿姨、叔叔、年长的孩子等。总之，好父亲对孩子们非常有价值，但其他人也可以发挥同样的作用，没有父亲抚养的孩子同样能够茁壮成长。

* * *

在我们对奥巴马总统演讲中的统计数据下结论之前，我们需要先进行深入的批判性思考。他列举了许多相关性，但这些相关性并不必然意味着因果关系。这一点至关重要，通过几个例子可以更好地理解。设想一位生活在贫困中、工作机会受限的父亲，为了改善经济状况，他选择了盗窃这一犯罪道路。结果，他被捕入狱，留下他的儿子在没有父亲陪伴的环境中成长。最终，儿子也同父亲一样，走上了犯罪之路。这里，孩子的犯罪行为与父亲缺席之间看似存在联系，但这实际上是一种虚假的联系，并非由父亲缺席直接导致。真正的原因是父亲和儿子都对相同的窘境做出了相似的反应。再比如，设想一个因酗酒成性而导致家庭矛盾、离婚分居的父亲，他的女儿可能遗传了对酒精的依赖倾向，最终也陷入了物质依赖。在这里，女儿的物质滥用与父亲缺席之间存在联系，但父亲缺席并非直接原因。最后一个例子，设想一个孩子在父母激烈的离婚冲突中成长，由于这种创伤而患上了焦虑症。孩子心理健康问题与父亲缺席存在联系，但这同样不是由父亲缺席直接引起的，而是离婚过程中的冲突所致。这些例子虽然都是假想的，但它们都指出了从表面的相关性进行因果推断存在的问题，关联的背后可能隐藏着更复杂的真相。

　　研究者们采取了多种策略来探究因果关系的奥秘。第一种方法，也是最为简便却最不可靠的方法，便是控制那些可能混淆视听的变量。举个例子，如果你怀疑父亲缺席与药物依赖之间的联系可能部分源自它们与低社会经济地位有关，那么你可以在统计模型中将社会经济地位作为一个控制因素。这意味着，你需要先确定药物依赖在多大程度上与低社会经济地位有关，然后在此基础上，看看父亲缺席是否仍然与药物依赖有关联。如果关联依然存在，那么这至少为我们提供了更好的（尽管还不是非常确凿的）证据来支持父亲缺席与药物依赖之间存在因果联系。第二种方法是开展纵向研究，追踪孩子们在父亲离开前后心理健康状况的变化，从而更准确地分离出父亲缺席的影响。第三种方法是考察长时间经历父亲缺席的孩子们，是否比那些较短时间经历父亲缺席的孩子们遭受了更严重的后果。换句话说，父亲缺席的持续时间是否与孩子们受到的负面影响成正比？第四种方法是专门去研究那些父亲去世的孩子们，而不是那些因离异或分居而经历父亲缺席的孩子们。这里的逻辑是，与离婚相比，死亡在某种程度上是一个更为随机的事件，尽管这一点仍有待商榷。尽管上述这些方法都不能确切地确立因果关系，但它们可以共同为因果关系的确立提供有力支持。总体来看，这类因果研究揭示了父亲缺席给孩子们带来的几大后果：①行为问题（如具有攻击性和敌意，以及有不良行为），特别是父亲缺席发生在孩子们的早期发展阶段，尤其在男孩身上更为明显；②吸烟，以及药物与酒精滥用；③成年后出现心理健康问题；④未能完成高中学业；⑤就业困难；⑥过早生育。[19]

　　还有一种方法可以判断父亲缺席是否对孩子的发展有影响，这种方法被视为黄金准则。在科学领域，确立因果关系的最严谨途径是开展实验，研究者通过随机分配的方式，将参与者置于不同的环境条件下。具体来说，研究者可能会随机决定孩子们是在有父亲陪伴还是无父亲陪伴的环境中成长。虽然我们不会在人类身上进行这样的实验，但在一些动物研究中已经采用了这种方法，尤其是在那些父亲参与抚养后代的物种中。以生活在中国的一种社会性一夫一妻制的啮齿动物——棕色田鼠为例，通过实验性地移除父亲角色，科学家们发现棕色田鼠幼崽表现出更高的焦虑水平，并且与其他棕色田鼠的互动明显减少。[20] 此外，这种实验操作还降低了成年后代与其异性伴侣建立社会联系并照顾后代的倾向。[21]

这些研究结果不容忽视。但棕色田鼠毕竟不是人类。棕色田鼠属于双亲共同抚养的物种，父亲的照料是义务，对于后代的生存是必不可少的。相比之下，人类更接近于合作抚养者，父亲的照料是兼顾性的，并非必需，通常还有其他抚养者可以协助养育孩子（参见第二章）。即便如此，这些研究结果让我们有理由推断，在母亲缺乏其他帮助的情况下，父亲缺席可能会给孩子带来不利影响，这种情况在一些高收入国家并不罕见。

对于这些研究结果，我们还需要了解一个重要的前提：即使某些关联确实具有因果性，也并不意味着每一个没有父亲陪伴成长的孩子都会遭遇这些负面后果，这并非命运的必然。许多人能够避免遭遇这些后果，有些人甚至能在逆境中取得辉煌的成就，有些人会成为"蒲公英"。比如奥普拉·温弗瑞（Oprah Winfrey），她出生在密西西比州农村的一个贫困单亲家庭，她的妈妈是位年轻的单亲母亲。她在童年和少女时期遭受过性虐待，但她最终成了一位拥有亿万身家的脱口秀主持人、演员和慈善家。《生活》杂志将她评为她那一代最具影响力的女性。在 2013 年，她荣获了美国最高平民荣誉——总统自由勋章。[22] 前述研究结果只能表明，没有父亲陪伴成长的孩子身上产生负面后果的概率更高。

最后还有一个重要的先决条件需要我们注意：家中没有父亲，并不一定等同于父亲完全缺席，这一点非常关键。正如我们在本章后续内容中将看到的，许多父亲不与孩子们住在一起，但仍然与他们的孩子保持着密切的联系，而孩子们也能从这种联系中获益。

尽管如此，综合来看，当孩子们的家中有一位积极投入的父亲时，他们往往能够更好地成长。那么，父亲为孩子们提供了哪些使他们受益匪浅的东西呢？

父亲的供养

在人类演化的漫长岁月中，人们主要通过狩猎、采集，后来也通过种植和放牧来生产和获取食物。一些现代人类社群依旧保持着这种生活方式，我们称之为自给自足型社会或小规模社会。在这样的社群中，父亲对孩子最稳定的贡献便是他们提供的食物。

那么，在这些社群中，父亲的食物供给是如何体现的呢？以居住在中非共和国热带雨林深处的阿卡俾格米人为例。传统的阿卡俾格米男性会结队使用长矛猎捕大象、羚羊和野猪等大型哺乳动物。单独行动的男性则会使用十字弓和毒箭猎捕猴子。北极地区传统的因纽特男性则利用鱼叉、长矛和弓箭猎捕陆地上的驯鹿，以及借助船只捕猎海洋中的海豹和鲸鱼。日本的阿伊努人则主要以捕鱼为生。他们会使用长矛、渔网、棍棒和陷阱捕捞鲑鱼，同时也使用弓箭和毒箭狩猎鹿和熊。[23]

在坦桑尼亚的哈扎人（一个由游牧狩猎采集者组成的群体）中，男性传统上以弓箭狩猎哺乳动物和鸟类。他们带回营地的肉食，并非仅供自己的直系家庭享用。根据哈扎人的文化习俗，这些食物需要在各个家庭之间平均分配。男性还负责采集野生蜂蜜，这在狩猎采集社会中是一种珍贵的美味，而且蜂蜜可以更直接地提供给自己的家庭，无须与他人分享。女性则负责日常的食物采集工作，通常她们带回营地的食物提供的热量比男性要多（女性贡献了57%，而男性贡献了43%）。然而，当家庭中有婴儿时，男性会增加他们的食物供给，从而补偿母亲因照顾婴儿而减少的食物采集量。同时母亲因哺乳而消耗更多的热量，在这种情况下，男性会更专注于采集蜂蜜，以便更直接地支持他们的伴侣和婴儿。这就导致当家庭中有不满一岁的婴儿时，男性可以提供高达69%的热量。[24]

与这些自给自足的小规模社会不同，在现代高收入社会中，父亲对家庭最显著且一致的贡献是他们赚取的金钱。要单独分离出父亲的经济贡献对儿童福祉的具体影响，可以研究那些不与孩子同住的父亲支付的子女抚养费所产生的效益。当这些父亲支付子女抚养费时，他们的孩子在学业上的表现往往更佳，行为问题（如攻击和不良行为）也相对较少。[25] 这些抚养费可以为孩子们提供安全社区中的适宜住房，以及书籍、电脑和私人辅导等资源，这些都有助于孩子们在学业上取得成功。如果缺乏子女抚养费，单身母亲可能会面临经济困难，这会影响她们为孩子提供及时照顾的能力。设想一位经济拮据的单身母亲，她带着一个需要满足各种需求的幼儿，一边努力节省开支，一边找工作，还要寻找负担得起的日托服务，安排日常的照料工作，照顾自己的健康，并敏感地回应孩子的需求——这是多么艰巨的任务。这让我们明白为什么父亲的经济贡献对儿童的发展至关重要。

父亲的敏感性

除了经济上的供养，许多父亲还亲身参与到日常的育儿活动中。父亲在育儿方面具体提供了哪些帮助，又如何对孩子产生积极的影响呢？父母的敏感性指的是能够准确理解婴儿交流沟通的信号，并及时给予恰当的回应。比如，当婴儿对你咯咯笑时，你能够注意到并迅速给予回应；或者，当婴儿显得烦躁不安时，你能够立即安抚并给予依靠。具有敏锐感受力的父母在育儿过程中有助于孩子形成安全型依恋。你的父母通常是你在婴儿时期的第一批社交关系对象。根据依恋理论，孩子们会将这种最初形成的关系经验拓展到后续的人际关系中。那些敏感且反应迅速的父母，会及时回应孩子的需求与社交信号，这让孩子意识到他们是值得信赖的。孩子们发现这种最初的关系是令人安心的、互惠的、有益的，便会带着这样的期望去建立其他的人际关系。这为他们在未来的人际关系中取得成功打下了良好的基础。形成了安全型依恋的儿童往往表现出更强的社交能力、更少的行为问题和更佳的心理状态。[26] 进入青春期后，他们通常较晚开始性行为，并且避免参与风险较高的性活动。[27] 因此，无论是母亲还是父亲，为孩子的心理社会发展能做的最重要的事情之一，就是以敏感的方式回应他们的需求。也有研究表明，父亲可以通过敏感且具有挑战性的游戏互动，促进孩子形成安全型依恋。[28] 然而，需要注意的是，父母的敏感性与安全型依恋之间的关系，以及安全型依恋与儿童发展结果之间的关系并不是非常稳健的，孩子的发展还受到许多其他因素的影响。也就是说，即使有些孩子拥有高敏感性的父母，也可能因为其他影响而有着不良的发展结果。

抑郁的父母常表现出较低的育儿敏感性，他们的子女更有可能患上焦虑障碍和行为问题。在一项研究中发现，严重抑郁的母亲养育的孩子，其精神疾病发生率是非抑郁母亲孩子的四倍。然而，在这些孩子中，如果父亲表现出高度的敏感性，他们的孩子患精神疾病的风险可以减半。因此，父亲似乎可以弥补母亲敏感性的不足，使他们的孩子从中受益。[29]

父母与婴儿之间的互动无疑也促进了其同理心的发展，这是人类友善与合作的基础（见图 1-1）。父母展现出对婴儿心理状态的觉察和关心，婴儿也因此学会做同样的事情。

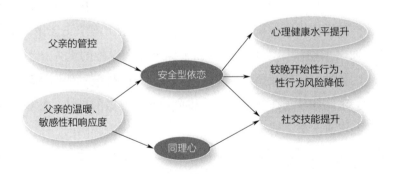

图 1-1　父亲的温暖和敏感性对儿童发展结果的影响

注：父亲的行为位于左侧，儿童的发展结果位于右侧，而中介变量位于中间。

随着孩子年龄的增长，最佳的心理状态和社会适应能力不仅取决于父母的敏感性，还取决于父母对孩子行为的管控。这种父母敏感性和管控的结合被称为权威型育儿。相比之下，宽容型育儿涉及敏感性，但不会给孩子强加规则、标准和纪律。第三种是专制型育儿风格，强调管控，但缺乏温暖和敏感性。最后，那些既缺乏敏感性又未能设定限制的父母被归类为忽视型。正如本章开篇描述的,希特勒有着专制的父亲。与专制型育儿不同,权威型父母避免使用严厉或武断的惩罚来塑造孩子的行为。这些父母的目标不是在孩子心中激发恐惧,而是通过与孩子就其行为进行理性讨论来促进合作行为。权威型父母养育的孩子倾向于展现其最好的一面,报告的抑郁和焦虑情况较少,犯罪等问题行为也较少。[30] 我们许多父母都曾经历过孩子在受到限制或约束后变得不满的情况。然而,研究显示,如果这些限制是在恰当的情境下,并且伴随着关爱和温暖来实施的,那么它们对孩子的长期心理健康和社会适应能力是有益的。

父亲对孩子的激发作用

我们探讨了父母如何通过权威型育儿方式培养孩子的社交技能,但父亲在孩子成长过程中是否扮演了独特的角色呢?蒙特利尔大学的丹尼尔·帕克特(Daniel Paquette)提出了一个引人注目的理论,阐述了父亲在孩子成长中的特殊作用。帕克特认为,母亲通常给予孩子安全感、保障和舒适感,而父亲则倾向于通过鼓励孩子探索家庭以外的世界,激发他们的活力。这种激发包括在孩子探索周围环境时,父母鼓励他们冒险并学会控制风险。这是让孩子在外部世界取得成功必须要做的事情。父亲的作用很大程度上取决于孩子的个性和行为倾向。对于害羞、内向、不太愿意冒险的孩子,父亲可以帮助他们培养探索精神。对于易冲动和喜欢竞争的孩子,父亲可以帮助他们学会控制自己的攻击性。[31]

我的儿子托比从小就对那些超出他舒适区的新事物有一种本能的抗拒。记得他四岁那年,我们带他参观了亚特兰大市中心的儿童博物馆。我还记得我与他站在那里,四周充满了各种吸引人的活动,其他孩子都兴奋地穿梭其间,争先恐后地尝试每一项活动。然而,托比却紧紧地依偎在我身旁。我有些难过,因为他似乎没有像其他孩子那样享受博物馆的乐趣,我心里想:"孩子,你得勇敢地尝试,否则你会错失许多机会。"我意识到,为了在这个竞争激烈的社会中取得成功,他必须学会竞争。因此,我很早就明白，我的任务是激发托比的潜能——帮助他逐渐习惯于新事物、探索和竞争。

托比四岁那年，我为他报名了体操课。初来乍到的第一天，他感到非常害怕，紧紧抓住我不放，哭泣着说他不想参加，只想回家。他的行为引起了周围人的注意，这让我感到有些尴尬。但我知道，这正是我需要坚持并教他学会面对不适感的时刻。我尽量平静地对他说："托比，我知道你害怕，不想做这个，但我们不能回家。"他持续哭泣和抗议，而我则温和却坚定地重复："我们不能回家。"我能感觉到他逐渐意识到了我的决心，最终他不再要求回家，开始思考如何鼓起勇气尝试。老师让我牵着他的手，带他到小组中，在他走平衡木时陪伴他。第二次尝试时，他开始有些喜欢上了。到了第三次，他露出了微笑，然后他就能够自己独立完成……我也开始感到放松。在之后每当他尝试新事物时，包括他永远不会忘记的开学第一周，我们都会重复这样的经历。从他四岁开始，每个季度我都会让他参加一项运动。体育运动是让孩子体验竞争的一个好方法，尤其是对于那些还没有在其他场合体验过竞争的孩子。如今，十二岁的托比对新奇事物和竞争感到非常适应，我认为这在一定程度上得益于我激发他的潜能的努力。

父亲同样能够激活女儿的潜能。目前，我正和另外两位父亲一起担任我女儿篮球队的教练。我热爱这份工作，因为这些女孩非常出色，而且她们似乎比我教过的同龄男孩更听话一些。不久前，我们遭遇了一场惨败，女孩们赛后显得有些失落。当然，在这个年龄段（七岁到八岁），体育应该主要是关于享受乐趣和从中积累经验教训的运动，但当你被对手击败时，享受乐趣并不容易。我们输掉比赛的部分原因是对方更具侵略性——她们的防守更严密，篮板球抢得更积极，无球跑动也更主动，而我们的孩子们则显得犹豫不决。比赛结束后，我们告诉队伍，如果想要赢得比赛，就必须在这些方面做得更好，我们在接下来的训练中也更加努力。在下一场比赛中，她们的表现有了明显的提升，我们以 10：8 的比分赢得了一场激烈的比赛。这是一个多么宝贵的教训。如果你更加努力，你就更有可能

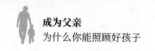

取得成功。更普遍地说，成功有时确实依赖于竞争。

帕克特提出，那些潜能未得到充分激发的孩子更容易受到焦虑的困扰，而父亲可以通过激发他们的潜能来帮助这些孩子（见图 1-2）。这种观点非常符合我的个人经验，但更重要的是，它得到了实证数据的支持：那些以轻松愉快的方式帮助孩子们应对挑战，鼓励他们超越自我限制的父亲，似乎能够为孩子们提供一种缓冲，避免他们患有社交焦虑。[32] 然而，值得注意的是，父亲的参与质量非常关键，因为父亲的过度控制反而会导致孩子更加焦虑。[33] 激发孩子的潜能意味着要激发他们的兴趣，给他们带来惊喜，适度地打破他们的稳定状态，并鼓励他们去冒险，但这一切都应该在一个温暖、支持性、充满乐趣的环境中进行，避免过度限制他们的自主性。[34]

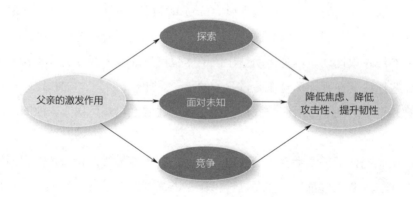

图 1-2　父亲的激发作用对儿童发展结果的影响

注：父亲的行为位于左侧，儿童的发展结果位于右侧，而中介变量位于中间。

同样重要的是，母亲也能激发孩子的潜能。只是在目前研究所涉及的社群中，父亲往往更多地扮演这一角色。[35] 我描述的模型显然是基于传统的异性恋家庭结构。目前，关于同性伴侣中父母激发作用的研究还相对有限，但一个合理的推测是，伴侣中的一位可能更倾向于提供安全感、保障和舒适感，而另一位则通过参与更多的家庭外部世界的探索来实现互补，这与异性恋家庭是相似的。

父亲对孩子的情绪调节作用

父亲在协助处理孩子过度活跃的问题上扮演着不可或缺的角色。这些孩子需要父亲的帮助来控制他们的攻击性冲动和相关的行为问题。[36] 多项严谨的纵向研究，在考虑了社会经济地位之后发现，父亲的积极参与能有效预防孩子形成攻击性行为和不良行为倾向。[37] 例如，一项研究发现，如果孩子十岁时与父亲同住，那么他们在十二岁时由教师报告的攻击性行为水平会相对较低。[38] 另一项针对贫困家庭的研究指出，那些感受到父亲支持、与父亲关系亲密的青少年，在成年初期较少涉及不良行为。[39] 还有研究显示，在低收入、少数族裔的青少年中，那些在研究开始时（即基线时）犯罪率较高的青少年，如果与父亲有更频繁的接触，一两年后较少有犯罪行为。[40] 这些研究虽然都来自美国，但这种父爱的影响力并非美国独有。在英国的一项大规模研究中，男孩七岁时与父亲的互动，能够避免他们在十六岁时与警察出现纠纷。[41]

我们无法断言这些关系存在因果性（也就是说，父亲的积极参与会导致更少的行为问题）。但如果确实有这种效果，父亲们是如何实现这一点的呢？他们是如何帮助孩子减少问题性攻击行为的呢？这里至少有三种可能的途径。

首先是通过身体游戏，尤其是一些打闹游戏。游戏对于哺乳动物的心理社会发展至关重要。我们之所以知道这一点，是因为缺乏游戏机会的哺乳动物会表现出异常的社会行为。例如，那些由母亲抚养但缺乏与同伴玩耍经历的恒河猴，会表现出过度的攻击性，并最终被同伴排挤。[42] 在许多现代发达国家，父亲们更倾向于与孩子进行打闹游戏。他们在这方面投入的时间远超过母亲，而且婴儿对父亲发起的游戏通常比母亲发起的游戏反应更为积极。[43]

想象一下孩子在与父亲打闹玩耍中学到的东西。首先，他意识到，尽管父亲比自己高大强壮得多，完全有能力伤害他，但父亲并没有这么做。

这让孩子学会了信任父亲，有助于建立起安全的依恋关系，进而带来了一系列积极的效应。父亲在玩耍时不会过于粗暴，孩子因此看到了父亲如何控制自己的攻击性冲动，于是会模仿这种行为。孩子还学到了，如果他不能控制自己的攻击性冲动，父亲可能会停止玩耍，甚至感到不愉快。这教会了孩子如何调节自己的攻击性冲动。同时，他也感受到了父亲的力量，并害怕惹恼父亲。他希望让父亲一直参与并享受游戏，以便游戏能够继续，所以他在整个过程中观察父亲的情绪，以便维持这种双方都享受的互动。简而言之，身体游戏是一种极具激发性和益处的高社会互动性游戏，它在培养情绪调节和同理心方面的效果难以被超越。我们现在了解到，这样的互动能够塑造发育中的大脑。例如，当老鼠玩耍打闹时，它们会在与冲动控制有关的大脑区域释放一种名为脑源性神经营养因子（BDNF）的神经化学物质，这是一种促进大脑生长的因子。[44] 正如最早认真研究游戏的神经科学家雅克·潘克塞浦（Jaak Panksepp）所言："游戏构建了社会大脑。"[45]

打闹嬉戏需要以正确的方式进行。父亲在与孩子的互动中适度展现力量（比如，我让你知道我比你强壮，但我不会伤害你），但又不至于让孩子感到过分压抑（偶尔也让你有机会把我推倒）。擅长此类游戏的父亲会让孩子感受到轻微的恐惧和兴奋，但不会过度。孩子体验到这种恐惧，但随后发现结果并非灾难性的——事实上这是有趣的——这有助于他们逐渐适应可能伴随新奇事物和探索过程而来的焦虑。通过这种方式，父亲们在帮助孩子为应对不可预知的情况做好准备，使他们能够自信地应对生活中遇到的各种情境。[46] 技巧娴熟的父亲在与孩子玩耍时会敏锐地感知孩子的情绪反应，并根据孩子的激动程度调整游戏的强度。我有一个哥哥，他有时会在玩耍时拎着他小儿子杰克的脚，使他头朝下。我们都觉得很有趣，因为他的儿子似乎很享受这种姿势，但许多其他孩子可能并不喜欢。我哥哥了解杰克对新奇体验的接受度，并擅长在不超出他的舒适区的情况下，带他体验新奇。

在众多人类社会里，男孩通常比女孩表现出更多的身体攻击性。[47] 因此，打闹嬉戏如果旨在帮助孩子们如何控制自己的攻击性冲动，那么父亲与儿子间的这种互动比与女儿的互动更多，这是合乎逻辑的。[48] 我的儿子就非常渴望进行身体打闹嬉戏，他真的很需要它。有时他会直视我的眼睛，直截了当地要求"和我摔跤"。在其他时候，他可能会采取更巧妙的方式，比如通过轻微地惹恼我，直到我不得不以玩笑的方式回应他。比如，当我专注某事时，他可能会用玩具剑戳我的背，如果我不理会，他可能会戳我的脖子。他还会向我发出一些玩笑式的挑衅，比如，"你没有肌肉"，或者更伤人的，"你数学很差"。最终，他通常会成功地让我加入摔跤比赛。我能感觉到，他喜欢这种确定性，即这个比他更强壮、更有力量同时也是照顾他的人不会伤害他。因此，我通常是托比的首要玩伴，至少在打闹嬉戏方面是这样的，我相信许多其他父亲与他们的孩子也有类似的纽带。然而，有一个显著的例外，那就是当他的堂兄弟们来访时，我会失去首要玩伴的地位。实际上，我那时会感到自己是多余的，他根本不需要我。我提到这一点是因为，在更传统的社会（比如狩猎采集社会）中，孩子们的首要玩伴通常不是父亲，而是其他孩子。在这些社会的日常生活中，孩子们周围总是围绕着不同年龄段的其他孩子。[49] 通过孩子们之间的玩耍，年幼的孩子能够从年长的孩子那里学到许多知识和技能，这与核心家庭中的孩子从父亲那里学到的东西不谋而合。因此，纵观人类演化史，父子间的打闹嬉戏可能并非规范社交发展的关键要素。在大多数情况下，孩子们能够从其他人那里获得这些经验。

　　打闹嬉戏是父亲协助孩子管理情绪并抑制攻击行为的一个路径，但并非唯一路径。有些孩子之所以能避免不当行为，是因为他们对父亲有所忌惮。在一次访谈中，一位父亲分享了一个生动的故事来阐明这一点。他坦白自己小时候在学校是个淘气鬼，总想试试自己在课堂上能逃避多少惩罚。他提到，只要老师威胁要通知他的父亲，便会让他心生畏惧，促使他规矩行事。但实际上，并没有哪种威胁足以让他收敛。另一位受访的父亲也告诉我，他的父亲只需用一种特别的眼神看他，就足以唤起他的畏惧，让他立刻变得听话。

孩子们可能天生就对那些高大威猛的成年人感到害怕，尤其是在他们降低声调表达反对的时候。而有些孩子对父亲的畏惧是后天习得的。我曾采访的一位父亲分享了他的经历，他说自己的父亲只对他动过一次手，但"那已经足够让我记住"。体罚无疑是一个极具争议的话题，基于它会带来众多负面后果，美国儿科学会官方正式反对这种做法。[50] 尽管如此，体罚在全球范围内仍是一种普遍的管教手段，大多数孩子在成长过程中都至少经历过一次体罚。[51] 为何体罚如此普遍？我采访的另一位父亲在谈到他自己的父亲使用体罚时这样说："我记得在我生命中的一些关键时刻，我的朋友们能做某些事，而我却不敢，因为我父亲经常打我，我的第一反应总是'做这事我爸会打我屁股'。"[52]

从更正面的角度来看，父亲们有潜力成为孩子们（尤其是儿子们）的榜样，展示男性恰当的行为方式。当男孩目睹父亲巧妙地管理自己的攻击性冲动时，他可能会立志效仿。儿童精神病学家詹姆斯·赫尔佐格（James Herzog）在他的著作《父爱饥渴》（*Father Hunger*）中，详细描述了他与一群因父母离异而失去父亲陪伴的男孩们的故事。这些孩子都经历过充满暴力内容的噩梦。赫尔佐格认为："缺乏父亲的引导和调节，男孩的攻击性往往在他的梦境和幻想中显现为一种外来的力量。"在没有父亲的情况下，男孩们可能在控制自己的攻击性冲动上会面临挑战。[53]

还有一种理论试图阐释父爱如何减少孩子的攻击性问题，以及父亲缺席为何会加剧这些问题，这被称为反抗性男性气概（protest masculinity）理论。这一理论认为，如果一个男孩在成长过程中缺少父亲的陪伴，他可能会与母亲形成更紧密的联系，发展出一种跨性别认同。当他长大后尝试与男性角色建立认同时，因为与自己早期的女性认同发生冲突，他可能会诉诸暴力和攻击性行为来摆脱女性认同。[54] 从某种意义上说，他可能通过表现出过度的男性化行为来补偿他早期的女性角色认同。跨文化研究显示，那些父亲与儿子身体接触较少的社会，暴力事件发生率往往更高，一些人认为这与反抗性男性气概有关。[55] 另一些学者则提出，男孩天生具有攻击倾向，而积极参与孩子生活的父亲能帮助他们控制这些冲动，[56] 如之前讨论的那样。而那些不参与孩子生活的父亲，则可能无意中放任孩子的攻击性。父子间较低的亲近度甚至可能是某些社会培养战士的一种文化机制——通过让父亲与儿子保持身体和情感上的距离，使孩子的攻击性得到更充分的表达。这或许能部分解释为何一些缺少父爱的孩子会投身帮派，他们是在寻求那里的男性同伴的陪伴。然而，参与战争与父亲缺席之间的因果关系方向一直令我存疑。有没有可能是那些作为战士的父亲，出于对孩子的关爱，选择与儿子保持距离，以防自己万一在战场上牺牲给儿子带来情感上的创伤？

　　父亲在培养孩子情绪调节技巧方面扮演着关键角色，这对孩子的成长和发展有着深远影响（见图 1-3）。例如，那些能够控制自己情绪和注意力的孩子，往往在学业上取得更好的成绩。[57] 他们通常还展现出更出色的社交能力。为了结交朋友，孩子们必须学会控制自己的愤怒和攻击性，而与父亲的互动游戏正可以教会他们这些技能。在一项研究中，研究人员观察了父亲与三四岁孩子在家中的玩耍情况，并请他们的幼儿园老师评估这些孩子在同伴中的人气。研究者还观察了孩子们在幼儿园与同伴互动时的表现。那些在打闹嬉戏时能够活跃气氛并逗得孩子笑声连连的父亲，他们的孩子往往被老师评估为更受欢迎。此外，男孩们如果有更积极参与互动、

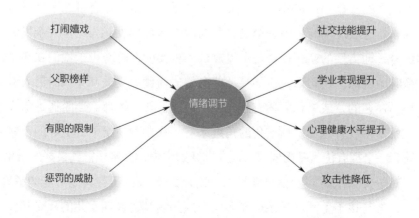

图 1-3　父亲对孩子情绪调节及对儿童后续发展结果的影响
注：父亲的行为位于左侧，儿童的发展结果位于右侧，而中介变量位于中间。

爱玩耍的父亲，他们在与同伴的互动中表现得更为和谐、放松，并且更具有主导力。这里所说的主导力不是指专横跋扈，而是指在同伴互动中能够主动提出建议和采取行动。与此同时，如果女孩们有爱玩耍且更活跃的父亲，她们在与同伴的互动中也会更具主导力，但也可能有更多摩擦。值得注意的是，父亲与孩子的互动质量至关重要，因为那些在玩耍时对孩子发号施令的父亲，他们的孩子在老师眼中可能不那么受欢迎，尤其对于男孩来说，这可能会让他们在与同伴的互动中有更多摩擦。有趣的是，母亲的指令性行为却与孩子在同伴中的人气呈正相关。[58]

父亲对孩子性决策的影响

情绪管理和冲动控制可能是性决策过程中的关键因素。在美国和新西兰，与有父亲陪伴的女孩相比，缺少父亲抚养的女孩更有可能在十六岁之前发生性行为，并在十八岁之前怀孕，即便在考虑了种族和社会经济地位等潜在的混杂因素后，这种关联依然存在。更进一步证实父亲缺席与这些后果之间存在因果关系的是，那些在年幼时就经历父亲离去的女孩，由于长时间处于缺少父爱的环境中，相较于那些在较大年龄时才经历父亲缺席的女孩，更有可能面临更多的风险。[59] 即使父亲陪伴在身边，与父亲心理距离较远的女孩相比那些感觉与父亲更亲近的女孩，也有可能更早发生性行为。[60] 这些发现的一个解释是，父亲缺席可能向女孩发出了一个发展性的信号，即男性的亲代投资是不可靠或不重要的，这减少了她们在建立性关系时的犹豫。换句话说，如果那些有望成为优秀丈夫和父亲的男人看起来是不存在的，或者他们稀有到几乎不可能被找到，那么期盼遇见这样的男人就变得没有意义。从演化的角度来看，在这种情况下，更好的策略便是找到一个拥有优秀基因的男人，立即开始生育，并希望得到最好的结果。

对于父亲缺席与女孩早期性行为之间的关联，还有其他可能的解释。例如，参与孩子生活的父亲可能会监督或限制其青春期女儿的社交和性行为机会，而当父亲在身体上或心理上缺席时，这种限制就不存在了。

尽管大多数研究集中在女孩身上，但同样有证据表明，没有父亲抚养的男孩也更早开始性行为。[61] 与女孩类似，这些环境下长大的男孩可能不太倾向于追求单一、稳定的一夫一妻制伴侣关系，因此可能更迅速地进入初次性关系。

父亲引领孩子步入世界

我之前已经指出，父亲常常通过鼓励孩子探索，以及适度地鞭策他们走出自己的舒适区，帮助他们为步入家庭之外的世界做好准备。除此之外，父亲还有其他方式为孩子步入更广阔的世界打下基础。例如，他们似乎在无意中开始帮助孩子准备与家庭成员以外的人进行交流。相较于母亲，父亲在对话中往往扮演更具挑战性的角色，他们更倾向于提出需要进一步澄清的问题，并经常询问"什么""哪里""为什么"等问题，这些问题鼓励孩子们给出更详尽的回答。[62] 这种做法不仅有助于孩子们扩充词汇量，还促进了他们的语言推理技能。[63] 更有趣的是，父亲，而非母亲，与两岁儿童交流时所使用的词汇量，能够预测孩子们在三岁时的语言发展水平。[64]

众多父亲通过向孩子们传授技能或分享知识，为他们成年后的成就奠定基础。英国的一项研究显示，父亲在孩子成长过程中的积极参与，不仅与孩子十一岁时智商的提升有关，还与他们四十二岁时向上的社会流动相关联。[65] 在许多传统社会中，父亲扮演着向儿子传授生存技能的角色。[66] 例如，在昆桑（!Kung San）狩猎采集社会中，少年们会跟随父亲一起打猎，学习必要的技能。[67] 有些父亲为了让孩子们准备好面对更广阔的世界，会采取严格的教育方式。他们认为："并非每个人都会像你的妈妈那样对你温柔以待，我必须帮你为这种情况做好准备。"1998 年足球世界杯上，当时正在崛起的英国足球明星大卫·贝克汉姆（David Beckham）因被激怒报复对手犯规而被裁判红牌罚下，导致英格兰队在余下的比赛中少一人应战，并最终不敌老对手阿根廷队。英国球迷非常重视足球，这也使贝克汉姆遭受了来自球迷和媒体的长期激烈批评。在 2023 年奈飞（Netflix）

推出的系列纪录片《贝克汉姆》(Beckham)中，他被问到是如何度过那段艰难时期的，以及他是如何继续在成千上万对他进行无情骚扰的球迷面前踢球的。[68] 他回答说："我想我能挺过来，是因为我父亲以前对我的严格要求。"他的父亲在他年幼时就不断在足球上对他施加压力。我不确定这是否对他们的关系产生了负面影响，但这似乎培养了贝克汉姆坚韧不拔的品格，帮助他在面对巨大压力时取得成功。

尽管研究显示，更温和、更有爱心的权威型育儿方式往往更有利于孩子的心理和行为成长，但在全球许多社会中，专制型育儿方式仍然占据主导地位，在后面第六章中我们将进一步探讨。普遍来看，这些专制型的父亲可能在培养孩子适应一个不容置疑、必须服从的社会环境，否则可能会遭受严重的后果。在我自己的权威型育儿实践中，我的孩子会和我无休止地就各种事情进行商讨，这种风格在某些文化背景下可能并不利于他们的成长。甚至可以这样认为，这些社会中的专制父亲们，为了孩子们将来能更好地适应社会，可能在某种程度上牺牲了与孩子建立温馨亲密关系的机会。换句话说，他们表面的严格，有时候其实是基于对孩子的深爱。

父母还为孩子带来了社交、教育和职业上的机遇。想象一下，一位父亲为孩子支付私立名校的高昂学费，或者哪怕是普通大学的费用，都为孩子未来的职业发展提供了无限可能。父亲在社交圈的努力，以及与其他成年人培育良好的关系，也能给孩子带来各种机会。小到增加你五岁孩子被邀请参加生日派对的机会——这对孩子来说非常重要，大到孩子将来的工作机会，这些都对孩子意义非凡。这种现象并非仅在西方出现。在澳大利亚的马图（Martu）原住民社会中，青少年男孩通常会经历一系列标志着成年的仪式，这些仪式往往费用高昂，并且通常由父亲承担。部落中的男性长者们会共同决定哪些男孩已经准备好接受成年礼。平均来说，有父亲支持的男孩比那些没有父亲支持的男孩早一年接受成年礼，这很可能是因为父亲的付出成功地为儿子争取到这一机会。成年礼的提前，对年轻男子来说意味着他能够更早地步入婚姻，更早地开始繁衍后代。[69]

父母还共同肩负着教育孩子社会规范的重任，这些规范是孩子们胜任社会公民所必须遵守的（见图1-4）。如果你正处于抚养幼小孩子的阶段，不妨留意一下，你对孩子说的话中有多少是在教授社会规范。比如，"未经允许，不要拿别人的东西"，"要学会分享"，"向别人提要求时要说'请'"，"得到帮助后要说'谢谢'"，"要听从并尊重老师"，"对长者要有礼貌"，"吃饭时要坐好"，"不要伤害他人的感情"，"不要以貌取人"，"咀嚼时不要张嘴"，"不要插队"，"公共场合要穿着得体"，"见面时要握手"（除非你正处于全球疫情之中），"如果伤害了他人要道歉"，"不要打断别人说话"，以及"与人交谈时，特别是与父母交谈时，不要看平板电脑"。孩子需要掌握这些以及更多的社会规范，而父母则是孩子早期社会化过程中的主要引导者。回想本章开头提及的西奥多·罗斯福的名言，他生动地描述了他的父亲教给他的社会规范是如何被他内化并体现在行为上的。这是父母们默默为社会做出的贡献。

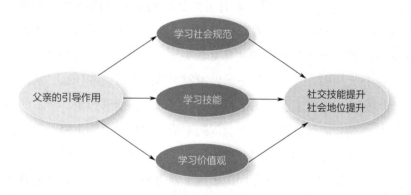

图1-4　父亲的引导对儿童发展结果的影响

注：父亲的行为位于左侧，儿童的发展结果位于右侧，而中介变量位于中间。

家庭系统

最近，发展心理学家们开始强调父亲并不是独立运作的个体，而是孩子所处家庭系统的一部分。当这个系统协调高效地运作时，孩子们会从中获益；反之，如果系统出现问题或功能失调，孩子们会受到伤害。母亲和

父亲的影响力是相互关联、相辅相成的。这表明，成为一个优秀父亲的一个重要方面是为母亲提供情感和实际的支持，这样母亲在与孩子的互动中就能更加专注和有效。高质量的婚姻与父母更敏感的育儿行为，以及孩子更积极的发展结果紧密相关。相反，婚姻冲突对孩子的社会情感发展始终有着负面影响。[70] 因此，父亲通过努力确保家庭整体和谐运作，也是在为孩子提供帮助。

这是全部吗？

图 1-1 至图 1-4 虽然捕捉到了父亲对儿童发展的许多贡献，但我个人反思后感到这些模型以及支持它的研究并没有涵盖父亲贡献的所有关键要素。其中之一，我想称之为"拿捏孩子的心理"。从基因上讲，我儿子有一半是我，而且他也受到我的养育方式和我们所处共同环境的塑造。因此，我相信我对他的心理有着深刻的理解。我认为自己最重要的角色，就体现在当他遇到挫折时对他说些什么。去年，他在一场网球比赛中以 0:8 惨败。比分大约到 0:6 时，我开始思考回家的路上该说些什么，从而确保他不会因此气馁，也不会在下个赛季放弃打球。我能够想象，十岁的我会有怎样的感受：心情低落、沮丧、闷闷不乐、自尊心急剧下降。但我也清楚什么能让我振作起来，所以我努力记下了他在那场比赛中所有表现不错的地方。比赛结束后，我立刻向他表达了他表现出色的部分，这是真实存在的（只是对手更胜一筹）。接着，我逐一和他回顾了我记录的清单。我还指出，他在几局中离胜利只有一步之遥（这也是事实）。然后，我告诉他，与比他更优秀的对手比赛，能让他获得更多的宝贵经验。最后，我表达了我对他永不放弃精神的骄傲。之后，我们去享受了冰激凌。这一切之后，他看起来相当乐观，并且连胜了接下来的三场比赛。他还在继续打网球，享受其中的乐趣，并且不断学习着如何战胜困难。当父母能够深刻理解孩子的心理时，他们就能在关键时刻说出恰当的话，帮助孩子们建立起有助于成功的心态。

父亲可以通过自己的行为榜样，向儿子传授如何成为一位好父亲。当我的儿子观察到我如何细心并积极响应他四岁的妹妹时，他在潜移默化中学习着将来如何扮演父亲的角色。在那些偶尔出现的重要时刻，当他没有和妹妹争吵时，我甚至观察到他用同样的方式在对待她。那些没有父亲陪伴成长的男孩则缺失了这种示范。在《身为父亲》（Becoming Dad）这本书中，小伦纳德·皮茨（Leonard Pitts）细致地描述了他的父亲的缺席给他自己作为父亲的身份带来的长期影响："我有两个继子女和三个亲生子女，他们的母亲是同一个人。我自认为对他们来说是一个称职的父亲。但事实上，没有哪一天我不曾怀疑自己是否做错了很多事情。"[71]

跨文化视角下父亲的影响力

在本章，我已经展示了父亲对孩子心理和社会成长具有重要影响的证据。然而，这些研究几乎全部在高收入国家完成，这些国家的家庭结构相较人类演化史上的家庭模式并不典型。在更传统的家庭中，孩子生活在一个包含众多亲戚的"大家庭"中，这些亲戚都能在照顾孩子上提供帮助。在许多传统的社会中，父亲在直接育儿方面的参与相对较少，但孩子仍然能够成长为有能力适应社会的成年人。[72] 因此，可以设想，在有限的父亲参与下，其他照顾者能够起到替代作用，这可能是父亲在儿童发展中的重要性在不同文化间存在差异的原因，这种重要性与家庭环境有关。在那些远离大家庭、独立生活的核心家庭中，父亲的角色可能更为关键。

父亲之外，祖母同样是不可或缺的照顾者。事实上，在高自然死亡率的社群中，孩子的生存机会与祖母的陪伴关系相较父亲的陪伴更为密切。在坦桑尼亚的哈扎狩猎采集社会中，祖母为孙辈提供那些难以采集的植物块茎，这有助于他们的成长。[73] 在巴基斯坦的农村地区，祖母参与到日常的儿童照护中，包括喂食、洗澡和陪伴玩耍，她们在孩子一岁时的高度参与养育与孩子两岁时的认知能力、精细运动技能和社会情感发展方面的提升密切相关。[74] 在撒哈拉以南的非洲，与祖母同住的孩子去学校接受教育的

可能性高出 40%。祖母通过照顾小孩或承担家务，可以为母亲提供外出工作以赚取教育费用的机会，或者让年长的孩子不需要留在家中做家务，从而能够去上学。[75] 在美国，一项针对未成年母亲所生的低体重婴儿和早产儿的研究发现，这些孩子一岁时与祖母同住，那么他们三岁时的智商更高。[76]

当母亲在祖母和其他亲属的帮助下共同照料儿童时，我们可能会认为父亲在孩子成长过程中的作用有所降低。但最新的研究显示，父亲的重要性并不局限于那些核心家庭较为普遍的高收入国家。一项覆盖南美洲、非洲、东欧和亚洲的 38 个中低收入国家的研究，探询了主要照顾者对父亲与他们三四岁孩子在过去三天内互动情况的看法。研究结果显示，父亲的总体参与度并不高，约有一半的父亲在这段时间内没有与孩子进行任何形式的积极互动。但那些经常为孩子读书、讲故事、唱歌和一起玩耍的父亲，他们的孩子在社交情感以及读写和计算能力上有着更好的表现。当母亲较少与孩子互动时，父亲参与的积极效应更为显著，这进一步说明，在母亲陪伴不足的情况下，父亲能够在一定程度上起到补偿作用。[77]

非传统及代表性不足的父亲

我们对父亲的形象往往有一个既定的想象，即他是生物学上的父亲、是同居的家庭成员、是异性恋者、是心理健康状况良好者、扮演着次要照顾者角色的人。但现实中，许多父亲并不完全符合这样的刻板印象，而且学界也开始关注一些非传统的、不具代表性的父亲类型的影响。在后续的讨论中，请注意到作为一个传统的父亲，我的个人经验可能限制了我充分且准确地表达非传统父亲观点的能力。更广泛地说，无论我如何努力保持客观，我的个人背景和观点在某些时候仍可能无意中让我对本书中的研究结果的解读产生偏见。

非同住的父亲

许多人持有这样的观点，即父亲有道德义务与孩子生活在一起并承担起抚养的责任，那些选择不与孩子住在一起的父亲就是在逃避这一责任。这种情况确实有时存在。但在夫妻关系恶化到彼此敌对的情况下，选择分居可能才是父亲或母亲能为孩子做出的最佳选择。在父母分居的情况下，孩子往往跟随母亲生活，这使父亲成了非同住的父亲。无须质疑的是，许多非同住的父亲其实非常关心他们的孩子，并且非常希望能够对他们的成长产生正面影响。他们可以通过继续为孩子所在的家庭提供经济支持来实现这一点。研究显示，非同住的父亲支付抚养费能够带来孩子在学业成绩、心理健康和行为表现上的提升，并且可以减轻母亲的一些压力，进而可能提高她的养育质量。[78] 非同住父亲的直接照料同样具有影响力，数据表明，父亲与孩子互动的质量比探访的频率更为关键。特别是当父亲采取权威型的育儿方式，而不是仅仅作为孩子的成人玩伴时，孩子的发展会更好。这意味着仅仅带孩子去电影院和一起娱乐是不够的，父亲还要帮助孩子完成家庭作业、讨论遇到的问题以及对不当行为进行适当的管教。[79]

同性恋父亲

想象一下，一个被同性吸引的男性意识到他可能永远无法拥有自己的孩子，实现成为父亲的梦想，而摆脱这一困境的方法似乎只有隐藏自己的性取向，与女性结婚。一直到现在，这仍是许多男性同性恋不得不面对的局面。一些男性同性恋在没有公开自己的性取向之前，已经在异性婚姻中有了孩子。但近年来，男性同性恋伴侣开始通过收养或其他方式拥有自己的孩子。男性同性恋在成为父亲的道路上遇到了许多障碍，包括来自收养机构的歧视，以及确保获得监护权所需的法律费用等。因此，那些最终成为父亲的同性恋男性往往对育儿充满热情和承诺。他们的孩子绝非偶然得来。针对四岁至八岁收养儿童进行的研究发现，同性恋父亲相较于异性恋父亲，表现出更多的热情、更多的互动和更低程度的惩戒行为。被同性恋父亲收养的儿童相比异性恋伴侣抚养的儿童，也展现出更少的行为问题。[80] 其他研究也得出了类似的结论，平均来看，同性恋父亲养育的孩子在许多方面比异性恋父母养育的孩子有更好的发展。[81] 这并不是说同性恋父母

比异性恋父母更好，而是表明孩子能从那些充满热情、坚定承诺的父母那里获益。无论谁在提供照顾，只要他们能给予孩子温暖和恰当的管教（即权威型育儿），孩子便会从中受益。男性和女性都具备这样的能力，并且孩子拥有两位权威型父母就再好不过了。

尽管已有一些发现，但目前关于同性恋父亲抚养的孩子与其他孩子在发展结果上的比较研究仍然不多。比如，有人自然会质疑，父亲是否能够全面并充分地为女儿们准备好她们特有的性别角色经历。特别是在青春期和分娩等关键时期，女孩们可能更需要来自母亲的指导，因为她们的同性恋父亲未曾亲身体验过这些重要的生活阶段。例如，当我经历第一次月经时，这意味着什么，以及我需要做些什么？我正在经历的这些生理和心理上的其他变化又该如何理解？这些变化正常吗？分娩会是什么感觉？我该如何哺乳和照料我的宝宝？许多同性恋父亲可能已经预见到这些挑战，并积极寻找可以作为女性榜样的人物，从而弥补自己在这些方面的不足。

独自抚养孩子的单身父亲

对独自抚养孩子的单身父亲进行一概而论是不容易的，因为他们成为单身父亲的原因多种多样。例如，一些知名人士，布拉德·皮特（Brad Pitt）因为离婚成为单身父亲，利亚姆·尼森（Liam Neeson）则是由于妻子的不幸去世而成为单身父亲。

全球范围内，尤其是美国，单身父亲家庭正变得越来越常见。在美国，单亲家庭由父亲主导的比例，已经从 1980 年的 10% 稳步增长到 2020 年的 24%。[82] 这些数据反映出许多父亲不仅有着成为主要照料者的愿望，也具备相应的能力。但这些孩子的成长状况又如何呢？如本章前面深入讨论的，通常来说，与双亲家庭相比，单亲家庭的孩子出现不良成长结果的风险更高。不过，研究者们已经开始探讨单身父亲与单身母亲之间的差异，以及单身父亲抚养的孩子与单身母亲抚养的孩子在成长过程中的对比情况。

平均而言，单身父亲相较单身母亲经济状况更为宽裕，从而较少面临贫困问题，这对孩子的成长是有益的。然而，单身父亲在对孩子日常的监督和关注上往往相对宽松。在学业成绩和心理健康方面，单身父亲抚养的孩子与单身母亲抚养的孩子相比并无明显差异。但是，单身父亲抚养的孩子更可能展现出反社会行为和暴力倾向，同时在物质滥用问题上的风险也更高。这并不意味着单身父亲在育儿上做得不好，而是由于在母亲有严重精神疾病或物质依赖问题时，父亲更可能获得孩子的抚养权。如果孩子因为遭受母亲的严重忽视或虐待而开始与父亲同住，那么孩子面临的问题不应简单归咎于他们现在与父亲同住的家庭环境。[83]

单身父亲可能会面临社会偏见，并且他们的心理健康状况往往不如婚姻存续中的父亲。[84] 在对韩国父亲的研究中发现，即便在控制了社会经济地位变量的情况下，单身父亲生活的质量也更差一些，还表现出更多的抑郁症状和更大的压力。但是，目前还不清楚这些问题是由单亲养育的挑战带来的，还是由于离婚或丧偶的长期影响带来的，或者是这两种因素的共同作用。

黑人父亲

非洲裔美国人社区内外都呼吁黑人父亲在抚养孩子方面扮演更积极的角色。[85] 这种呼吁源于统计数据。研究表明，与其他种族的孩子相比，更多黑人孩子成长在单身母亲家庭中，同时有证据揭示，成长在单身母亲家庭中的孩子更有可能产生不良的发展结果。然而，也有合理的声音警告我们不要对这些数据进行过于简化的解读。首先，有人担心这些数据可能会被误解，认为黑人男性不是尽责的父亲，这会加剧负面的刻板印象。想一想有人仅凭你的外表就断定你不会成为一个好父亲，是多么糟糕的事情。实际上，美国疾病控制中心的研究发现，在与孩子同住的父亲中，黑人父亲在洗澡、换尿布、穿衣以及辅导孩子做家庭作业等实际照顾活动上的参与度要高于白人父亲和西班牙裔父亲。[86] 其他研究也显示，非同住的黑人父亲在养育参与度上至少与白人父亲持平。[87] 尽管非同住父亲通常比同住父亲参与得少，但仍有一些非同住父亲非常投入。[88] 我采访了一些不完全与孩子同住的黑人父亲，他们与孩子的母亲达成了定期陪伴孩子的安排。这些父亲可能会每天接孩子放学，每周四晚上以及每两周的周末照顾他们。令我印象深刻的是，在这些时间里，他们是主要的照顾者——负责尿布更换、餐食准备、洗浴等——这让我反思，作为一个与孩子同住的父亲，我自己承担了多少这种主要照顾者的角色。非同住或非监护身份，并不意味着他们不参与孩子的生活。

这些统计数据还引起了另一个问题，那就是人们倾向于简单地认为，如果更多的黑人父亲与孩子同住，黑人社区的种种问题就会迎刃而解。然而，黑人社区面临着许多深层次的结构性问题，这些问题同样影响着孩子们的成长和发展，如教育资源的不公平分配、居住隔离、持续的失业问题等。虽然数据确实表明，父亲在家庭中的存在对孩子的正面发展有积极作用，但为了确保黑人孩子能够享有与白人孩子相同的机会，这些根深蒂固的问题同样需要被正视和解决。

抑郁的父亲

众所周知，产后抑郁对于新妈妈来说是一个普遍的挑战，它不仅影响母亲，也影响婴儿。然而，鲜为人知的是，男性在孩子出生期间同样面临着抑郁风险的增加。在发达国家，男性抑郁的一般发病率约为 5%。而围产期抑郁（即孕期或产后第一年的抑郁）在男性中的发病率约为 10%，这意味着成为父亲让风险增加了两倍。作为对照，女性在围产期抑郁的发病率约为 25%。特别是在产后 3~6 个月，父母抑郁的风险显著增加，父亲的抑郁率可升至 25%，而母亲的抑郁率更是高达 40%。值得注意的是，不同发达国家父亲抑郁的发病率存在显著差异。在美国，这一比例异常高，围产期有 14% 的父亲遭受抑郁困扰。[89] 美国作为少数没有国家支持的陪产假政策的高收入国家之一，我们不禁要问，这是否可能是导致父亲抑郁率较高的一个因素（参见第六章）。

与母亲产后抑郁的情况相似，父亲的抑郁同样会给孩子带来许多不良的影响。那些父亲抑郁的孩子在社交和学业上通常表现不佳，同时也更容易出现行为和心理问题。[90] 这种现象背后至少有三种可能的解释。首先，抑郁父亲的孩子可能遗传了父亲较差的心理健康倾向，这种倾向可能导致心理和行为问题，进而影响他们的社交能力和学业成绩。双胞胎研究表明，抑郁具有显著的遗传性，这意味着遗传可能是导致这种影响的一个合理因素。这些研究显示，遗传和环境因素在抑郁的发生上都有作用，并且它们的影响力相当。[91] 其次，抑郁可能削弱了父亲与孩子之间的互动质量，这种变化反过来又对孩子的成长产生不良影响。实际上，抑郁的父亲往往在与孩子的互动中表现出较少的温暖和敏感性，以及更多的敌意和疏离感。最后，父亲的抑郁还可能与较低的婚姻质量有关，这可能会影响母亲的养育方式，进而对孩子的发展产生负面的连锁反应。[92]

为什么男性在成为父亲的过程中更容易变得抑郁？压力是众所周知的诱因。对于许多男性来说，尤其是那些失业或生活在贫困中的男人，孩子的出生会导致经济压力的增加。这可能就是为什么低收入和失业是父亲抑郁的风险因素。[93] 在与亚特兰大地区的父亲们的访谈中，我询问了他们是否感受到了为孩子提供经济支持的压力。以下是他们的一些回答：

"如果用 0~100% 来衡量，我认为压力是 100%。"

"有一吨重的压力，非常巨大。"

"无边无际的压力。"

"全部都是压力。如果我可以粗鲁一点的话，就是所有的该死的压力，全部都是压力。"

"是的，是的，还有是的。"

"是的，嗯，巨大的压力。"

"哦，是的。压力非常大。"

育儿的另一个压力源是不知道如何照顾婴儿。我哥哥曾告诉我，当他和他的妻子带着他们的第一个孩子从医院开车回到家时，他们把孩子放在地板上，然后相互对视，不知所措地说："我们现在该做什么？"那些初为人父者，以及自我评价育儿能力较低的父亲，更有可能感到抑郁，这可能是因为他们感到自己准备不足，对面临的任务感到不知所措。[94] 事实上，没有人能够无师自通地成为父母，我们都必须通过学习来掌握育儿技能。在许多传统社会中，儿童和青少年身边常常围绕着更小的孩子，他们要经常参与照顾这些孩子，这为将来成为父母提供了良好的实践机会。相比之下，作为家中最小的孩子，我在四十岁有了自己的第一个孩子，在此之前，我几乎没有接触过年幼的弟弟妹妹，也从未与婴儿有过长时间的互动。我有很多需要学习的东西，这并不容易，而对于初次成为主要照顾者的人来说，挑战更是巨大。我们的社会常常将孩子与他人隔离开来，这限制了青少年和年轻人了解婴儿和幼儿的机会，从而使他们成为新父母时准备不足。

工作与家庭的冲突也是导致父亲抑郁的另一个压力源和风险因素。[95]在美国，随着母亲更多地参与外出工作，父亲在亲自育儿方面的参与也越来越多。[96]然而，这并非没有压力，因为父亲们也报告说，与过去相比，他们在工作与家庭平衡方面遇到了更多的困难。[97]正如我采访的一位父亲所说："一个挑战是如何把家庭放在第一位。但若要确保工作达到足够的水平，以便获得成功，就意味着你得把家庭放在第二位，这对我来说很难处理。"

获得社会支持较少的父亲同样更容易遭受抑郁的困扰。[98]正如第三章中要详尽讨论的，人类本质上是合作育儿的物种。这意味着母亲在抚养孩子时通常会得到来自多方的帮助。对于大多数人类来说，心理上可能并没有准备好在没有帮助的情况下独自抚养孩子。每个人都需要从照顾孩子的责任中暂时解脱出来。无论是对于伴侣还是单身父母，没有外界援助地独自抚养孩子无疑会带来巨大的压力。在紧急情况下，这种支持尤其显得至关重要。我的岳父岳母与我们住得不远，他们能够在我们需要时帮忙接孩子放学并照顾他们，这对我们维持工作的稳定以及保持心理平衡都起到了极大的帮助。

许多父亲反映，孩子出生后他们与伴侣之间的关系质量有所下降，而父亲在婚姻关系紧张时更可能遭遇抑郁。[99]在我采访的父亲中，有43%的人表示，孩子的到来对他们与伴侣的关系产生了负面的影响。在这些访谈中，一个普遍的感受是，父亲们曾经从伴侣那里获得的关注和情感支持在孩子出生后转移到了孩子身上。一位 53 岁的移民父亲说，有了孩子之后，"她更多地关注孩子。有时候他成了焦点。我个人深有体会，我感觉到妻子对我的关心变少了"。一位 59 岁的会计师，也是两个孩子的父亲表达了类似的感受："第一年，她的注意力全在我身上，但自从我女儿出生后……她的关注点就转移到了孩子身上……在很多方面，我已经开始期待孩子去上大学了。"另一位父亲则描述了他与妻子之间的差异："在我心里，我一直认为……配偶是你最亲近的人。但对于我妻子……她的想法不同……孩子比我更重要，我认为这就是我们之间的差异。"

在成为父亲的过程中，男性会经历一些激素水平的变化，这些变化也可能会使他们更容易感到抑郁，这一点在本书的第三章和第四章会有更深入的探讨。特别是对于那些积极参与育儿的父亲，他们的睾酮水平会随着父亲角色的深入而下降，而我们知道，睾酮水平较低是男性抑郁的一个风险因素。[100] 对于睾酮水平较低的男性，睾酮替代疗法能够缓解他们的抑郁症状。[101] 因此，随着父亲角色的深入所带来的睾酮水平的自然下降，可能会增加男性抑郁的风险。同时，这种激素水平的变化也可能降低性欲，这与产后伴侣通常也会经历的性欲下降一起发生，导致他们夫妻的性生活频率会进一步下降。

认为自家婴儿性情难以驾驭的父亲也更易陷入抑郁。[102] 我们可能会认为，抑郁的父亲只是更容易感到烦躁，对婴儿的啼哭和不安表现出更负面的反应。然而，也有可能某些婴儿天生性情较为棘手，给他们父母的心理健康带来了特别的考验。我就曾经历过这样的挑战。婴儿啼哭的程度各不相同。特别是在出生后的头三个月，许多婴儿每天都会连续哭上好几个小时无法被安抚，尤其是在父母下班回家后的傍晚时分。[103] 这种情况对于满怀善意的父母来说无疑是令人沮丧的。你竭尽全力去做一切你认为能让婴儿平静下来的事情，但似乎都无济于事——啼哭依然不止。你开始感到无助，甚至怀疑自己是不称职的父母。我记得我的小儿子在夜里哭泣——更像是尖叫——整晚不停。我仍记得那对我的睡眠、情绪、工作造

成了多大的影响。我曾有好几个夜晚感到这简直是人间地狱。因此，性情难以驾驭的婴儿更有可能拥有抑郁的父母，这对我来说并不奇怪。

　　母亲生产后，父亲抑郁的一个强有力的预测因素是母亲的抑郁状况。[104] 这可能是因为母亲的抑郁会对伴侣关系质量产生负面影响，进而增加了父亲抑郁的风险。或者，母亲的抑郁可能严重扰乱了家庭系统的稳定性，而父亲可能会因为这种不稳定感到压力。换句话说，父亲知道孩子需要一个温暖且细心的母亲，但当母亲的关爱缺失时，父亲会感到整个家庭受到了威胁。尽管母亲的抑郁可能会增加父亲抑郁的风险，但有些父亲可能会尝试通过补偿母亲在敏感性方面的不足来加以应对。正如之前讨论的，敏感的父亲可以缓解母亲抑郁对孩子的负面影响。

　　最后，在围产期，父亲抑郁的一个最强预测因素则是在孕育孩子之前就有过精神疾病的诊断（见图1-5）。从这个角度来看，父亲的抑郁往往可以看作一种由成为新父母的压力触发的精神疾病复发。[105]

图1-5　父亲抑郁的预测因素

继父

许多继父会对自己的角色感到困惑。他们应该努力成为继子女的权威型父母，还是应与他们成为朋友，或者只是作为他们母亲身边一个无害的伴侣？

大多数继子女是由继父而非继母抚养长大的。这是因为在离婚或分居后，孩子们通常与母亲同住。近年来，由于离婚率和非婚生育率的提高，美国重组家庭的数量有所增长，但重组家庭并不只存在于发达国家。在传统的小型社会中，重组家庭也同样普遍，在那里也会有离婚，并且父母一方去世的情况更为常见。[106]

在重组家庭中长大的孩子通常在社交、情感和学业成就方面，比由亲生父母共同抚养的孩子表现差，这可能有几个原因。[107] 首先，重组家庭往往经济条件较差，而我们已经知道，经济稳定对孩子的成长至关重要。其次，这些孩子经历了父母离婚及其带来的冲突。尤其是当离婚过程充满敌意时，这会对孩子的社交、情感和学业发展产生负面影响。新组成的家庭也会给孩子带来压力，因为他们需要适应新的规则、期望和日常生活习惯。最后，不幸的是，有大量证据表明继父通常不会像对待自己的亲生孩子那样对待继子女。有一个令人震惊的事实是，与生活在亲生父母身边的孩子相比，生活在继父母家庭中的孩子遭受虐待或被杀害的风险要高出40~100倍。[108] 当然，大多数继父并不是虐待者或杀人犯，但平均来看，父亲在继子女身上的投入确实比亲生子女要少。研究显示，父亲在继子女身上花费的时间和金钱较少，也不太可能提供必要的监护职责，较少参与和孩子的互动，或者较少提供情感支持。[109] 孩子们能感觉到这种继父与亲生父亲的差异。有研究发现，继子女体内的压力激素皮质醇水平比亲生子女更高。[110]

为什么男性通常对自己的孩子比对继子女更好？下一章将讨论的一个理论是，这种偏好是一种演化上形成的倾向，因为它有助于提升男性的繁衍成效，因而在自然选择中得到了保留。那些为了其他男性的后代而牺牲对自己后代投资的男性，会遭到自然选择的淘汰。相反，那些有选择性地投资于自己后代的男性，会受到演化的青睐。然而，这里有一个重要的提醒：男性有时可能通过照顾女性现有的子女来吸引配偶。换言之，对继子女的投入实际上可能是一种求偶策略。这或许可以解释为什么一些继父会投入资源给继子女，即使这种投入通常少于他们对自己亲生子女的投入。[111]

不论理论上的预测和关于继父的一般统计数据如何，我们都不能忽视这样一个事实：有些继父对他们的继子女有着真挚的爱，这份爱常常与他们对亲生子女的爱一样深。实际上，有研究显示，52%的继父并不认同"爱继子女比爱亲生子女更难"的观点。[112]

结论

在深入研究了众多学术成果之后，我们能得到什么结论呢？对于初为人父的男性，我有哪些建议可以帮助他们更好地养育孩子？

最重要的是，要全身心投入——不仅是身体上的陪伴，更要心灵上的参与。这意味着从孩子降生的第一周起，父亲就要对孩子的需求保持敏感和响应。父亲要对孩子的微笑和咿呀学语给予回应，让他们感受到父亲对他们内心世界的关心。父亲要给予温暖和关怀，同时也要设定必要的界限，在必要时坚定立场。父亲应鼓励并指导孩子探索家门外的世界。父亲要和孩子一起玩耍，尤其是进行肢体上的互动游戏，这是培养他们社交技能的有效途径，包括培养同理心和教授情绪管理。父亲应为孩子示范如何控制自己的攻击性。父亲可以温柔地推动孩子走出舒适区，以爱的方式逗弄他们，适度地打破他们的平衡状态。父亲可以帮助孩子面对生活中的不可预测性，并教会他们如何应对。父亲还可以让他们经历竞争和失败，教会他们如何应对挫折。这一切都将有助于孩子培养韧性。父亲应向孩子传授社会规范和价值观，因为在孩子开始上学、同龄人影响加大之前，父亲是他们社会化过程中的关键引导者。父亲应建立自己的社交网络，为孩子提供更多机会。记住，家庭是一个系统，父亲要努力保持这个系统的和谐运转。这包括照顾好自己和伴侣的心理健康，比如通过安排他人帮忙照看孩子，给自己一些休息时间。

在这一切之后，请记得，父亲并不能全然左右孩子的人生轨迹。他们带着自己的基因倾向出生，并会受到父亲无法完全掌控的因素的影响。身为父亲，如果你已经尽了最大努力，而你的孩子们仍然遇到挑战，要明白这并非你的过错，你已经给予了他们你所能提供的最好条件。如果你足够幸运，你的付出将换来最无价的回报——他们的爱。

本章重点

1. 尽管人类是合作养育下一代的物种，但许多现代夫妇生活在独立的核心家庭中，父亲作为母亲的首要帮手，扮演着更重要的角色。

2. 不论是现代社会还是传统社群，父亲都被期待在养育孩子的过程中扮演供给者的角色。

3. 孩子往往在父亲和母亲温暖、敏感的响应，以及适度的管教和界限设定下，能够获得更好的成长。

4. 父亲往往在引导孩子探索外界、准备面对社会挑战方面发挥着特别的作用。

5. 孩子的健康成长并不局限于传统异性恋家庭结构，多样化的家庭形态也能提供适宜的成长环境。

第二章
父亲养育的演化

————

大多数哺乳动物父亲并不参与照顾幼崽，而是将照顾工作留给母亲，自己去寻找其他配偶。但人类是例外之一，大约 5% 的哺乳动物物种表现出雄性亲代护理行为，人类就是其中之一。[1]

人类是如何成为这些例外之一的？在本章，我将讲述一个关于人类父亲养育如何演化的故事——那些像小强爸爸余旭康一样全情投入的父亲是如何出现的。这绝非必然。事实上，这是一个极不可能的结果，它之所以发生，完全是因为一系列独特的生态条件出现在我们古人类祖先面前。由于我们无法直接观察到我们的演化历史，我讲述的这个故事不应被当作不容置疑的事实，而应视为一位学者基于现有科学证据对可能发生的事情的最佳推测。

* * *

身为一名人类学家，我的职业身份塑造了我思考和理解父性。每当我透露自己的职业时，我总有些难为情，因为我知道接下来的对话往往会怎样收场。当我说自己是人类学家，我常常面对一片茫然，这个话题似乎总能迅速终结对话。多数人对人类学知之甚少。那么，就让我们从基础讲起。

人类学的定义众多，每种定义都有其合理之处，但我偏爱的定义是"对人性的探究"。人类学家致力于全面而深入地理解人类。我们认为，只有通过跨文化和跨物种的比较，以及对我们演化根源的深刻理解，才能真正洞悉人类。作为人类学家，我坚信，要全面理解父性，就必须考察它在不同物种中的表现，人类在动物界中的定位，以及父性在我们这个物种中的演化过程和原因。这正是本章的核心议题。在第六章，我们将进一步探讨父性在不同人类文化中的多样性及其背后的动因。

演化理论

我们如何解释为何某些特性（比如父亲照料子女）在某些物种中得以演化，而在其他物种中却未见踪影？影响不同物种特性演化的过程众多，但其中最为关键的当属自然选择，这一机制由查尔斯·达尔文（Charles Darwin）在 1859 年首次阐述。达尔文凭借当时对自然界的细致观察，巧妙地揭示了这一机制，而自然选择的逻辑在今天看来其实颇为简洁。物种内的个体在外貌或行为上各有不同。如果这些特性能够遗传给后代，那么那些最有助于个体生存或繁衍的特性将随着时间的推移而变得越来越普遍。只要满足这些条件，自然选择下的演化便是一个必然的结果。除此之外，我们只需要一个变异的源头。变异源自基因的随机突变，以及生殖细胞形成过程中的基因重新组合，这一过程称为性重组。自然选择的最终结果是，随着时间的推移，物种往往会变得更加适应其所处的环境——直到环境再次发生改变。

以一个简单的例子来说明，设想有一群棕色的老鼠生活在积雪覆盖的地区。偶然间，一只老鼠发生了基因突变，使得它的毛色略微变浅。在雪地中，捕食者（如鹰）更难发现这只老鼠，因此它比其他老鼠有更高的生存机会，并能繁衍出继承了较浅毛色的后代。这些浅棕色的个体在种群中逐渐增多，最终，通过一系列偶然的突变，老鼠的毛色变得越来越浅，直至整个种群的老鼠都变成了白色。需要注意的是，突变本身并无特定方向，它们是在 DNA 复制过程中发生的随机错误。因此，虽然有些突变可能导致毛色变深，但这些突变会因为使老鼠更容易被天敌

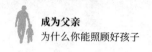

发现而被淘汰。

这个例子说明了物种的外貌是如何随时间演变的。同样关键的是，如果遵循同样的三大原则，行为同样可以演化：①种群中不同个体的行为存在差异；②这些行为特征可以遗传；③这些行为对个体在生存或繁衍上的成功率贡献大小存在差异。繁衍成功意味着一个人所产生的后代中，有多少能够存活并继续繁衍后代。将上述例子延展到行为特征上，我们可以设想，那些在进食时会不时停下来观察天空以警惕捕食者的老鼠，相比于那些只顾进食而忽视周围环境的老鼠，更有可能被自然选择所青睐。

父亲照料子女作为一种行为特征，在某些物种的演化历程中形成了，但在其他物种中却没有，我们渴望探究其中的原因。总体而言，我们认为这种行为特征会在提升雄性的生存率或繁衍的成功率时演化。演化生物学家通常用适合度（fitness）来描述包括生存和繁衍在内的综合成功率。你的适合度基本上反映了你将基因传递给下一代的能力。因此，我们可以这样说，父亲照料子女的行为特征预计会在提升雄性适合度时演化。上面老鼠的例子主要聚焦在影响生存的那些特征。而父亲照料子女的行为主要影响着雄性的繁衍成功率。繁衍成功比生存更为复杂，也更具挑战性。它不仅取决于找到并维持配偶的能力，还包括成功地孕育和抚养后代直至它们具备繁殖的能力。这意味着我们通常预期自然选择会倾向于那些能够提高生物交配成功率或育儿能力的特征，或者两者兼具，除此之外，才会选择那些能够提高生物生存能力的特征，因为在某种程度上这有助于它们再次繁殖。

但这里有一个问题：生物体无法同时实现生存、交配和育儿的最大成功率。换句话说，生命是一场零和游戏。这一理念是生命史理论（life history theory）的基础，也是演化理论的一个分支。它认为生物体拥有有限的能量，可以投放到三个相互竞争的领域：生长、维持生命和繁殖。在成年之前，生物体将大部分能量投放到生长领域中。维持生命领域是指确保自己生存的活动和行为，包括投放能量在免疫系统以抵御病原体和疾病、投放能量以避免捕食者，以及投放能量来延缓衰老过程。繁殖领域则包括寻找和保护配偶的努力，以及育儿努力。如果我们将投放到生长和维持生命领域的总能量保持不变，那么生物体就面临着在交配和育儿努力之间的权衡。我们许多人都能在日常生活中直观地感受到这种权衡。也许你在照顾孩子漫长的一天结束时感到筋疲力尽，意识到你真的应该去锻炼锻炼，去准备一顿健康的饭菜，去和你的配偶亲密，但你真的无法为这些事情聚集任何能量，所以你反而吃了一些冰激凌，看了电视直到你睡着。能量确实是有限的。

在雄性动物的世界里，为了争夺雌性配偶或争夺能够接触到雌性配偶的社会地位，它们通常会在求偶方面投入大量的能量。在非人类的动物王国中，雄性之间的竞争往往表现为直接的攻击行为。体型更大、力量更强、更具侵略性的雄性往往能在打斗中获胜，从而获得更高的社会地位和更多与雌性配偶交配的机会。然而，并非所有情况都遵循这一模式。在某些物种中，雄性会在吸引雌性方面进行竞争。最典型的例子是新几内亚和澳大利亚的天堂鸟。雄性天堂鸟通过展示自己鲜艳夺目的羽毛来进行戏剧化的表演，以此吸引雌性配偶。表现最佳的雄性能够吸引并与之交配的雌性数量也最多。值得庆幸的是，人类男性为配偶和社会地位而进行的竞争也常常采取非侵略性的方式。人类男性可以通过多种途径获得地位和吸引配偶，包括掌握特殊技能或能力、拥有知识、展现智慧、掌握资源，甚至是通过表现出善良、慷慨和合作精神。

我需要阐明我所说的育儿努力的含义，或者相关概念亲代投资（parental investment）的含义。演化生物学家罗伯特·特里弗斯（Robert Trivers）在 1972 年的一篇经典论文中，对亲代投资进行了定义，这一定义与生命史权衡理论相吻合。特里弗斯的定义是："父母对某个后代的任何投入，如果增加了这个后代生存的概率（进而提高了其繁殖成功率），那么这将以减少父母对其他后代投入的能力为代价。"[2] 这种代价包括放弃求偶努力和维系自身的努力，因为为了繁殖更多的后代，这两者都是必需的。例如，对于哺乳动物的雌性来说，哺乳幼崽需要消耗大量能量，而幼崽的吮吸通常会抑制雌激素的分泌，雌激素是一种既能支持女性性动机又能支持排卵的激素。因此，哺乳动物的雌性在哺乳幼崽期间通常不会进行交配，也不会在当前幼崽断奶前生育额外的后代。作为亲代养育成本的另一个例子，我们可以考虑一下那些负责孵化并喂养和保护幼崽的雄性鸟类，当它们忙于巢中的育儿工作时，它们根本无法去追求其他的雌性。

特里弗斯对亲代投资的定义为我们提供了一个很好的起点，但许多人在反思自己的育儿经历时可能会意识到，自己所做的事情不仅仅是简单地让孩子活着，更重要的是培养他们的技能和价值观，以便他们能够成为有能力和成功的成年人。这些人类父母对孩子的重要影响在上一章中我们已经讨论了，特里弗斯的定义虽有局限性，但对于其他动物来说已经足够了。

父母的养育努力可以呈现多样化的形式，一种有用的区分是直接照料和间接照料。直接照料包括与孩子直接的身体接触和互动，涵盖了怀抱、背扛、依偎、爱抚、喂食、梳理、清洁、玩耍、教训、监督或照看等行为。而间接照料，往往对子女同样甚至更为有益，它涉及在孩子不在身边时所进行的活动，包括为幼小的生命准备巢穴或避难所，保护子女免受捕食者或敌人的伤害，以及为子女提供必要的资源。在现代人类社会中，这种间接照料还包括在家庭外工作赚钱，然后将所得用于购买食物、支付住房费用、获取医疗保健等。

生物体必须在生长、维持生命和繁殖等生命需求之间权衡分配其能量，而不同物种会采取不同的策略来平衡这些需求。这些策略被称为生命史策略（life history strategies），它们遵循零和原则，即在一个方面的投入增多，必然意味着在另一方面的投入减少。因此，生物体被预期会将能量在生长、维持生命和繁殖（包括交配努力和抚育后代的努力）之间进行优化分配，以最大化其繁殖成功率（见图 2-1）。简而言之，当投资抚育后代是实现繁殖成功的最佳途径时，生物体会倾向于在这方面投入更多。然而，并非所有情况都适合这种策略。通常，当父母能够有效提升后代的生存率或健康状况，同时交配机会受限时，这种策略最为有效。相反，当父母难以减少后代的死亡风险，并且交配机会很多时，我们并不预期会出现亲代行为的演化。实际上，我们将看到，在许多主要的动物分类群中，亲代行为实际上是不常见的，甚至是稀有的。

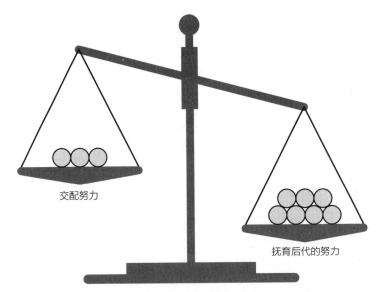

图 2-1　生物体在交配努力与抚育后代的努力之间面临权衡

生命史策略是一个强大的工具，用于解释非人类物种中父亲养育的差异。然而，人类的情况比其他动物更为复杂，这将在第六章中讨论。因此，生命史策略并不能全面解释为什么人类男性经常照顾自己的孩子，但它是相关且有价值的起点。

*　*　*

那么，父亲养育的能力究竟是如何在我们的物种中最终演化出来的呢？

在向大学生讲解人类演化时，我总是先让他们对人类演化的时间尺度有一个概念，以及了解这与地球漫长历史的关联。通过理解在人类出现之前地球上已经流逝了多少时间，相对于我们存在的时间，我们能更好地把握我们的起源。我发现，将地球的历史压缩成一天 24 小时是传达这一概念的最佳方式（见图 2-2）。地球形成于大约 45 亿年前，我们将这个时间点设定为一天的开始，即 00:00。而你现在阅读这句话的瞬间，就是一天的结束，24:00。按照这个时间尺度，1 秒相当于大约 5.2 万年。你的一生，不过 2 毫秒。

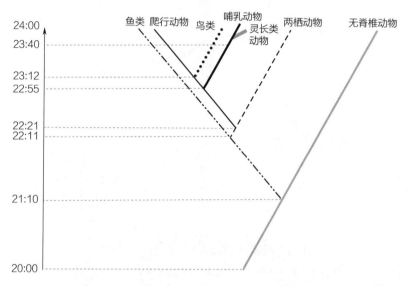

图 2-2　动物的简化版系统发育树，采用 24 小时制的比喻。在这个比喻中，20:00 代表大约 7.5 亿年前

在这个时间表上，各种关键的演化事件是何时发生的？地球上生命的起源需要很长时间，但我们有证据表明生命在大约 05:20（35 亿年前）已经出现。最早的生命形式是简单的原核细胞。原核细胞基本上是由细胞膜包裹的 DNA。而真核细胞则更为复杂，包含有专门功能的多种细胞器，如细胞核和线粒体。我们得等待很长时间才能迎来真核生物的演化。实际上，直到大约下午 13:20（20 亿年前），真核生物才在地球上出现。因此，超过一天的一半时间已经过去，我们所拥有的还只是单细胞生物。直到晚上 19:12（9 亿年前），多细胞生命才出现。第一批动物以海洋无脊椎动物的形式出现，大约在 20:00（7.5 亿年前）。无脊椎动物包括水母、蠕虫、蛤蜊、章鱼和昆虫等物种。

无脊椎动物的亲代养育

在无脊椎动物的世界中，亲代养育的现象相对罕见。大多数无脊椎动物认为，将精力投入到后代的照料上并不是最佳的繁衍策略，这样做无法使它们最大限度地提升繁殖效率。对于雄性而言，交配后离开是更常见的选择；而对于雌性，产卵后离开也是常规做法。尽管如此，在现存的数百万种无脊椎动物中，仍有一些物种会对自己的卵或幼崽进行照料，这种养育行为往往出现在环境极为恶劣或捕食风险极高的情况下。[3] 在这些条件下，亲代的照料对于卵的生存至关重要。在无脊椎动物中，亲代养育通常由雌性来承担，而非雄性。这一现象与人类社会中女性往往承担更多育儿责任的情况颇为相似。也许我们可以通过研究无脊椎动物和其他非哺乳动物来了解母亲养育与父亲养育演化的一般规律。

生物学家们提出了两种解释来说明为什么在照顾后代的那些少数的无脊椎动物中，雌性养育更为普遍。这两种解释都基于一个共同的事实：与哺乳动物一样，无脊椎动物的受精过程发生在雌性个体的体内。这给雄性带来了一个关键的繁殖策略问题：如果一只雌性与多只雄性交配，那么每只雄性都无法确定自己是否是雌性最终产下的受精卵的父亲。

想象一下，在同一个种群中存在两种类型的雄性。A 型雄性会照顾雌性配偶产下的卵，即使它们没有使这些卵子受精。而 B 型雄性则不照顾雌性配偶产下的卵，而是将省下的能量用于寻找更多的交配机会。那些找到额外配偶的 B 型雄性可能会比 A 型雄性获得更大的繁殖成功，因为 A 型雄性常常在照顾它们没有受精的卵。它们正在浪费宝贵的资源来增加其他雄性的繁殖成功率，而不是自己的。实际上，在这种情况下，它们很可能在照顾的是 B 型雄性的后代。结果似乎是显而易见的：成功的 B 型雄性会被自然选择所青睐，而不是 A 型雄性。最终，种群将主要包含 B 型雄性的基因。至关重要的是，雌性没有同样的问题。它们产下的卵总是自己的。这也许就是为什么在体内受精的情况下，雄性比雌性更不愿意照顾后代的原因。

尽管 A 型雄性面临亲子关系的不确定性，但我们可以设想一些情况下，它们并不会因此而被淘汰。一种情况是，如果没有雄性的照顾，后代几乎没有或根本没有生存的希望。在这种情况下，如果雄性不尽父职，它们就完全没有繁殖成功的机会。另一种情况是，雄性没有更好的选择，只能留下来抚养后代。例如，如果一只雄性找不到另一个配偶（也就是说，它无法实施 B 型雄性的策略），那么与其徒劳地追求其他配偶或什么都不做，不如留下来帮助那些可能是它自己的后代。这解释了为什么雄性单亲养育虽然稀少，但在昆虫界中确实有过几次演化的实例。

针对无脊椎动物中雌性照料相对于雄性照料更普遍的现象，上面这个简单的想象练习还可能有第二个解释。在许多情况下，无脊椎动物的后代由单亲抚养更高效，或者说第二亲本的照料对于后代的福祉效益递减。在这种情况下，从演化的角度来看，每个亲本可能更倾向于让伴侣提供照料而不是自己，这样它们就可以去寻找更多的配偶。通过这种方式，它们能够拥有最大数量的存活后代。由于在产卵之前的受精是在雌性体内完成的，在雌性舍弃雄性之前，雄性可以先行离开雌性和那些已经受精的卵。雌性在之后面临选择：是放弃它所产的受精卵让它们死亡，或是照顾它们以确保它们能够生存。自然选择所倾向的行为是显而易见的——雌性会选择提供照顾。

因此，在无脊椎动物中，雄性照料之所以罕见，是因为雄性对后代的亲子关系的确定性较低，而且与雌性相比，它们能够在受精后更早且更容易地遗弃后代，这两种情况都是体内受精的结果。

需要记住的是，在无脊椎动物中，亲代养育通常是不常见的，而父亲养育则更是罕见。但当无脊椎动物中确实出现亲代养育时，它们会是什么样子呢？由于雌性养育较为普遍，让我们先从一些雌性养育的例子开始。

一种雌性养育的例子来自于被称为"角蝉"的昆虫。这些引人注目的生物拥有醒目而华丽的"头盔"，使它们能够模仿植物的刺，从而在捕食者面前伪装自己。它们用喙刺穿植物的茎来吸食树液。产卵后，雌虫会坐在卵上，保护它们免受捕食者和寄生虫的侵害。由于新孵化的角蝉无法自己刺穿植物的茎来吸取树液，雌虫会在茎上制造一系列裂缝，让幼虫能够通过这些裂缝吸食树液。[4] 显然，在这种情况下，亲代养育对幼虫的生存至关重要，这也有助于我们理解为什么这种行为会演化出来。

在无脊椎动物中，母性投资达到了极致，同时也令人感到不安，尤其是在一种名为沙漠穹蛛（Stegodyphus lineatus）的生物中体现得淋漓尽致。这种生活在沙漠中的蜘蛛，雌性会产下一个能装下大约九十个卵的卵囊。当卵孵化后，母亲的内脏开始解体，这使她能够将自己的内脏液化后反刍给幼蛛食用。到了某个时刻，母亲停止反刍，而她的幼蛛开始在她仍然活着的时候蚕食她。它们只有在完全消耗了母亲之后才会离开巢穴。[5] 自然选择确实能够造就一些残酷的适应性。

自然选择是一种演化机制，它使生物体能够解决演化过程中遇到的各种问题。例如，角蝉通过演化出类似植物刺的头盔来避免被捕食者发现，从而解决了逃避天敌的问题；它们还通过母亲的养育行为，解决了幼虫无法自行获取树液的问题。有时候，自然选择会在亲缘关系较远的物种中独立地演化出相同的解决方案。例如，鸟类和蝙蝠分别属于不同的脊椎动物类别，但它们都演化出了翅膀来解决飞行的问题。另一个令人惊讶的趋同演化的例子是复杂的相机状眼睛在脊椎动物和头足类（如鱿鱼、章鱼）无脊椎动物中的独立演化。在养育后代方面，哺乳动物的一项伟大创新是由母亲产生乳汁来哺育后代。同样令人瞩目的是，东南亚的大蚁蛛（Toxeus magnus）也独立演化出了类似的适应性特征。雌性大蚁蛛会产生一种供幼蛛直接从其腹部吸食的乳汁。与哺乳动物的乳汁类似，蜘蛛的乳汁包含糖、脂肪和蛋白质，但其蛋白质含量是牛乳汁的四倍。没有这种乳汁，幼蛛将无法生存。这绝非母亲微不足道的投资，因为幼蛛会持续吸食乳汁，直到它们长到成年体型的80%。从投资的规模来看，人类儿童达到成年体重的80%大约是在十四岁左右。我怀疑许多母亲不会同意长达十四年的母乳喂养。不过，雌性大蚁蛛的努力是有回报的，因为76%的孵化后代能够存活到成年。[6]

至于雄性们呢？尽管无脊椎动物的亲代养育大多由雌性提供，但也有例外，即雌雄双方都养育后代（双亲养育）或者完全由雄性养育后代（雄性单亲养育）。

蜣螂以大型动物（如牛、长颈鹿和大象）的粪便为食。雄性和雌性会合作，共同占领、搬运并埋藏粪球于它们的洞穴中。然后，雌性在粪球内产卵，孵化出的幼虫以粪便为食。雌性和雄性还会守护洞穴，抵御外来者，雌性甚至会产生抗真菌分泌物以预防洞穴受到感染。鉴于雄性在筑巢过程中付出的努力，我们通常认为这会提高它们的繁殖成功率。然而，有研究显示，雌性产卵的数量并不取决于雄性的出现。这暗示雄性可能有其他目的。在筑巢的同时，它们也在守护洞穴和雌性，防止其他入侵的雄性取而代之。因此，那些最初看似全心全意的亲代养育努力，可能部分甚至主要是为了交配。[7]交配与养育努力之间的界限模糊，将成为本书贯穿始终的一个主题。

在无脊椎动物界，雄性亲代养育的一个明确例子是由田鳖提供的。这些捕食性昆虫生活在淡水池塘、沼泽和溪流中。它们可以长到 4.5 英寸（1 英寸 = 0.0254 米）长，并且有一个讨厌的习惯，就是咬人类的脚趾。雄性田鳖将发育中的卵背在背上（见图 2-3）。孵化这些卵需要一些技巧。背卵的雄性田鳖必须保持卵的湿润以防它们干掉，同时还要定期将它们抬

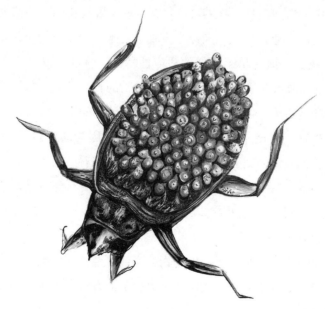

图 2-3　背负受精卵的雄性田鳖

高到水面以上以确保它们得到适当的氧气。它们在水下时还会用后腿抚摸卵。这些行为对卵的存活至关重要，因为与父亲分离的卵无法发育。[8] 那么，为什么是雄性而不是雌性来照顾卵呢？实验表明，雌性田鳖更倾向于与携带卵的雄性交配。[9] 如果这种情况在过去也是普遍存在的，那么携带卵的雄性就会因为雌性的交配选择而受到自然选择的青睐。

鱼类的亲代养育

回到我们 24 小时制的时钟比喻，我们只剩下四个小时来讲述脊椎动物亲代养育的演化。在大约 21:10（5.3 亿年前）发生了一个被称为寒武纪大爆发的重大事件。这是一个相对短暂的事件（约 2500 万年），以动物多样性的极大增加为特征。这个时期出现的动物包括最早的脊椎动物——鱼类。与大多数通过体内受精来繁殖的无脊椎动物不同，这些早期鱼类很可能是通过外部受精来繁殖的。雌性会产下卵，雄性用精子使卵受精，然后双方都离开。没有亲代养育，这在今天大多数鱼类物种中仍然是普遍现象。然而，在一些鱼类谱系中，雄性开始保护这些受精卵。在鱼类中，雄性养育独立演化了多次，而且比雌性养育更为常见，这就导致了我们今天看到的情况：如果在鱼类中存在亲代养育的话，那么它通常主要由雄性提供。[10]

为什么在某些鱼类中会演化出雄性单亲养育行为呢？这能为我们理解在更广泛情况下何时更可能出现这种养育行为提供线索吗？外部受精似乎是解释这一现象的关键因素。实际上，在那些进行体内受精的鱼类中，雌性单亲养育更为常见。然而，在进行外部受精的鱼类中，雄性养育更为普遍。这与昆虫中的情况相反，在昆虫中，体内受精通常会降低父亲身份的确定性。相比之下，外部受精可以为雄性鱼类提供更高的父亲身份确定性，这增加了雄性亲代养育对其繁殖成功的效益。雄性和雌性鱼类通常会同时释放它们的生殖细胞，所以那些在雌性释放卵子后立即受精并守护它们的雄性，其父亲身份概率很高。然而，在体内受精的情况下，雌性可能在产下受精卵之前与多只雄性交配，这意味着如果雄性照顾这些卵子，它

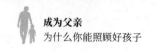

的父性投资可能就会用错地方。

父亲身份确定性的提高看起来是鱼类中外部受精与雄性养育之间产生关联的中介因素，但真的是这样的吗？毕竟，雌性鱼类也能够确定对自己所产卵的母亲身份，但它们却很少提供养育。换句话说，父亲身份的确定性似乎是鱼类中雄性养育演化的一个必要条件，但本身并不足以解释雄性单亲养育现象。那么，还有什么其他因素参与其中呢？另一个因素是雄性鱼类倾向于建立和保卫领地的行为。这些领地通常包含了许多不同雌性的卵，这增加了雄性保护这些受精卵的收益。[11]

我们可以想象，在泥盆纪时期，大约4亿年前（在我们的24小时时钟上是21:52），一条具有突变的雄性鱼类出生了，这种突变使它在受精后倾向于徘徊并建立领地，而不是离开。它开始保护自己的领地和其中的卵，因此它的后代存活率更高。当另一条雌性在同一个领地产卵时，它可以同时保护两批卵，从而弥补不寻找其他配偶的损失。它的雄性后代继承了建立领地和保护卵的倾向，这些后代生存得很好，并继承了同样的亲代养育习性……一切就这样开始了。甚至有一些鱼类的证据表明，雌性会被那些已经在照顾卵的雄性吸引。这样雄性可以两全其美。也就是说，一旦雌性选择与那些会养育后代的雄性交配，那么对于雄性来说交配和养育后代的努力就成了一回事，不存在权衡——它不需要再去寻求其他配偶，没有逃避养育责任的诱惑。

在鱼类中，雄性照料最常见的形式是守护受精卵；然而，某些物种的雄性会做得更多。[12]三棘刺鱼的雄性会编织精美的巢穴，它们使用一种从肾脏分泌的特殊黏合剂将植物材料粘在一起（见图2-4）。筑巢完成后，雄性通过一种之字形的求偶舞蹈吸引雌性配偶。如果成功地吸引到雌性配偶，雌性会在它的巢中产卵，然后雄性对其进行受精。值得注意的是，这应该可以让雄性确保父亲身份，而我们已经知道这与雄性亲代养育强烈相关。然后，雄性守护卵，并使用胸鳍将新鲜的水引向它们以供氧。它们甚至在幼鱼孵化后的几天内继续守护。令人惊讶的是，如果幼鱼游出巢外，雄性会将它们吸入口中，然后再吐回巢中。[13]

图 2-4　雄性三棘刺鱼在雌鱼产卵后等待受精，这些卵被产在它准备好的巢中

注：插画由 Alexander Francis Lydon 创作，收录于 William Houghton 的《英国淡水鱼类》
（*British Fresh-Water Fishes*，London：William Mackenzie，1879）。

　　如果父亲身份的确定性是鱼类中雄性亲代养育的关键，那么海马就是这种养育方式的典型代表。雌性海马会将卵产在雄性海马腹部的育儿袋中，只有雄性海马能够使这些卵受精。受精后，雄性海马实际上就怀孕了，开始向育儿袋内分泌营养物质，这些物质会被胚胎吸收。这个育儿袋不仅为胚胎提供保护，还为它们提供氧气、清除废物，并控制盐分。雄性海马通过一系列肌肉收缩将孵化出的幼鱼从袋中排出，这与哺乳动物母亲的分娩方式非常相似，这无疑又是一个惊人的趋同演化的例子。然而，一旦幼鱼出生，养育行为就结束了。[14]

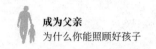

两栖动物的亲代养育

大约在晚上 21:50（4 亿年前），陆地上首次出现了脊椎动物。到了大约 22:11（3.4 亿年前），最早的两栖动物出现了。当时大多数鱼类继续沿着鱼类的路线演化，有些谱系甚至一直延续到今天。然而，其中一支演化成了两栖动物。这些早期的两栖动物很可能没有提供亲代养育，就像今天大多数两栖动物一样。然后，少数物种演化出了单亲养育，养育者可能是雌性也可能是雄性。如今，在青蛙和蟾蜍物种中有 6%~15% 存在亲代养育，而在蝾螈中这一比例为 20%。单亲的雄性和雌性养育差不多一样普遍，而双亲养育则较为罕见。当然，两栖动物既生活在水中也生活在陆地上。养育在陆地物种中更为常见，这可能是因为在陆地上需要父母来保持卵的湿润。所有青蛙都是体外受精，但蝾螈既有体内受精也有体外受精，受精方式可以可靠地预测养育类型。正如预期的那样，雄性单亲养育与体外受精相关，而雌性单亲养育与体内受精相关。[15] 像鱼类一样，卵的守护是最常见的养育类型。然而，也有一些物种的亲代投资远超这一范围。

其中一个例子是中美洲草莓箭毒蛙。雌性在植物叶片上产下 3~5 枚卵。雄性通过他的泄殖腔分泌液体来保持卵的湿润。卵孵化后，双亲会将个别的蝌蚪背到有水的地方。但这还不是全部，雌性甚至还会为她们的后代提供食物，这种投资形式在鸟类和哺乳动物之外是罕见的。雌性每隔几天就会看望她的每只蝌蚪，并产下几枚未受精的卵供它们食用。[16]

类似于海马，也有一些蛙类的雄性会为发育中的幼崽提供庇护和保护。在达尔文蛙中，雄性会守护卵好几周，然后吞下它们，让蝌蚪在他的声囊中发育，这是一个受保护的空间（见图 2-5）。大约六周后，经过在囊内的变态过程，小蝌蚪成为小蛙并被吐出来。[17] 另一种蛙，被命名为囊蛙，成年雄性会在其臀部的湿润袋中孵化它们的小蝌蚪，直到 2~3 个月后，小蝌蚪成长为小青蛙。[18]

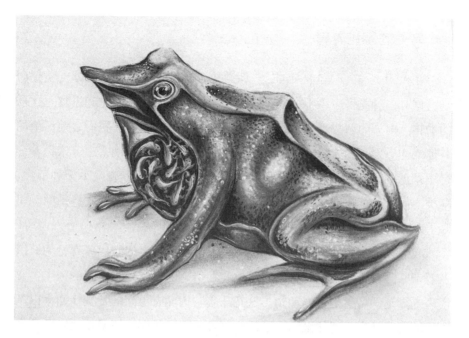

图 2-5　雄性达尔文蛙在声囊中孵化蝌蚪

爬行动物的亲代养育

在我们的 24 小时时钟上，第一批爬行动物大约出现在第一批两栖动物之后的十分钟，也就是大约 22:21（3.1 亿年前）。一些两栖动物继续作为两栖动物演化，但有一个分支演化成了爬行动物。在爬行动物中，亲代养育尤其罕见。大多数爬行动物会将卵埋起来并不加以守护。在少数提供养育的爬行动物中，雌性单亲养育最为常见，出现在 3% 的蛇类和 1% 的蜥蜴中。例如，雌性蟒蛇会盘绕在卵周围以保护它们，并通过颤抖以产生热量来孵化卵。雌性鳄鱼会温柔地将新孵化的幼崽含在口中，从巢中带到水中。在一些鳄鱼中，双亲养育可能是从雌性单亲养育演化而来的。虽然在昆虫、鱼类和两栖动物中已有雄性单亲养育的例子，但在爬行动物中从未记录过雄性单亲养育。[19] 这种缺乏雄性养育的情况可能部分归因于父亲身份不明确，因为爬行动物实行体内受精。

鸟类的亲代养育

在大约 23:12（1.5 亿年前），鸟类从恐龙的一个兽脚亚目分支演化而来。你对兽脚亚目应该不会陌生，因为它们包括了像霸王龙和迅猛龙这样的动物。鸟类的亲代养育非常显著，因为它极为普遍。在我们之前讨论的其他动物类别——无脊椎动物、鱼类、两栖动物和爬行动物中，亲代养育是不常见的，甚至是罕见的。然而，在鸟类中，亲代养育几乎无处不在。鸟类不仅普遍存在亲代养育，而且这种养育通常是由双亲共同提供的。实际上，有 90% 的鸟类物种采取双亲养育的方式。[20]

我们如何解释与爬行动物相比，鸟类中普遍存在的亲代养育行为，以及双亲共同养育的现象？鸟类与其他我们研究的脊椎动物之间的一个主要生理差异是，鸟类是恒温动物。这意味着它们拥有更高的基础代谢率以产生足够的热量来维持体温。为了适应这种更高的代谢，恒温动物需要更多的卡路里。许多鸟类出生时发育程度相当低，生物学家称之为"晚成雏"。晚成雏不能自己进食，需要喂养。因此，鸟类亲代的一项主要责任就是为幼鸟提供食物，满足它们高代谢的需求。另一项责任是孵化卵，与爬行动物的卵相比，鸟卵需要保持恒定的温度才能成功发育。幼鸟增加的这些养育需求令双亲养育成为必要。确实，有明确的证据表明，雄性的养育对于幼崽的存活起到了雌性养育之外的辅助作用。通过将双亲养育中的雄性进行实验性移除，并观察其对后代存活率的影响，已经证明了这一点。例如，在暗眼灯草鹀中，当双亲都在时，有 25% 的雏鸟能够存活到独立，但当雄鸟被移除时，这个数字就降到了零。[21] 因此，如果雄性养育能够针对它自己的后代，那么这种养育行为可能是适应性的，这又将我们带回到了父亲身份确定性的问题。像爬行动物一样，鸟类实行体内受精，这降低了父亲身份确定性，并预计会使雄性远离养育行为。那么，为什么 90% 的雄鸟表现出父亲养育行为呢？雄鸟如何解决由于体内受精而导致的父亲身份确定性降低的问题呢？单配偶制似乎是解决方案。也就是说，如果雌鸟只与一只雄鸟配对结合并交配，那么尽管是体内受精，雄鸟也将拥有父亲身份确定性，雄性养育行为就可以演化。然而，鸟类的单配偶制并不完美。雌鸟偶尔会偷偷进行额外的交配，而雄鸟则会看守它们的伴侣以防止这种情况发生。现在有明确的遗传证据表明，雌鸟有时确实有由额外交配所生的后代。尽管如此，大多数幼鸟以雌鸟的伴侣为父，这可能也解释了为什么雄性养育在鸟类中如此普遍。也有证据表明，雄性会根据其父亲身份状况调整对后代的养育投入。换言之，当它们实际上是遗传上的父亲时，会对后代提供更多的关怀。[22] 稍后，我们将在我们自己的物种中看到与此相似的有趣现象。

也许你认为自己是个相当不错的父母。如果是这样，请问问自己，你是否会站在零下 40 摄氏度的天气中连续几个月庇护你的后代，还不时会遭遇暴风雪，并且一直禁食？这听起来相当悲惨，不是吗？这就是雄性帝企鹅的生活。它们的亲代牺牲如此传奇，以至于它们启发了一部赢得奥斯卡奖的纪录片《帝企鹅日记》（*March of the Penguins*）的创作。帝企鹅是庞然大物，身高超过 3 英尺（1 英尺 = 0.3048 米），体重接近 100 磅（1 磅 = 0.454 千克）。它们生活在南极洲。它们的迁徙之旅从冰缘地带开始，成年个体徒步行进 30~75 英里（1 英里 = 1609.34 米），前往内陆的繁殖地。雄性和雌性彼此配对结合，交配，然后雌性产下一枚卵。雌性帝企鹅将卵小心翼翼地交给雄性帝企鹅，然后返回海洋觅食。雄性帝企鹅随后在整个艰苦的南极冬季孵化卵。它将卵平衡在脚面上，并用松软的皮肤和羽毛包围卵以保持温暖（见图 2-6）。雄性们组成巨大的团簇，相互利用对方的热量，并作为抵御刺骨寒风的屏障。大约两个月后，卵孵化了，父亲用食管中的"嗉囊奶"喂养雏鸟。小企鹅的生存率很大程度上取决于雌性帝企鹅在第一次喂食后多久能够返回。当雌性帝企鹅归来时，雄性帝企鹅会将雏鸟交给它，然后它便开始用自己捕获并半消化的食物来喂养雏鸟。在返回海洋寻找食物之前，雄性帝企鹅已经禁食了大约四个月，体重也减轻了近一半。而在雄性帝企鹅前往海洋觅食后不久，它必须再次踏上归途，跋涉 30~75 英里（1 英里 =1609.3 米）的路程，以便再次替换雌性帝企鹅，继续喂养雏鸟。

图2-6 雄性帝企鹅孵化出它的幼崽

我和一个朋友在电影院看了《帝企鹅日记》，他靠过来低声对我说："谢天谢地，它们没有意识。"我想他的意思是，如果企鹅有意识，它们可能会意识到自己的生活是多么艰苦，然后就会放弃。它们真的会吗？如果你曾阅读过科马克·麦卡锡（Cormac McCarthy）的杰作《路》（*The Road*），你或许能深刻体会到那位父亲的情感。即便在他们父子俩所处的那个荒凉而绝望的末日世界里，他对儿子深沉的爱也从未允许他有放弃的念头。

纪录片中生动呈现的雄性和雌性企鹅之间的求偶行为特别引人注目。人们不禁会联想到它们正在相爱，尽管这可能过于拟人化，但它们确实在建立一种联系，这种联系是强烈的，如果小企鹅要成功长大，这种联系就必须持续存在。双亲都需要能够相信对方会从海上归来。更一般地说，单配偶制和双亲养育依赖于相互的承诺和信任。成功养育小企鹅需要双亲的共同努力和投入，因此，每一方都必须确信对方会坚守承诺，不离不弃。这些求偶仪式往往包含了配偶间令人叹为观止的同步行为，这些行为对于建立和维系这些配对结合关系中所必需的信任至关重要。[23]

尽管在鸟类中雄性的亲代投入令人印象深刻，但雄性通常比雌性参与养育的程度要低，这可能是因为它们的父亲身份相对不够确定。[24] 在一些雄性鸟类中，亲代抚育职责与求偶行为之间的紧张关系也显而易见。例如，雄性红翅黑鹂是少数一雄多雌制物种中的一员，它们会捍卫可以容纳多个雌性配偶的领地。雄性会喂养并保护它们的幼鸟，但当有新的雌性在其领地内安家时，雄性往往会推迟对现有幼鸟的养育以照顾新家庭。[25] 因此，雄性似乎要在交配和养育之间做出权衡。

虽然鸟类中双亲养育是常态，但大约有 10% 的鸟类物种表现出单亲养育。单亲养育通常与早熟而非晚成的幼鸟相关。因为早熟的幼鸟出生时发育更完善，由此需要的照顾较少，所以单亲养育似乎就足够了，双亲养育的回报反而有限。单亲养育通常由雌性提供（占所有鸟类物种的 4%~8%），但也存在一些雄性单亲养育的例子（占所有鸟类物种的 1%~2%）。

其中之一就是鹤鸵，这是一种大型、不会飞的鸟类，原产于澳大利亚和巴布亚新几内亚的森林中。雌性鹤鸵体型大于雄性，颜色也更为鲜艳，它们会在自己的领地内吸引多只雄鸟筑巢。雌性鹤鸵可以高达 6 英尺（1 英尺 = 0.3048 米），重达 130 磅（1 磅 = 0.454 千克）。它们在每只雄鸟的巢中产下数枚卵，但不为卵或雏鸟提供任何照顾。相比之下，雄性鹤鸵则忠诚地孵化卵约 50 天，并在孵化后大约 9 个月的时间里积极地保护幼鸟。它们还为幼鸟提供水果和昆虫。[26] 这种角色互换的原因尚不清楚，但可能与雄性比例较高有关（一项研究发现，雌性与雄性的比例为 1∶1.5），这使雄性的交配机会有限。[27] 在雌性伴侣有限的情况下，养育后代可能是雄性鹤鸵的最佳选择。[28]

在鸟类中，还有一种重要的养育系统，即养育行为不仅限于双亲，还包括多个成年个体一起参与，无论是同性还是异性。这被称为合作养育。我们应该特别注意这种养育系统，因为它最能代表我们人类自己的特征。[29] 全球大约有 3% 的鸟类物种是合作养育的。在这些物种中，辅助养育者（异亲）的存在似乎能够带来显著的好处，证据是异亲的数目增加与后代生存率的提高有着正向的关联。[30] 佛罗里达丛鸦是合作养育鸟类的一个典型例子。雄性和雌性形成单配偶制的关系，但它们会与前几个繁殖季的成年后代共同生活，这些后代帮助喂养和保护新的幼鸟。显然，有帮手的成年丛鸦比没有帮手的成年丛鸦能够抚养更多的幼鸟。此外，实验性地移除帮手会导致幼鸟存活率下降。帮手的作用在于可以充当哨兵，提前发现捕食者。由于丛鸦经常成为蛇和鹰的猎物，因而有帮手的成年丛鸦比起那些没有帮手的成年丛鸦，其幼鸟遭受捕食的风险更低。而帮手通过为幼鸟提供食物，也可以让父亲有更多的时间来执行哨兵职责。[31]

哺乳动物的亲代养育

最终，我们迎来了哺乳动物的亲代养育的介绍。最早的哺乳动物是由一类小型、活跃的食肉性爬行动物，即兽孔目爬行动物演化而来的。这一演化过程发生在鸟类出现之前，大约在 22:55（2 亿年前）。哺乳动物与恐龙共存了数百万年，直到大约 23:40（6000 万年前）恐龙灭绝。[32] 这一关键事件，恰好发生在我们 24 小时的一天即将结束前的 20 分钟，对哺乳动物来说具有重大影响。恐龙的灭绝为哺乳动物的多样化发展铺平了道路，哺乳动物得以演化并占据了恐龙曾经统治的各种生态位，从而迎来了哺乳动物的时代。

与鸟类相似，哺乳动物在养育后代上投入巨大。相较于昆虫、鱼类、两栖动物和爬行动物，所有种类的哺乳动物都表现出亲代养育。然而，哺乳动物和鸟类在亲代养育方式上存在一些关键性差异，这些差异对后代的成长有着深远的影响。在哺乳动物中，胚胎是在母体内发育的，也就是说，雌性哺乳动物会孕育它们的幼崽。这种内部孕育的方式确保了幼崽在成长过程中的安全。而鸟类则不同，它们的胚胎是在母体外的卵中发育的。此外，哺乳动物的一个显著特征是雌性通过乳腺分泌乳汁来哺育幼崽。内部孕育和哺乳这两种创新的养育方式，体现了雌性哺乳动物在亲代投资上的显著提升。由于雄性哺乳动物无法孕育幼崽或分泌乳汁，这限制了它们对幼崽福祉的贡献能力。同时，通常来说，因为雌性哺乳动物已经投入了大量的精力，其幼崽可能不像鸟类幼崽那样需要雄性的照料。因此，雄性哺乳动物在父亲养育方面的参与度相对较低。虽然所有雌性哺乳动物都会照料它们的幼崽，但雄性哺乳动物的父亲养育行为仅出现在大约5%的哺乳动物物种中。

那么，究竟是哪5%的哺乳动物表现出父亲养育行为，原因又是什么呢？在什么情况下父亲养育会在哺乳动物中演化，它又以何种形式呈现？父亲养育与哺乳动物的单配偶制有着密切的联系，同样是因为单配偶制能够提供更高的父亲身份确定性。最可能的情况是，单配偶制在哺乳动物的多个演化分支中逐渐形成。在这种制度出现之前，雌性通常独自生活，而雄性则控制着一个可以覆盖多只雌性的领地。在某些生态环境中，雌性为了获取足够的食物，需要分散开来生活。当它们分散到一定距离时，雄性可能无法同时守护多只雌性，它们转而只守护一只雌性。一直与这个雌性待在一起，雄性可以试图阻止它与其他雄性交配。在这条演化分支上，雄性因单配偶制而有了较高的父亲身份确定性，父亲养育随后得以演化，它们的照料行为有助于提高后代的存活率。同时，由于雌性也选择了单配偶制，致使雄性在寻找配偶时的选择也变得有限。总之，这种转变在哺乳动物的演化历程中独立发生了多次。[33]

如今，在哺乳动物中，啮齿动物、灵长类动物和食肉目动物的父亲养育最为普遍，但在这三个目中，也只有少数物种存在这种现象。[34]加利福尼亚鼠是一种夜行性的啮齿动物，生活在加利福尼亚海岸。人们通过基因测试证实它们实行严格的单配偶制，成年雄性和雌性会彼此形成配对关系。它们的平均窝仔数为两只，每年有多次繁殖。然而，它们的寿命只有9~11个月，因此它们一生中的繁殖成功次数在4~5次。在成为父亲之前，成年雄性对幼崽不感兴趣，甚至可能会杀死它们。然而，一旦它们自己的幼崽出生，它们就会变成尽职的父亲，直到幼崽断奶。这些雄性加利福尼亚鼠会帮助建造巢穴，找回走失的幼崽，为幼崽舔舐和梳毛（这在啮齿动物中相当于拥抱和亲吻后代），并和幼崽依偎在一起，帮助它们保持温暖。它们与自己的幼崽共度时光，甚至比雌性更频繁地为它们舔舐和梳毛。若雄性加利福尼亚鼠缺席，家庭的正常运作会受到严重影响。当研究人员将野外的雄性从巢中移除时，每窝幼崽的存活率从 1.5 只下降到 0.6 只。[35] 这些雄性加利福尼亚鼠是如何提高幼崽存活率的呢？当它们与幼崽依偎在一起保暖时，幼崽在体温调节上消耗的能量较少，因此需要的乳汁也较少。雄性加利福尼亚鼠让雌性不必再依偎着幼崽，这也减轻了雌性加利福尼亚鼠的能量压力，让它们可以更多地觅食并产生更多乳汁。[36] 在哺乳动物界，这一现象尤为重要。尽管雄性在直接哺育后代方面的作用有限，因为后代主要依赖雌性的乳汁，但它们仍然可以通过提供食物给雌性或减轻雌性的能量消耗来间接支持后代。这样，雌性就能有更多的资源来更好地哺育后代。

在人类社会中，分娩通常由产科医生、护士或助产士负责，或者在更传统的社会中，由经验丰富的年长女性负责。这些助产人员会协助分娩，并在婴儿出生后清理新生儿的鼻孔以确保呼吸通畅，清除新生儿身上的胎膜，并在某些情况下为婴儿保暖，[37] 父亲反而很少参与这些与分娩相关的工作。但雄性坎氏毛足鼠则更加雄心勃勃，它们会进行所谓的"雄性助产"。在分娩过程中，它们会舔舐和嗅探雌性的生殖区域，用前爪或牙齿帮助拉出幼崽，清理幼崽身上的胎膜，为幼崽清理鼻孔，将幼崽搬运到巢中，并在雌性生下后续幼崽时依偎在新生儿上方为它们保暖。此外，它们还会吃掉胎盘，这可能是为了掩盖新生儿的气味以避免潜在捕食者的注意，或者仅仅是为了享受一顿健康的餐食。[38]

六千多种哺乳动物被分为二十六个目。[39] 其中之一是上文讨论的啮齿目，另一个是食肉目。食肉目进一步细分为十二个科，其中之一是犬科，包括三十七种犬类和相关物种。在哺乳动物中，因为父亲养育和单配偶制在犬科动物中非常普遍，因此它们值得我们深入讨论。犬科动物的幼崽出生时是晚成熟的，它们既没有技能也没有力量去成功捕猎它们赖以生存的大型哺乳动物。因此，在它们成长和学习狩猎技能的相对较长的发育期间，它们必须得到供养。这就是犬类中雄性发挥作用的地方。它们通过反刍部分消化的肉来供养幼崽以及哺乳期的雌性。据估计，雄性非洲野狗可以在胃里储存足够三天的食物来喂养幼崽和雌性。在许多犬科动物中，雄性并不是唯一的供养者。雌性也会提供食物，而且许多犬科动物是合作养育者，异亲也会提供食物。供养行为远远超出了断奶期。例如，灰狼幼崽在大约六周大时断奶，但可能会被供养至一岁。在某些情况下，这种异亲的照料已被证明可以增加雌性的产崽数量以及它们的存活率。顺便提一下，还有一种哺乳动物，其传统饮食主要以肉为主，在发展出成为熟练猎手所需的技能和力量的过程中，也会在断奶后得到长时间的供养，这个物种就是人类。

在我们讨论人类所属的灵长目之前，让我们先回到犬科动物的话题上。在野生犬科动物中，灰狼是雄性提供食物的典型代表。狼群一般由一对坚守单配偶制的母狼和公狼与它们在前几季繁殖的后代组成，其中一些后代即使成年后也会留在群体中。母狼在幼崽出生后的最初几周内不会离开洞穴。在这段时间，它们依赖公狼和其他成年狼通过反刍的方式提供肉类食物，从而喂养自己和幼崽。[40]

与肉食性犬科动物不同，另一种犬科动物大耳狐主要以白蚁为食。由于觅食白蚁耗时较长，所以哺乳期的雌性大部分时间都花在觅食上，远离巢穴中的幼崽。雄性则通过提供更多的直接照料来补偿。雄性为幼崽梳毛，并守护、依偎着它们。它们在巢穴中的时间比雌性更长，而且它们在巢穴中花费的时间是能活到断奶年龄的幼崽数量的最佳预测因素。[41] 因此，在大耳狐中，父亲养育提高了雄性的繁殖成功率。

灵长目动物的亲代养育

正如啮齿类和犬科动物的情况，在人类——灵长目中，父亲养育也是相对常见的。灵长目动物直到大约 23:40（6000 万年前）才出现。图 2-7

是一个高度简化的系统发育树，它展示了人类与其他灵长目动物之间的演化关系。灵长目分为两个亚目：原猴亚目和我们所属的类人猿亚目。与类人猿亚目相比，原猴亚目的动物大脑较小，更多依赖嗅觉而非视觉。

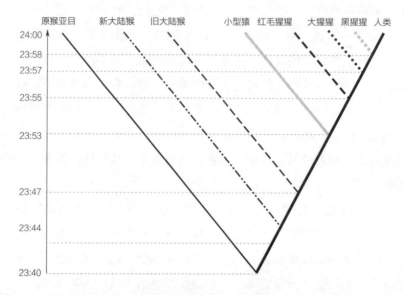

图 2-7　灵长目动物的简化版系统发育树，采用一天 24 小时的比喻；在这一比喻中，
23:40 对应大约 6000 万年前

　　原猴亚目中最耳熟能详的是来自马达加斯加的狐猴。类人猿亚目则包括新大陆猴、旧大陆猴和猿。新大陆猴（即类人猿亚目中与人类亲缘关系最远的物种）生活在南美洲和中美洲。人类与旧大陆猴的关系更为密切，它们生活在非洲和亚洲。也就是说，相比新大陆猴，人类与旧大陆猴有更近的共同祖先。而人类与猿类的关系最为密切，甚至与它们被归为同一个总科。在猿类中，与人类关系相对最远的是体型较小的长臂猿和合趾猿，它们被称为小型猿。与我们关系最亲近的现存亲缘是大型类人猿，按与我们的亲缘关系由远至近，包括猩猩、大猩猩、黑猩猩和倭黑猩猩。黑猩猩和倭黑猩猩与我们的关系密切度相同，它们仅在大约 200 万年前因刚果河的隔离而分化。人类的演化分支与黑猩猩和倭黑猩猩的分化大约发生在 600 万至 700 万年前。在我们的 24 小时时钟上，这一分化仅发生在午夜

前两分钟，即 23:58。

我们可能会认为，在与我们关系最密切的灵长目动物中，父亲养育应该表现得最为明显，如大型类人猿。然而，事实并非如此。这一点值得强调，因为它告诉我们，我们的父性潜能并不是简单地从我们的猿类祖先那里继承来的。相反，这种能力是在人类演化过程中新近演化出来的，其原因我们将在本章后面部分探讨。

在灵长目中，父亲养育最典型的例子可以在两种新大陆猴中找到：伶猴和枭猴。这两个物种都是单配偶制，因此雄性具有很高的父亲身份确定性，这并不令人惊讶。实际上，最近的一项研究表明，伶猴在基因上被证实是单配偶制的，这意味着它们不仅仅是结对交配并且大多保持忠诚，像鸟类那样。它们是严格的、排他的单配偶制，因此具有 100% 的父亲身份确定性。[42] 这在动物界中相当罕见。[43] 伶猴伴侣关系的紧密程度会通过它们可爱的习惯表现出来，即它们坐在树枝上时会把尾巴交织在一起（见图 2-8）。

图 2-8　配对结合的伶猴，尾巴交织在一起

在亚马孙雨林中生活的伶猴是一种体型较小的灵长目动物,大约与豚鼠相仿(约 1.13 公斤)。成年的雄性和雌性会形成单配偶的配对结合关系,并通过高声二重唱在树上标记自己的领地,以便区分其他成对的伶猴。从生命的第一周开始,成年雄性伶猴就成为幼猴的主要照顾者。它们几乎不间断地将幼猴背在背上。雌猴每天会进行几次短暂的哺乳,然后便将幼猴交还给雄猴继续背负。在最初的几周里,雄猴几乎一直在背负幼猴。在幼猴两个月大时,雄猴仍然有大约 60% 的时间在背负它们。幼猴长到三个月大,其体重约为成年猴体重的 40%,雄猴仍然有大约 40% 的时间在背负它们。其这就像我背着我那 30 多公斤重的十岁儿子近半天的时间一样。当幼猴长到四个月大时,即使是伶猴的父亲也感到够了,它开始拒绝幼猴再次爬上后背的尝试。然而,在紧急情况下,比如被捕食者追赶时,即使是四个月大的幼猴也会得到忠诚的父亲的背负。

伶猴的父亲养育不仅仅局限于背负幼崽。它们也愿意与幼崽分享食物,并且,雄猴与年幼的青少年猴子都是幼崽的玩伴。[44] 由于这种重大的父性投资,幼年的伶猴似乎与雄猴建立了比雌猴更强烈的依恋关系,这一点可以从它们在与双亲分离时表现出的焦虑程度中推断出来。[45]

我们不认为动物会有意识地谋划如何最大化它们的繁殖成功。然而,自然选择让它们表现得就好像它们有意识地这样做一样,有时想象它们会这样做是一种有益的思考练习。在伶猴的案例中,我们发现了严格的、排他的、具有遗传性的单配偶制,雄猴寻求额外的配偶是没有意义的,因为所有雌猴只与一只雄猴配对结合,并且完全忠诚。此外,雄猴有绝对的父亲身份确定性,因此对后代的任何投资都将有助于它自己的繁殖成功。对于雄性伶猴来说,帮助抚养它们自己的后代是理所当然的。然而为了讨论,我们暂且假设雌性伶猴即使没有雄猴的帮助也能独立抚养幼崽,或者即使雄猴提供了帮助,幼崽的生存率也不会因此而提高。即便在这种情况下,雄性伶猴仍然可以通过减轻雌猴的精力消耗和负担来提升自己的繁殖成功率。这样做可以帮助雌猴更快地恢复到生殖状态,从而更早地进入下一个生育周期。由于雄猴的繁殖成功与雌猴的繁殖成功紧密相连,因此,雄猴所做的任何能够缩短雌猴生育间隔的行为，也将直接提升它自己的繁殖成功率。

新大陆猴也表现出广泛的父亲养育，但却是一种完全不同的繁育模式。它们是狨猴和绢毛猴，同属狨猴科。狨猴和绢毛猴甚至比伶猴更小，体重不到 900 克。与双亲养育的伶猴和枭猴不同，狨猴和绢毛猴是合作养育。[46] 群体内通常包含两个或更多的成年雄性和成年雌性，以及年轻的亚成年个体。狨猴科动物有着灵活的交配体系。与伶猴和枭猴不同，它们并非严格的单配偶制。通常只有一只成年雌性繁殖，但它可能会与群体中的多个成年雄性交配。其他雌性通常会抑制自己的生殖周期（或者被正在繁殖的雌性所抑制），据说正在繁殖的雌性会杀死其他雌性成员的幼崽。其他雌性成员并非有意识地做出这种选择。相反，它们受到占主导地位的雌性的某些暗示，从而在某种程度上减少了它们生殖激素的分泌。[47]
这些不生育的雌性会和其他群体成员一起帮助生育的雌性进行养育。[48] 就像伶猴和枭猴一样，成年雄性狨猴承担了大部分的育幼工作，但它们的负担更重，因为狨科动物通常生下双胞胎，每个幼崽的体重占雌猴体重的6%~8%。我们知道携带双胞胎会给雄性带来压力，因为它们在照顾幼崽时吃得更少，体重也会显著下降，为此它们会在雌猴孕期前增加额外的体重，为照顾幼崽做准备（见图 2-9）。[49] 雄猴的照顾确实产生了作用，因为有更多数量的成年雄猴的群体会有更多存活的幼崽。[50] 雌性从其他群体成员那里得到帮助使它们能够在非人类灵长类动物中以前所未有的速度繁殖。占主导地位的雌猴能够每年两次生下双胞胎，这种快速繁殖是通过一种非凡的生理适应来实现的。在其他灵长目动物中，雌性的生殖周期在哺乳期间会受到抑制。因此，当雌性在密集哺乳时，它们无法受孕。这很可能是为了确保在下一个幼崽到来之前，第一个幼崽能够被抚养到独立。与之相反，狨猴科动物没有这种"哺乳期闭经"，它们甚至在哺乳期间也能很快再次怀孕。[51] 这种能力可能是由于生育的成年雌猴依赖群体中的其他成员来帮助其抚养幼崽而进化出来的。因此，它们不需要经历长时间的生育间隔。相反，得益于群体的支持，它们通过缩短生育间隔来增加自己的繁殖成功率。

图 2-9　雄性狨猴携带着它的双胞胎幼崽

　　除了携带双胞胎幼崽，成年雄性狨猴还会为幼崽梳理毛发、提供保护，并为它们提供食物。但在一个排除了父亲身份确定性的一雌多雄制繁育体系中，为什么会有如此多的父性投资呢？其实更需要问的问题是，这些成年雄猴还有什么其他的选择呢？正如前面提到的，通常只有群体中占主导地位的雌猴会繁殖，因此雄猴可以交配的雌猴数量有限。雄猴常常面临一个抉择：要么离开群体，放弃繁殖的机会；要么留在群体中，但不是雌猴的唯一配偶。值得注意的是，狨猴的双胞胎是异卵双生，这意味着它们可能有不同的父亲。由于雌性狨猴每年可能产下两对双胞胎，那些能够与这只雌猴交配的雄性，每年仍有可能成为一个或两个后代的父亲。在这种情况下，帮助雌猴抚养后代可能是雄性的最佳繁殖策略，因为它的繁殖成功与雌性的繁殖紧密相关。雄猴通过携带双胞胎幼崽，帮助雌猴节省了哺乳所需的能量，使它更快地恢复体力，从而更早地再次怀孕。此外，雄猴提供的食物也可能帮助雌猴更早地断奶，或者提高断奶后幼崽的存活率。

尽管多个成年雄性与雌性交配是常见的情况，但它们并非都有相同的可能性成为后代的父亲。在狝猴科群体中，一些雄性拥有比其他雄性大得多的睾丸，这意味着它们产生的精子数量远超其他雄性。如果多只雄性与同一雌性交配，那么产生最多精子的雄性最有可能使卵受精，从而成为后代的父亲。群体内睾丸大小的显著差异表明，睾丸较小的雄性可能在生殖上受到抑制，类似于不生育的雌性。[52] 这些受到抑制的雄性可能只是在等待时机，留在群体中并进行合作养育以维持生活，直到将来它们有机会承担更重要的繁殖角色。[53]

尽管在狝猴科动物中，我们无法确切地知道父亲的身份，但雄性参与养育后代的另一个可能原因是，成年雄性群体成员有时可能是彼此的兄弟或半兄弟（同父异母或同母异父的兄弟）。之前，我解释了生物适合度这个概念，它指的是一个生物将其基因传递给下一代的能力，并指出我们期望生物体会采取增加自己适合度的行为。然而，我们必须记住，我们与亲缘之间共享基因。例如，一个男性与他的亲兄弟共享一半的基因，与他的半兄弟共享四分之一的基因，这些基因均来自他们的共同祖先。因此，通过帮助他的兄弟，他实际上也在间接增加自己的适合度。当我们评估一个行为对自己适合度的影响时，我们也需要考虑这个行为对亲缘适合度的影响，这被称为广泛适合度。我们期望自然选择会倾向于那些能够增加广泛适合度的行为。照顾兄弟的后代就是这样一种行为，只要你在照顾他们的过程中没有牺牲自己的适合度。

旧大陆猴并没有展现出像伶猴、枭猴和狝猴那样明显的父亲养育行为，这与它们中很少出现单配偶制的现象相匹配。[54] 在生命史策略的连续体中，成年雄性旧大陆猴往往更倾向于投入求偶努力而非养育努力。这些雄性通过直接保卫与雌性配偶的接触机会，或者通过间接争取社会地位和优势来竞争交配机会。这种繁衍策略在它们的解剖结构上也有所体现。雄性演化出了用于战斗的装备，如体型比雌性大得多、拥有较大的犬齿，这些都是为了在争斗中打败对手。然而，它们并不是持续不断地战斗。战斗的目的是为了获得更高的支配地位。一旦地位等级确定，攻击行为就会变

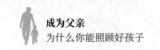

得不那么频繁，因为每个个体都清楚自己在群体中的相对位置。

在旧大陆猴中，如狒狒，采用一种称为一雄多雌的繁育体系。在这种体系中，一只成年雄性狒狒与几只成年雌性狒狒形成一个群体，而其他成年雄性狒狒除非能够推翻现有主导生育的雄性狒狒，否则很难接触到雌性配偶。在狒狒群体中，雄性之间为了争夺可生育的雌性群体而展开激烈的竞争，这种竞争在体型上的性别二态性表现得尤为明显。那些未能生育的潜在篡位雄性有时会采取杀婴行为，这成为该物种幼崽死亡的一个重要原因。实际上，非亲缘关系的成年雄性的杀婴行为，是一种适应性行为。所谓适应性，是指通过自然选择演化出来的特征，因为它们能够增加个体的适合度。当我们说一个特征是适应性的，并不是在说它是"道德的""伦理的"或"应该是这样的"。在一雄多雌制的物种中，杀婴行为是我们人类认为道德上应受谴责的一种适应性行为。它为何会演化出来？雌性的生殖周期通常会因哺乳而受到抑制（尽管狨猴科动物不在此列），这意味着这些雌性在停止哺乳之前无法再次受孕。那些不是这些被哺乳后代亲生父亲的雄性，可以通过杀死这些幼崽来加速雌性恢复生殖周期，并开始组建自己的家庭。遗憾的是，在诸如长尾叶猴和狒狒这类物种中，它们确实会这么做。[55] 因此，在这些物种中，父亲在保护自己的幼崽免受杀害这方面扮演着至关重要的角色。[56]

杀婴行为在一雄多雌制的物种中并不罕见。实际上，在所有主要的灵长目动物种群中，包括原猴、旧大陆猴、新大陆猴和猿类，人们都有记录到杀婴行为。[57] 然而，在一些灵长类物种中，这种情况较为少见，这些物种的雌性似乎已经演化出了有效的对策。虽然像狒狒这样的物种实行一雄多雌制，但许多其他旧大陆猴物种生活在由多个可生育雄性和雌性组成的社会群体中，它们并不形成单配偶制的配对结合关系。众所周知的例子包括草原狒狒和恒河猴（也称为猕猴）。在这些物种中，成年雌性演化出了一种特殊的策略，可以帮助防止杀婴行为：它们会与群体中的多个——通常是大多数——成年雄性交配。这样做是如何防止杀婴的呢？它混淆了父亲身份，如果雄性有可能会是幼崽的父亲，它们就不太可能杀死雌性的幼崽。因此，正如卓越的灵长目动物学家莎拉·赫迪（Sarah Hrdy）认识到并普及的观点，雌性的多偶交配行为可能是为了防止雄性杀婴而演化出的一种适应性行为；她喜欢将这种与多只雄性交配的行为称为"勤勉的母性行为"，这是一位母亲为了增加自己宝宝生存机会而努力的行为，而不是"滥交"——在我们的社会里，"滥交"通常用来贬低那些与过多伴侣发生性关系（超出社会预期数量，而这种预期往往是由男性来设定的）的女性。[58] 理论上，由于父亲身份确定性低，雄性应该通过拒绝父性投资来对抗雌性的多偶交配行为，转而将精力投入到更多的、愿意交配的雌性伴侣身上。在这些灵长目动物社会中，它们确实这样做。然而，现在有几个旧大陆猴物种的例子表明，包括草原狒狒、恒河猴和熊猴在内，当这些物种的雄性在与其他群体内的成员发生冲突时，更倾向于用身体保护它们的亲生后代或与它们在一起。[59]

这些观察表明，这些物种中的雄性可能并不像我们想象的那样对父亲身份感到困惑。但它们是如何辨别自己的后代的呢？也许它们会使用与雌性交配的时间和频率作为线索。包括灵长目动物在内的雌性哺乳动物都会在生殖周期内的规律时间点排卵，这时它们可以受孕。在某些物种中，雌性会提供明显的排卵信号。在狒狒中，这表现为排卵时的性器官肿胀增大（见图 2-10），呈粉红色。很有可能雄性在这一时期觉得雌性最具吸引力，要么是因为它们的外表，要么是因为它们发出的某种信息素线索。如果雄性在雌性排卵时与其交配，也就是当它觉得雌性最有魅力的时候，它可能会决定保护她的后代。这纯粹是猜测，我提出这个想法只是为了说明一个可能的机制。这样的决定在适应性上是有意义的，因为它将父性投资目标指向可能是自己后代的个体，但它不需要了解任何关于排卵或受孕的知识，也不需要有关于父权或繁殖成功的意识思考。那些思考只是科学家的事。同样可能的是，雄性能够通过幼崽的外表或气味察觉到某种东西，从而识别出它们是亲属，而它和幼崽之间的这种相似性可能就是促使它照顾这个幼崽的原因。事实上，有证据表明，黑猩猩能够通过比较面部特征来推断个体之间的亲缘关系。[60]

图 2-10　雌性狒狒出现性肿胀

在几种旧大陆猴类物种中，雄性会保护它们的幼崽免受捕食者和群体内敌对成员的伤害。在某些情况下，是幼崽主动寻找它们的父亲，而不是父亲寻找幼崽，这可能是因为它们的父亲能为它们提供一个不受骚扰的区域，让它们可以不受干扰地高效觅食和进行其他活动。

尽管在许多旧大陆猴物种中，雄性能够将父爱直接投向自己的后代，但也有一些物种，如东非狒狒和地中海猕猴，雄性会照顾并非自己后代的幼崽。[61] 这种行为看似与自然选择背道而驰，但当我们意识到幼崽的母亲将来更有可能与这些雄性交配时，这种困惑就迎刃而解了。在这种情况下，雄性提供的幼崽照顾实际上是一种有效的交配策略。在东非狒狒中，雄性与雌性形成了所谓的"友谊"，雄性为雌性及其幼崽提供保护。作为回报，雌性可能会在未来与它交配。

猿类的亲代养育

接下来，我们来谈谈与我们关系比猴子更近的猿类。猿类与猴子不同：猿类通常体型较大，大脑更为发达，没有尾巴，而且它们的肩关节活动范围较大，这使它们能够更有效地攀爬和在树间摆动。猿类分为大型猿类和小型猿类。小型猿类，如长臂猿和合趾猿，体型小于大型猿类。它们居住在东南亚的森林中，利用长臂在树梢间敏捷地摆荡。人类和小型猿类大约在 2000 万年前有一个共同的祖先。[62] 这意味着，我们两个物种的演化路径在地球历史的 24 小时时钟上大约在 23:53 开始分叉。

与许多旧大陆猴相比，长臂猿和合趾猿大多采用单配偶制。雌雄个体在体型和外观上没有明显差异（性别单态性），它们都守护领地，并通过响亮的叫声来标记自己的领域。单配偶制和性别单态性似乎为雄性个体成为优秀父亲提供了良好基础，这一点在合趾猿中得到了验证。合趾猿的幼崽最初由母亲携带，但在它们生命中的第二年，父亲会接管这一职责。人们观察到，父亲们也会为幼崽梳理毛发并且与幼崽一起玩耍。合趾猿有的以单配偶制群居，但是有的则以一雌多雄制生活。有趣的是，在单配偶制群体中，幼崽被雄性背负的频率更高，但在一雌多雄制群体中即便有更多的雄性成员，这种情况却不那么常见。[63] 这可能是因为单配偶制群体中的雄性能确定自己是幼崽的父亲，因此更愿意在照料上投入。当雄性合趾猿更多地参与背负幼崽时，雌性合趾猿便能得到休息。相应地，较少背负幼崽的雌性合趾猿会有更短的生育间隔。雄性的参与很可能让雌性节省能量，从而更好地滋养幼崽，并更快地断奶，然后重新开始繁殖周期。就像在伶猴和狨猴中一样，雄性合趾猿的繁殖成功与雌性的福祉紧密相连。因此，通过减少雌性的生育间隔，雄性实际上增加了自己的繁殖成功率，这种父亲养育行为是适应性的。

长臂猿的哺育行为似乎并不符合我们的预期。与雄性合趾猿不同，雄性长臂猿并不关心它们的后代，这一点一直是个谜，因为它们被认为是单配偶制的。然而，可能长臂猿并不像我们最初认为的那样忠于单配偶制。

有一项研究报告显示，在所有可以观察到的长臂猿交配行为中，有 12% 是与配偶外的个体交配，这些行为通常发生在邻近领地的异性成员之间。[64] 一种可能的解释是，由于有机会进行配偶外的交配，父亲养育可能被排除在外。也就是说，对于雄性长臂猿而言，采取积极交配策略可能比采取积极育儿策略更具适应性。这并不是一个完美的解释，因为许多雄性鸟类在提供关怀的同时也会追求配偶外的交配。但也许对于长臂猿幼崽的福祉来说，父亲养育并不像对鸟类后代那样至关重要。

大型猿类与人类的亲缘关系比小型猿类更近。在大型猿类中，与人类关系最远的亲缘是红毛猩猩，人类与它们大约在 1500 万年前（或 23:55）拥有一个最近的共同祖先。[65] 也就是说，在大约 1500 万年前，发生了一次物种分化事件，使同一个祖先的大型猿类血统分裂成两个分支：一个分支演化成了红毛猩猩，另一个分支则演化成了非洲的大型猿类和人类。红毛猩猩仅生活在婆罗洲和苏门答腊的森林中。雄性红毛猩猩在繁衍策略上非常注重交配行为。在这些红毛猩猩中，地位较高的雄性面部两侧具有较大的颊囊，基于这种特征，它们被称为"法兰"[⊖]。这种颊囊在未成熟的雄性或雌性中是看不到的，它们很可能是因为能帮助雄性在求偶竞争中更具优势而演化出来的。[66] 这是一个性选择特征的经典例子。像其他所有雄性性选择特征一样，颊囊的演化可能是因为它们能够吸引雌性，或者是因为它们能够威慑或帮助雄性击败其他雄性。基于个人经验，我更倾向于后者的解释是正确的。

在前不久的万圣节，我决定装扮成一只红毛猩猩，还戴上了一个有颊囊的雄性红毛猩猩面具。那是一个成人派对，我发现整晚每当我接近人们时，他们都会退后，看起来有点害怕。似乎没有人特别被我吸引。虽然这并不是一个真正的实验，但它确实提供了一些信息。

在自然界中，那些地位较高的雄性红毛猩猩还拥有一个巨大的喉囊，

⊖ 法兰（Flange），又叫法兰凸缘盘或突缘，是轴与轴之间相互连接的零件，用于管端之间的连接或设备进出口的连接。这里意指红毛猩猩的面部周围有一圈突缘，形似法兰。——译者注

位于它们的下巴下方，它们用这个喉囊发出深沉的长声呼唤，这有助于标记它们的领地并吸引雌性。这些有颊囊和喉囊的雄性红毛猩猩（见图 2-11）实行一雄多雌制，它们的领地覆盖了数只成年雌性的活动范围，并且雄性与这些雌性都有交配行为。[67] 这些成熟的雄性对其他雄性表现出强烈的敌意和不容忍。它们通常是独居的生物，一般只在交配时与雌性互动。在野外，它们不提供父亲养育。然而，成年雌性则是投入极大的亲代，哺育它们的幼崽长达八年之久。这种巨大的投入带来的后果就是，它们拥有大型猿类和人类中最长的生育间隔——6~9 年。[68]

图 2-11　红毛猩猩的"法兰"

继红毛猩猩之后，我们与大猩猩的亲缘关系相对更近。大约在 1000 万年前（或 23:57），我们与大猩猩拥有一个最近的共同祖先。[69] 像一些旧大陆猴一样，大猩猩传统上实行一雄多雌制。在山地大猩猩中，被称为银背的成年雄性与数只成年雌性及其幼崽共同生活，它是这些雌性唯一的配偶。暂无机会生育的雄性会组成"单身汉群体"，寻找机会推翻已有的银背雄性并接管其群体。这些争斗往往非常激烈，这也是雄性大猩猩演化出如此强壮体型和力量的原因——体型更大、力量更强的雄性在这些争斗中更易获胜。如果无机会生育的雄性成功地击败了原有的银背雄性，它们会试图杀死它的幼崽，这样做可以促使雌性停止哺乳，加快它们重新进入生殖周期，而雌性也更有可能在事后跟随这位胜利者，大概是因为它比失败的银背雄性更有可能保护它的下一个幼崽。[70] 因此，银背的主要职责是保护它的群体免受这些无生育机会雄性的侵害。在这个过程中，它不仅在保护自己的孩子免受杀害，也在维护它对群体中雌性的交配权。换句话说，它同时在履行父亲的角色和追求交配的机会。

幼年大猩猩会寻找银背大猩猩，并试图与它保持亲近，这很可能是为了得到它的庇护。虽然银背大猩猩并不经常为幼年大猩猩提供直接的照料，但它们对于幼年大猩猩的靠近表现出相当的宽容，这被解释为一种低投入的亲代养育。[71] 近年来，一些大猩猩开始生活在包含多只雄性的群体中，这可能是为了防御人类偷猎者的一种策略。[72] 在这些群体中，地位最高的雄性与幼崽的互动最为频繁，无论它们是否为幼崽的生父。有趣的是，当考虑了统治地位对繁殖成功的影响后，那些更多与幼崽互动的雄性最终会有更多的后代。[73] 这促使人们产生了这样的想法：雄性对幼崽的照料可能会吸引雌性，因此这也可能是一种为求偶所付出的努力。

我们最亲近的灵长类动物亲缘是最后两种非洲大型猿类：黑猩猩和倭黑猩猩。在 600 万到 700 万年前（23:58），一些祖先猿类分化成两个谱系：一个演化成了人类，另一个在 200 万年前再次分裂，分别演化成了黑猩猩和倭黑猩猩。仔细研究这两个物种是很有意义的，因为它们被认为是我们了解 600 万到 700 万年前人类演化的祖先猿类的最佳模型。但请记住，黑猩猩和倭黑猩猩是现存的物种，我们并不是从它们演化而来的。

在这一点上，我还记得大学一年级时遭遇的尴尬。我坐在教室里，突然间对演化论产生了一个深刻的见解，我认为我找到了其中的一个重大缺陷。我自信地举起手，向教授提问："如果人类是从黑猩猩演化来的，那么为什么人类变化这么大，而黑猩猩却似乎停滞不前？"他迅速澄清了一个常见的误解，指出人类并非从黑猩猩演化而来，而是从某种因东非地区的化石记录相对匮乏而鲜为人知的共同祖先演化而来的。他向我保证，自从人类和黑猩猩从共同祖先分化以来，两者都经历了显著的变化。我们并非从黑猩猩演化而来。现在，每当我在课堂上讲授人类演化的课程时，我都会强调这一点。

尽管如此，我们仍可以确信，在过去的 600 万到 700 万年间，人类的变化比黑猩猩或倭黑猩猩要大得多，因为只有人类演化出了直立行走和语言能力，同时大脑容量也增加了三倍。一些重要的学者认为，黑猩猩可以作为人类祖先的一个很好参照，我们就是从这样的祖先演化而来的。[74] 和狒狒类似，黑猩猩生活在由多个成年雄性和多个成年雌性组成的社群中。雄性黑猩猩花费大量时间积极争夺统治地位，因为地位较高的个体可以优先享受食物和拥有配偶等。[75] 在黑猩猩社会中，统治地位不仅仅取决于体型和力量，尽管这些确实有帮助。实际上，黑猩猩的社会生活更为复杂。它们的统治地位还取决于雄性与其他个体形成的联盟与合作关系。荷兰著名灵长类动物学家弗朗斯·德瓦尔（Frans de Waal）将其称作"黑猩猩政治"。[76] 雌性黑猩猩与许多雄性交配，这可能是为了混淆父亲身份，减少雄性杀婴的可能性。然而，雄性黑猩猩有时会尝试与雌性建立一种短暂的、排他的配对结合关系，有时甚至通过攻击性的方式迫使雌性接受这种关系。同时，雄性也会通过攻击性行为来阻止其他雄性接近它的雌性伴侣。[77]

在这种充满激烈竞争的物种中，雄性体型大于雌性并不奇怪。然而，雄性之间的竞争也以一种更为隐蔽的方式进行。雄性黑猩猩的睾丸特别大，能够产生大量的精子。当雌性黑猩猩与多只雄性黑猩猩交配时，产生更多精子的雄性更有可能使卵子受精，从而拥有更高的繁殖成功率。因此，雄性之间的竞争在雌性的生殖道内悄然进行，这也就解释了黑猩猩睾丸演化得如此之大的原因。

雄性黑猩猩的另一个重要任务是集体保卫群体的领地。相邻领地的雄性之间通常怀有敌意，致命的冲突也屡见不鲜。群体内的雄性会与其他雄性合作，偶尔与雌性合作，共同巡逻和保卫它们的领土边界。它们在数量

占优时，可能会攻击其他群体的黑猩猩。如果它们遇到了处于生育期的其他群体的雌性，它们可能会将这些雌性黑猩猩劫走。[78]

你可能已经感觉到，黑猩猩的社会生活与父亲养育并不是特别兼容。

尽管雌性黑猩猩的性行为比较随意，但杀婴行为仍然是对黑猩猩幼崽的一个真实威胁。[79] 尽管雌性黑猩猩有时也会杀害其他雌性黑猩猩的后代，但无亲缘关系的成年雄性黑猩猩是最常见的行凶者，这可能是为了加速雌性黑猩猩重新进入生殖周期的一个策略。与狒狒类似，它们的多雄性繁育体系降低了父亲身份的确定性，因此预计会限制父亲养育行为的演化。黑猩猩当然不是慈爱的父亲。它们对后代的投资微乎其微，然而有证据表明，它们与自己的亲生幼崽玩耍和交往的次数比与无亲缘关系的幼崽多，就像一些狒狒那样。[80] 不知何故，它们能够辨认出自己的幼崽，至少比随机猜测要准确。在黑猩猩幼崽最容易被杀害的早期阶段，雄性黑猩猩与幼崽的联系最为显著。因此，雄性黑猩猩的养育行为似乎是受保护幼崽的动机所驱动。

据一些灵长目动物学家的研究，大约200万年前，一群猿类在一次干旱中穿越了刚果河，并在河流重新形成后被困在了河的南岸。在这段隔离期间，这个种群经历了一个非凡的变化：雄性猿类似乎变得温和了。人类会通过有意识地挑选那些低攻击性的物种进行繁殖，经过一代又一代的筛选，成功驯化了众多家养动物，如狗和马。而这些猿类可能经历了另一种不同的驯化过程——由它们种群中的雌性来主导。

这些南岸的猿类演化成了现在的倭黑猩猩（见图 2-12）。它们比北方的黑猩猩的体型稍微小一些，但差距不大。雄性倭黑猩猩的体重大约是100磅（1磅=0.454千克），雌性的体重大约是75磅。根据一个广为接受的假设，河的南岸食物更为丰富，分布也更为集中，这使雌性倭黑猩猩能够聚集在一起，形成更加社会化的生活。相比之下，北方的雌性黑猩猩必须分散开来，以便每个个体在其各自的领地内都有足够的食物，因此社交的机会就少得多。这种聚集使雌性倭黑猩猩能够彼此建立起强大的联系，并通过合作共同阻止雄性的侵略行为。[81] 这种联系的机制在动物界中很常见，通常是通过性行为来实现的，尽管很少有动物像倭黑猩猩那样频繁、规律且热情地利用性。雌性倭黑猩猩通过面对面摩擦它们的阴蒂来发生性行为。倭黑猩猩的阴蒂可能为了适应其社交行为而进行了特别演化，因为它们的阴蒂比其他哺乳动物的阴蒂更大且更外露。[82]

图 2-12　成年雄性倭黑猩猩（左）和成年雄性黑猩猩（右）

总之，这种牢固的雌性联结意味着与雄性黑猩猩相比，雄性倭黑猩猩无法通过侵略行为强迫雌性与它们交配。雌性倭黑猩猩可以结成联盟来对抗不守规矩的雄性。因此，雌性倭黑猩猩能够选择优先与攻击性较低的雄性倭黑猩猩交配，这些雄性的基因随后被传递给后代。通过这种方式，它们可能已经"驯服"了本物种的雄性。[83]

雄性倭黑猩猩可能会表现出攻击性，但其攻击行为的严重程度低于雄性黑猩猩。这不仅体现在它们对群内其他雄性和雌性的攻击行为上，也体现在它们对其他群体的成员的攻击行为上。黑猩猩对其他群体的成员表现出可预见的敌意，甚至可能发生致命的暴力行为。相比之下，在倭黑猩猩中尚未观察到致命的群体间攻击行为，不同群体间的互动有时甚至是友好的，甚至还观察到过群体间的食物共享行为。倭黑猩猩相比黑猩猩更不排外。这种攻击严重性的降低甚至反映在它们的身体特征上，倭黑猩猩的犬齿比黑猩猩的犬齿小。[84] 另一个显著的特征是，倭黑猩猩通常通过性行为而非攻击行为来解决冲突或缓解群体内的紧张关系。[85]

雄性倭黑猩猩攻击性的降低是性选择的一个例子，但这次它表现为雌性选择的形式，即雌性通过选择交配结合对象来影响雄性的生理结构和行为。雌性选择的一个典型例子是雄孔雀那引人注目的尾巴。雌孔雀似乎在选择雄性时，是基于某种健康或遗传品质的衡量标准，因为那些尾羽较大的雄性的后代生存得更好。换句话说，通过选择尾羽较大的雄孔雀，雌孔雀实际上是在为它们的后代提供更高的生存概率，这主要是因为它们的后代遗传了这些雄性的"优良基因"。[86] 在其他物种中，雌性会根据雄性的不同特征进行选择，包括那些表明它们将成为好父母的特征。

如果雌性倭黑猩猩确实选择了攻击性较低的雄性，那么这种选择为何具有适应性？它如何提高了这些雌性的繁殖成功率？一种可能性是，这有助于保护它们的幼崽免受雄性的杀害，这是黑猩猩和大猩猩母亲都必须面对的问题。实际上，倭黑猩猩没有出现过雄性杀婴行为，可能是因为它们不太具有攻击性。[87]

然而，对于为什么没有在倭黑猩猩中观察到杀婴行为，这其中还隐藏着一个耐人寻味的原因。雌性黑猩猩无疑担心杀婴的问题，因此它们通过臀部显著的性肿胀来宣告自己的生育能力。这种肿胀在排卵期间达到最大，也就是它们最有可能受孕的时候。这时，雄性黑猩猩会为了交配的机会而展开激烈的竞争。雌性倭黑猩猩也有性肿胀，但它们似乎在排卵的时间上对雄性有所隐瞒。这是因为它们在发情周期中的长达二十天里都显示最大的肿胀度。[88] 鉴于这种混淆，雄性倭黑猩猩可能会避免杀婴行为，因为父亲身份如此不确定，如果不慎杀死了自己的后代，对它们来说将是不利的。

如果雌性倭黑猩猩都不必担心杀婴行为，那么雄性倭黑猩猩同样也不会有这种忧虑。这也许解释了为什么我们从未听说过雄性倭黑猩猩特别偏爱帮助或陪伴它们的幼崽，这与黑猩猩完全不同。然而，由于倭黑猩猩的稀有性以及在刚果偏远雨林中研究的难度，我们对它们的研究还不够深入，所以未来可能会发现雄性倭黑猩猩确实会保护它们的后代。总体而言，雄性倭黑猩猩看起来并没有为它们的幼崽提供太多显著的关怀。这部分原因可能是因为雌性倭黑猩猩和雌性黑猩猩一样，在性行为上比较随意，因此雄性对于自己的父亲身份确定性有很大的怀疑。

但是，我注意到，尽管雌性黑猩猩性伴侣众多，但雄性黑猩猩似乎能够在一定程度上准确识别并帮助自己的亲生后代。当一只雄性黑猩猩在雌性最有可能受孕的时候（即雌性性肿胀最明显时）与其交配，它有相当的概率成为这个后代的父亲。相比之下，雄性倭黑猩猩在雌性倭黑猩猩性肿胀最明显时交配，可能并不是在雌性排卵的时期，因为雌性倭黑猩猩的性肿胀期较长。这种不确定性可能导致雄性倭黑猩猩在确定后代身份方面比雄性黑猩猩更加困难。在这种情况下，父亲养育可能并不是适应性的，尤其是考虑到还有许多其他极具吸引力且愿意进行非单配偶制交配的雌性倭黑猩猩。

人类的亲代养育

最终，我们来探讨我们自己的物种——智人。人类的繁殖体系与我们最亲近的猿类有着明显的不同。其中一个显著特点是灵活性，以及家庭结构在不同文化中的多样性。人类实行单配偶制（一夫一妻制）、连续单配偶制、一夫多妻制，甚至一妻多夫制。有些形式的婚姻是跨文化普遍存在的，但婚姻的形态有时与我们的想象又大相径庭。例如，中国云南的摩梭人遵循一种独特的习俗：夫妻并不共同生活，而是分别居住在自己的大家

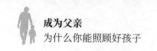

庭中[⊖]。夜晚，丈夫才可能会进入妻子的房间。这些婚姻有的持续很长时间，有的则很短暂，男女双方都有权随时更换伴侣。在摩梭人中，母亲的兄弟在抚养孩子方面往往比父亲扮演更突出的角色。

尽管人类在婚姻形式上具有灵活性，但大多数人类的繁衍是以单配偶制为主的。[89] 这与黑猩猩和倭黑猩猩那种多偶交配的繁育体系截然不同。此外，在大多数人类社会中，父亲们会为他们的子女提供资源，这是其他猿类没有的行为。在传统的狩猎采集社会中，男性通常创造出远多于自身需求的热量，并将其剩余部分分配给其他人，包括他们的孩子。这种供给对于孩子们来说至关重要，因为他们在 20 岁甚至更晚之前，都无法生产与其消耗相等的热量。人类的年轻一代需要花费数年时间来培养成功狩猎所需的力量、技能和知识，他们的采集生产力直到 20 岁以后才达到顶峰。[90]

这种生产和消耗模式与黑猩猩形成了鲜明的对比，黑猩猩的幼崽大约在 5 岁就能在热量摄入上自给自足，而成年黑猩猩则无法产生剩余。它们真的做不到这一点，因为它们无法像人类那样有效地获取高质量、高热量且难以获得的食物资源，比如动物猎物。[91]

顺便提一下，我教的许多大学生大约 20 岁，当我讲到这些内容时，我喜欢问他们认为自己是净生产者还是净消耗者。这通常会引来一阵紧张的笑声，因为他们突然被提醒到自己离自给自足还有多远。而当我们考虑经济供给时，不仅仅是狩猎采集社会的孩子会有很长的依赖期，许多成年人同样还未摆脱这种依赖。

男性狩猎采集者创造的多余的食物资源，经常与更广泛的社会网络分享，而不仅仅是他们的直系家庭成员，这种行为背后的动机可能不单纯出于父爱。[92] 在某些狩猎采集社群中，技艺高超的猎人更可能拥有更多的婚外情。[93] 因此，将肉类等食物分享给家庭以外的人，可能构成了一种"求偶努力"。尽管如此，有证据显示，父亲们往往倾向于将更多的富余食物分配给自己的子女，而与其他家庭分享食物往往使其能在未来得

　　⊖ 走婚制。——译者注

到回报。[94]

我之前提到，男性在求偶努力和养育努力之间的界限有时会变得模糊。当男性为子女提供资源时，这显然是在履行父亲的养育责任，但同时，这样的行为也可能有助于吸引和维系伴侣，因此也可以视为求偶行为的一部分。一项巧妙的研究试图通过观察美国男性对他们孩子的经济支持来区分这两种类型的努力。研究考虑了这些男性是孩子的亲生父亲还是继父，以及孩子是他们当前伴侣的孩子还是之前伴侣的孩子。研究的逻辑是这样的：从生命史理论的视角来看，为当前伴侣的亲生子女花费金钱既体现了求偶努力，也体现了养育努力；而为当前伴侣的非亲生子女花费则纯粹被视为求偶努力，因为这并不涉及对自己亲生后代的投资；为前任伴侣的亲生子女花费则被认为是纯粹的养育努力，因为这种投资对于吸引当前伴侣并无帮助；而为前任伴侣的非亲生子女花费则既不属于养育努力，也不属于求偶努力。正如预期，父亲们在最后这一类孩子上的花费是最少的（每年156美元）。对于前任伴侣的亲生子女，父亲们的花费要多得多（每年1888美元），这纯粹是父亲养育责任的体现。然而，对于当前伴侣的非亲生子女，他们的花费也差不多（每年1861美元），这表明父亲在求偶努力上的投入与养育努力相当。最后，对于当前伴侣的亲生子女，父亲的花费最多（每年2570美元），这与研究预测一致。当研究者使用子女上大学的比例作为父性投资的衡量标准时，得到了相似的结果。

在狩猎采集社会中，父亲通过获取食物来更直接地为孩子们提供热量。然而，父亲并不是狩猎采集社会中唯一的热量提供者。母亲也会产生剩余食物，有时甚至比父亲更多，而在一些社会中，祖母也是额外热量的重要来源。[95]

鉴于人类是唯一实行单配偶制并展现出显著的父性投资的灵长类动物，这些特征很可能在大约600万到700万年前我们与大猩猩亲缘分化之后的新近演化中形成，这相当于我们24小时中的最后两分钟。但我们到底是从什么样的生物演化而来的，这种演化是如何发生的，以及为什么这些变化会被自然选择？这是一个难以回答的问题，部分原因是因为这个时期的化石记录非常稀缺。我们很多人之所以被人类演化的研究吸引，部分原因正是因为证据如此零星。人类演化就像世界上最大的谜团。我们掌握了一些关键线索，但并不确切地知道发生了什么。我们可以使用这些线索来构建可能发生的情况。我将提出一种我认为在现有证据下合理的假想场景，但请记住，其他的可能性也同样存在。

* * *

我们可以推测，黑猩猩和倭黑猩猩的共同猿类祖先可能具有现代黑猩猩和倭黑猩猩的特征。也就是说，这些特征很可能并非独立演化了两次，而是两个物种都从共同祖先那里继承了这些特征。我进一步假设，这些黑猩猩和倭黑猩猩共有的特征可能是在它们与人类分化之前就已经演化出来的；当然，也有可能是在这之后演化出来的，那么 600 万到 700 万年前的这个共同祖先可能是另一种生物（见图 2-13）。尽管如此，一些著名的人类学家认为，这个共同祖先在解剖结构和行为上都与现代黑猩猩相似。[96]

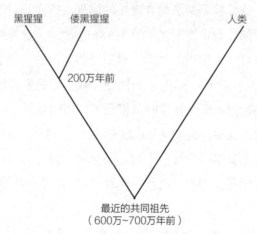

图 2-13　人类、黑猩猩和倭黑猩猩之间的演化关系

基于这一假设，共同祖先很可能生活在由多雄性和多雌性组成的群体中，个体间交配混乱，雌性在排卵时会发出信号，而雄性最多只能保护它们的幼崽免受杀害。它们不太可能提供食物或给予后代任何重要的直接照

料。所有这些特征都存在于现代黑猩猩和倭黑猩猩中。但是，最终演化成人类的共同祖先最初更像黑猩猩还是更像倭黑猩猩呢？倭黑猩猩似乎在两个谱系分化以来经历了更多的遗传和形态变化，所以也许共同祖先更像黑猩猩。[97] 如果是这样，那么这个祖先的物种之中的雄性也会为了统治地位和交配机会而进行激烈的竞争。

那么，演化是如何将一种交配混乱、具有攻击性、不做父性投资的猿类转变为一个拥有众多负责任父亲和丈夫的物种的呢？学者们提出了一系列数学演化模型来试图解释这一转变。这些模型提出了以下可能的情景。大约 200 万年前，非洲气候变得更凉爽和干燥，随着森林的缩小，非洲草原扩大了。当我们的祖先进入草原环境时，男性开始专门狩猎在草原上游荡的大型哺乳动物，而女性则开始专门在草原上采集植物性食物，这主要是因为采集活动比狩猎更便于照顾孩子。实际上，这意味着男性开始专门获取肉类中的脂肪和蛋白质，而女性则专门寻找碳水化合物。[98] 对于人类后代来说，由于拥有体积较大且代谢成本高昂的大脑，因而饮食中若包含富含热量和蛋白质的肉类，他们会更健康。正因为如此，一些原始人类（proto-human）的成年雄性可能选择投入资源来养育他们的后代，而不是将能量消耗在追求更多配偶上，以此提高自身的繁殖成功率。[99]

然而，存在一个重大难题：原始人类的成年雄性难以确定自己的后代，因为成年雌性通常会与多个雄性交配。当然，如果雌性能够吸引雄性为她们的后代提供支持，她们的繁殖成功率也会随之提升。她们如何实现这一点呢？现在你已经知道答案了：通过有选择地与雄性交配，从而提高雄性对父亲身份的信心。也就是说，她们开始与雄性形成稳定的伴侣关系。一旦雌性开始与特定的雄性建立关系，雄性就能更准确地识别自己的后代，并能够更有针对性地提供资源和其他形式的投资。[100] 一些理论家认为，这种资源提供策略最初可能是从那些交配机会较少、地位较低的雄性中发展起来的，因为对他们来说，选择养育后代而不是一直寻找交配机会，并不会损害他们的繁殖成功率。[101]

想象一下，在原始人类中有一个没有雌性伴侣的、地位较低的成年雄性。假设他的 DNA 中携带了一种新的突变，这种突变改变了他的大脑化学成分，从而增加了他对种群中幼年个体的兴趣。一个非他后代的幼年个体向他走来，寻求一块肉。也许他喜欢这个幼年个体顽皮地向他走来，揪他的耳朵。虽然他不太可能直接递肉给他，但与其他成年雄性不同，他允许这个幼年个体从他那里拿走一小块肉。这在文献中被称为"被容忍的偷窃"。这个幼年个体的母亲注意到了这种宽容，并开始对这个稍微不那么自私的雄性产生了好感。最终，她除了与其他许多雄性交配，也与他交配。类似的情况也发生在狒狒身上。那些一贯为雌性及其后代提供物理保护的雄性"朋友"有时能够赢得与这些雌性交配的权利。

黑猩猩有时会捕猎猴子和其他小型猎物，并且它们有时会与同伴分享战利品。有证据表明，长期来看，雌性黑猩猩更倾向于与那些能为它们提供肉食的雄性交配。[102] 因此，我们可以合理推测，早期的人类女性可能也会选择那些能够为她们和她们的孩子提供肉食的男性作为伴侣。如果人类女性确实偏好那些能为她们及其后代提供肉食的男性，那么我们应该会在现代狩猎采集社会中发现这种偏好的证据。事实上，现代狩猎采集社会中的女性非常看重男性提供的肉食。在这些社会中，女性常常强烈地鼓励她们的丈夫去打猎。[103] 例如，在 1957 年的一部民族志影片中，记录了四位昆桑（!Kung San）男性猎杀长颈鹿的情形，一位昆桑女性也要求她的丈夫去打猎，因为她的"乳房缺乏乳汁"。[104] 在另一项关于昆桑人的民族志研究中，一位女性在丈夫去世后感到迷茫："我将在哪里找到帮助我孩子成长的食物？谁会来帮助我抚养这个新生儿？"[105]

那位与我们故事中的主人公交配的雌性原始人类，一生中可能会有大约五个孩子，但其中可能有一个是由这位乐于提供食物的雄性所生。这个孩子因为得到了额外的肉食而生存下来的机会更大。这位父亲从无后代到有后代，显然增加了自己的繁殖成功率，使他得以在演化的竞赛中继续前进，将自己的基因传递给下一代。假设他的后代是雄性，他继承了父亲乐于提供食物的倾向。最终，在这位雄性的后代中发生了幸运的基因突变，使雄性更加愿意让幼崽拿走他的食物。雌性开始觉得这些雄性更具吸引力，并更频繁地选择与他们交配，这不仅增强了雄性的父亲身份信心，也激励他们更积极地提供食物。一旦这一进程启动，最终大多数雌性更可能选择那些愿意稳定供养孩子的雄性作为伴侣，这与我们在许多现代人类社会中观察到的现象颇为相似。

值得一提的是，在某些进化模式中，我们也可以看到另一种稳定的现象：一小部分不负责供养的雄性（被称为"花花公子"）将所有精力都用于交配。[106] 这些雄性能够凭借其优质的遗传特质吸引配偶；即使他们不为子女提供食物，雌性也愿意与他们交配。但对于大多数雄性来说，供养后代是一种适应性策略。

假如我们相信最近的共同祖先类似于黑猩猩，那么我们的雄性祖先可能也以另一种方式发生了变化：他们的睾丸变小了。我知道也许你不愿意相信这一点，但请在决定合上书本之前，先听我说完。

雄性黑猩猩和雄性倭黑猩猩都拥有巨大的睾丸。正如前面讨论的，这是因为睾丸产生精子，而较大的睾丸产生更多的精子。雌性黑猩猩会与许多不同的雄性交配，通常是连续的，所以产生最多精子的雄性有最好的机会使雌性的卵细胞受精。鉴于它们的繁育体系，雄性黑猩猩和雄性倭黑猩猩拥有巨大的睾丸是一种适应性特征。人类雄性的睾丸比黑猩猩或倭黑猩猩的要小得多，这意味着在人类演化的某个时期，人类雌性在交配上变得更加挑剔。作为回应，雄性不需要产生那么多的精子，他们的睾丸也就缩小了。人类和黑猩猩基因组的比较也表明，人类睾丸在演化过程中发生了显著的变化，因为很多在人类演化中被自然选择改变的基因都参与了精子的生成过程。[107] 人类睾丸大小的假定变化并没有发展到雌性在遗传层面上完全忠于单一伴侣的一夫一妻制的程度，如果是那样，人类雄性的睾丸会变得更小。尽管如此，我们确实已经朝着这个方向有了明显的变化。

在讨论生殖器官的话题时，人类雌性也很可能经历了深刻且具有重大影响的变化。她们不再通过鲜红色的性肿胀来明显地宣告自己何时排卵，而是开始掩盖这一信息。人类雌性没有明显的外部排卵信号，可以在月经周期的任何时候进行交配。因此，如果人类雄性想要确保父亲身份，他们就不能只在每个月的几天内为伴侣及其后代提供资源。如果那样，他们可能在她排卵的时候不在场，也就可能无法使她受孕。由此，提供资源变成了男性的全职工作。[108]

这个假设基于雌性有能力选择与地位较低、愿意提供资源的雄性交配，而非那些霸道、好斗的领头雄性。我们的祖先，原始人类的雌性是否具备这样的选择权？如果没有，这种能力是如何逐渐发展起来的？虽然对此仍有争议，但一些研究者认为雌性黑猩猩在选择伴侣时几乎没有自主权，往往被迫与占优势的雄性交配。[109] 相比之下，雌性倭黑猩猩似乎有更多的选择自由，这可能是由于雄性倭黑猩猩的侵略性较低，从而促进了这种选择的演化。[110] 但如果我们的共同祖先更接近黑猩猩，那么雌性在选择伴侣时可能受到较多限制。有证据显示，大约在 30 万年前，人类已经发展出了一些解剖学特征，这些特征通常与较低的侵略性水平相关，[111] 包括面部变短、牙齿尺寸减小，以及眉骨突出程度降低（见图 2-14）。这种面部趋向女性化的趋势一直延续到近现代，[112] 带来了深远的启示。大约从 30 万年前开始，人类男性可能开始减少使用侵略性行为来限制女性的选择。可以推测，在人类演化过程中，只有雄性的侵略性行为减少之后，雌性的选择才可能成为一股强大的演化动力。

那么，大约在 30 万年前导致人类雄性侵略性开始降低的初始原因可能是什么呢？回想一下，倭黑猩猩也经历了类似的过程。在倭黑猩猩的例子中，正是雌性之间的紧密联盟和对好斗雄性的集体抵制，使雄性开始变得温顺。然而，在人类社会中这可能并不是最主要的动力。相反，一个引人入胜但稍显冷酷的假设是，人类雄性通过谋杀来"驯服"其他雄性。[113] 也就是说，那些极具侵略性、专横的雄性被地位较低的雄性杀死，这些地位较低的雄性能够利用语言互相配合来策划对雄性头领的攻击，并且风险最小。这听起来有些牵强，我一开始也这样觉得，但请你考虑阅读理查德·兰厄姆（Richard Wrangham）的《人性悖论》（The Goodness Paradox）一书，书中充满了狩猎采集社会中策划谋杀的实例[114]，这可能会改变你的看法。

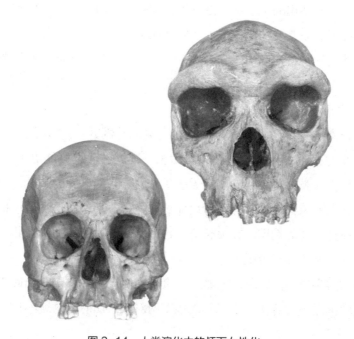

图 2-14　人类演化中的颅面女性化
左侧：现代人类头骨　右侧：30 万年前的古人类头骨（H. heidelbergensis）
注：A. Gibbons, "Human Evolution: How We Tamed Ourselves and Became Modern," *Science* 346, no. 6208（2014）, 405–406. DOI:10.1126/science.346.6208.405.

通过为母亲提供食物和其他资源，父亲实际上为她们提供了哺乳所需的能量。他们为孩子提供资源，也有助于母亲能够更早地断奶，这样做不仅缩短了两次生育之间的时间间隔，还提高了她们一生的生育率。事实上，狩猎采集社会的生育间隔为 3~4 年，而其他大型猿类的生育间隔则通常在 5~7 年。[115] 当然，我们中的许多人都知道，有些兄弟姐妹之间的年龄差距只有一两年，甚至更短。这得益于配方奶粉喂养取代了密集的母乳喂养。缩短了哺乳期，闭经时期随之缩短，母亲们可以更快地恢复生育能

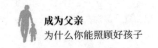

力，从而比起自然生育人群，奶粉喂养使母亲能够更早地再次怀孕。

然而，有趣的是，那些没有得到大家庭支持的现代夫妇，他们的生育间隔往往还是较长。我自己和妻子就属于这样的夫妇，我们两个孩子之间相隔五年。由于缺乏家人的本地支持，而我们两个人又都忙于全职工作，再加上对育儿知识的不了解、缺乏睡眠和持续的时间压力，更别提还有一个经常哭闹的婴儿，我们用了五年时间才觉得自己准备好再次迎接育儿的挑战。我的一位同事曾开玩笑说："看来你们是在遵循狩猎采集者的生育间隔。"我则更胜一筹地回应他书呆子式的幽默："不，我们更接近大型猿类的生育间隔。"

尽管人类女性的生育间隔比雌性大型猿类要更短，但在自然条件下，人类婴儿的存活率至少与大型猿类幼崽一样高，甚至可能更高。[116] 也就是说，尽管人类婴儿较早断奶，无法从母乳中获得应有的热量，但他们依然能够和大型猿类幼崽一样健康地成长。这得益于他们得到了包括父亲在内的其他养育者的帮助。在灵长类动物中，幼崽所接受的来自其他养育者的照顾量与雌性生育率之间存在着正相关关系。[117] 也就是说，当雌性灵长类动物得到更多的帮助时，她们的繁殖速度会更快。当我们回想起之前讨论过的狨猴通过合作养育每年能抚养两对双胞胎时，这就不让人觉得意外了。

然而，在一些哺乳动物中，由其他养育者提供照料似乎还有另外一个关键的好处。在食肉动物中，非亲照料与大脑体积呈正相关。这表明食肉动物能够利用其他养育者提供的能量，帮助它们的后代发展更大的大脑。在灵长类动物中，人类的大脑尺寸无疑是最大的。因此，这种集体养育不仅可以使人类母亲能够提高她们的生育率和后代的存活率，还可能使后代得以发展出庞大而能量消耗高的大脑。[118] 实际上，合作养育带来的这两种成果——生育率的提高和大脑尺寸的增大——有助于解释为什么人类能成为如此成功的物种，人类的数量远远超过了任何其他野生哺乳动物的数量。[119] 我们比其他猿类繁殖得更多，而且我们的大脑为我们提供了除遗传系统之外的第二种信息系统，可使我们能够通过文化适应，在地球上几乎任何环境中生存。[120]

但我描述的这个假设存在一个问题：雄性为后代提供食物的行为可能早在30万年前就开始了，甚至可以追溯到约200万年前出现的直立人。直立人似乎已经以肉食为主。有证据表明，与古人类石器相关的被屠宰的哺乳动物遗骸可以追溯到那个时代，而且直立人的胸腔比大型猿类更窄，这暗示他们可能有较小的肠道，这在食肉动物中是常见的特征。[121] 此外，尽管存在争议，但也有一些证据表明直立人在体型上的性别差异有所减少，这种差异通常伴随着伴侣关系的形成和父亲养育的演化。[122]

因此，那些不依赖于雌性选择来推动雄性亲代投资进化的进化模型可能具有合理性，因为雌性选择可能直到大约30万年前才变得显著，而在此之前，雄性亲代投资的进化可能受到其他因素的影响。其中一个模型认为，雄性和雌性在生存资源上的贡献互补性可能是父亲养育行为的驱动力。[123] 具体来说，人类婴儿既需要母亲采集的植物性食物（主要是碳水化合物），也需要父亲猎取的动物性食物（主要是蛋白质和脂肪），从而满足他们大脑发育所需的营养。因此，雄性提供食物并不是为了讨好雌性，也不是因为雌性偏好选择能提供食物的雄性作为伴侣，而是因为这对于他们后代的生存是至关重要的。

如果在200万年前，雌性尚未具备选择伴侣的能力，那么单配偶制是如何发展起来的，以便确保雄性能够确认自己的父亲身份呢？从其他物种的例子中我们可以看到，配对结合关系可能源于雄性的守护行为，而非雌性的选择。在这种更令人深思的假设情景中，原始人类雄性开始守护特定的雌性，阻止其他潜在的配偶接近，以便确保自己对后代的父亲身份。这样的守护行为使他们能够将资源更精确地投入到自己亲生子女的养育中。

如果这个替代模型是正确的，父亲们在大约200万年前就已经在为孩子们提供食物了，那么在化石记录中直到30万年前才首次出现颅面女性化又有什么意义呢？这种变化对于父亲养育的演化是否有任何影响？的确，这种变化可能不仅仅标志着攻击性的减少，还可能有着行为上的含义。心理学实验表明，人们认为面部特征不那么男性化的男性更擅长照顾孩子，并且会为家庭提供更多资源。[124] 这是一个合理的预测，因为睾丸激素既会使面部解剖结构男性化，也会使男性倾向于求偶努力而非育儿努力（参见第四章）。因此，虽然这还有待商榷，但有可能在 30 万年前，男性开始更多地参与到育儿中。更有趣的是，尽管间接的父亲关怀行为已经相当成熟，但可能正是在那个时期，女性开始选择那些能展现出直接关怀行为的男性，比如抱孩子、背负孩子、陪孩子玩耍、教育孩子、照看婴儿等。一旦女性有能力选择伴侣，她们可能会选择那些能提供更多直接关怀的男性，这种选择可以在化石记录中体现出来，表现为面部女性化特征的增加。甚至可能是男性和女性通过各自的方式——（社会层面的）严厉惩罚和女性选择——共同努力将男性转变为不那么具有攻击性，并且更加具有养育性。需要提醒的是，尽管在这些心理学实验中，理论上女性更倾向于嫁给面部特征更女性化的男性，但她们更倾向于选择面部特征更男性化的男性进行"婚外配对结合"（即婚外情）。[125] 尤其是如果我们推广到参与实验的大学生以外的群体，那么女性的选择可能并不是始终如一地倾向于那些较为温和、更愿意承担养育责任的男性。

在人类社会中，父亲养育孩子的现象司空见惯。但直接照料孩子的行为有多普遍呢？这种行为是否有助于提升男性及其伴侣的生育成功率？虽然人类父亲不像伶猴那样在白天 90% 的时间里抱着孩子，但在某些社会中，父亲确实会花费不少时间来抱孩子或照顾婴儿。考虑到我们对父亲养育行为演化的兴趣，狩猎采集社会的情况尤其值得关注，因为他们的生活方式在很多方面与我们的祖先相似。在这些社会中，父亲们白天抱婴儿的时间从 2% 到 22% 不等[126]，这显然比母亲们要少。例如，在坦桑尼亚北部的哈扎狩猎采集社会中，母亲们承担了 69% 的抱婴儿任务，而父亲们仅承担了 7%。尽管如此，父亲们在所有其他养育者中抱孩子的时间是最多的。[127] 在中非的阿卡俾格米社会中，父亲们抱孩子的时间占到了 22%，这一占比在所有已知的社会中是最高的（见图 2-15）[128]，而母亲们则占了 51%。虽然仅看父亲们的数据可能并不令人印象深刻，但如果我们将所有其他养育者的贡献加起来，这个数字就变得相当可观了。从这个角度来看，阿卡俾格米社会的其他养育者几乎有一半的时间在抱孩子，而哈扎社会的其他养育者则有近三分之一的时间在抱孩子。我们应该将父亲视为一个包括其他养育者在内的团队的一部分，他们共同为母亲提供帮助。对于我们这些生活在现代核心家庭中的人来说，这一观念并不符合直觉，因为在这些家庭中，能够提供帮助的人手有限。如果这些家庭中的夫妇或单亲父母感到压力重重，那是很好理解的。最近一项针对三个不同传统、自然生育的社会所进行的详细研究显示，母亲们平均拥有超过十位助手为她们的婴儿提供一定程度的身体照料。而且，她们拥有的助手越多，她们亲自照顾孩子的时间就越少。[129] 总的来说，这个合作养育者团队的直接照料会让母亲精力充沛，进而促进她的生育成功率。

图 2-15　阿卡俾格米人父亲抱着他的孩子
注：感谢巴里·S. 休莱特（Barry S. Hewlett）提供。

父亲们在养育孩子时往往会根据其他养育者的参与程度来调整自己的投入程度。通常，如果其他养育者参与得少，父亲们就会更多地参与；反之亦然。以中非的阿卡俾格米狩猎采集者为例，人类学家考特尼·梅汉

（Courtney Meehan）发现，在阿卡俾格米社会中，当新婚夫妇选择与妻子的家人同住（即母系居住模式）时，由于母亲周围有自己的母亲和姐妹的支持，父亲们抱婴儿的时间会比选择与丈夫的家人同住（即父系居住模式）时少。[130] 同样，对阿卡俾格米的北部邻居博菲（Bofi）狩猎采集者的研究也发现，当没有年长的女性亲属在场时，父亲们与婴儿的身体接触会更多。[131] 此外，在玻利维亚低地生活的提斯曼人，如果家里有能够帮忙照料孩子的年长女儿，父亲们对婴儿和幼儿的直接照料就会减少；而当母亲不在或因其他原因忙碌时，父亲们则会承担更多的照顾工作。[132] 由此可见，父亲们在其他养育者不足时会自然而然地增加自己的养育投入。

这种趋势在某种程度上让我产生共鸣。当我的孩子还是婴儿的时候，我曾努力应对睡眠不足的问题，在工作与家庭生活之间寻找平衡。尤其记得，在那段日子里，我特别期待岳母的偶尔到访。在我的家庭中，我的妻子是主要的照顾者，而我则扮演辅助角色。每当岳母来访，我便有机会暂时退居三线，享受一下轻松的时光，这对我来说无疑是一种极大的缓解。我很清楚，自己在这些时刻选择逃避到次要位置，而不是鼓励妻子也这样做，我有点自私。

综上所述，人类父亲似乎被自然选择塑造得能够在必要时为自己的后代提供资源和直接照料。这意味着他们并非是始终如一的全职照料者，而是在特定情况下，当这样的照料行为能够在自然界的严酷选择中帮助他们成功繁殖时，他们才会承担起这一责任。这可能是通过增强子女的生存机会或生活质量，或者是通过提高与他们繁殖成功紧密相连的单一伴侣的生育率来实现的。

我们必须牢记，这些演化而来的遗传倾向只是影响人类父性行为的众多因素之一。许多其他变量可能导致男性在与子女互动时偏离我们基于演化理论所做的预测。许多父亲与孩子的关系亲密或疏远，其背后的原因可能与演化无关（这些原因在第六章中会有讨论）。

在我们广泛研究了不同物种中的父亲养育行为，并总结出其在演化过程中的变化时，我们接下来该如何概括对人类父亲养育演化的理解？尽管证据可以被多种方式解读，也没有人能够确切知道发生了什么，我提出了一种可能的解释，即父性照料的出现可能是由于性行为从随意性向更稳定的配对结合关系转变的结果，这种转变给了男性对父亲身份的信心。同时生态环境的变化促使男性开始狩猎大型哺乳动物，以便获取肉类来滋养大脑发达、成长缓慢的人类儿童。这种模式与犬科动物非常相似，在犬科动物中，单配偶制和合作养育行为盛行，雄性对父亲身份有很高的信心，并且在幼崽长期学习狩猎技能的过程中为它们提供肉类。除了提供食物，父亲和其他养育者共同给予的直接照料有助于减轻母亲的负担，使她能够缩短生育间隔，提高生育率。因此，在人类这一大脑发达的物种中，父亲养育促进了我们的顺利演化、快速繁衍和全球扩散，而其他大型猿类则依旧局限在它们在非洲和亚洲的原始栖息地。

本章重点

1. 在动物界中，雄性在对父亲身份有较高信心时，才更倾向于养育努力。

2. 鉴于在与我们最近的灵长类动物亲缘中鲜见父亲养育，人类男性的亲代养育很可能是在人类进化过程中新近演化出来的。

3. 单配偶制的伴侣关系可能为远古男性提供了父亲身份确定性，这对于父亲养育的演化是必要的。

4. 环境变迁促使男性在非洲草原上猎捕大型哺乳动物。父亲和其他辅助养育者提供的额外热量可能促进了人类物种大脑容量的显著增大和生育率的提高。

5. 父亲是协助母亲进行直接照料的合作养育者团队中的重要成员。

第三章
睾酮的作用

———

在大多数哺乳动物中，雄性通常不如雌性那么有养育之心。这不仅仅是因为它们缺少雌性拥有的某种特质（参见第四章），还因为它们体内存在一种激素，这种激素会干扰养育行为。这种激素就是类固醇激素睾酮。人类男性体内的睾酮含量大约是女性的 15 倍。[1]

睾酮既有好处也有坏处。在 2008 年的虚构电影《摔跤王》（*The Wrestler*）中，这种激素的好处和坏处得到了充分的展现。影片的主人公是一位职业摔跤手，他在中年时期努力保持竞技状态，或许更准确地说，是在努力维持表演能力。为了维持这一体力密集型职业所需的肌肉质量和动力，他依赖于合成代谢类固醇。在擂台上，他表现得非常出色，受到粉丝的喜爱。但在幕后，我们见证了他因往昔无数伤痛而承受的苦楚，他的身体遭受重创，心脏功能受损，以及因无法肩负家庭责任而在个人生活中缺失了爱的温暖。在电影的最后一幕，我们似乎看到了他正缓缓走向生命的尽头。

睾酮在男性行为中的角色已成为一个备受争议的话题。近期的一些书籍探讨了这一主题，有的认为睾酮对男性行为的影响被过分夸大，而有的则重申了它的重要性。[2] 这个议题之所以备受关注和严格审查，是因为人们担心有人会用性别行为差异的生物学依据来正当化某些观点，对很多人来说，这似乎意味着性别差异是固定且不可改变的。举例来说，我们不应仓促地下结论，轻率地断定男性比女性更具侵略性或性行为更随意，仅仅基于他们的睾酮水平较高，然后错误地得出我们对此无能为力的结论。这样的假设忽略了我们可以通过社会化过程塑造男孩和男性行为的可能性。实际上，生物学因素与社会/文化因素的交织几乎可以解释所有人类行为，因此我们不能忽视任何一个方面。

关于睾酮与男性行为，在文献中存在一些混淆，这主要是因为我们对睾酮水平与男性行为之间的联系有不同的理解，比如睾酮与攻击性或性行为之间的相关性并不总是那么强，有时甚至不一致。[3]如果睾酮水平较高的男性并不总是比其他男性更具攻击性，这并不一定意味着睾酮与攻击性无关。我将通过一个例子来说明这一点。[4]让我们设想，在职业篮球运动员中，身高与每场比赛平均得分之间没有相关性（我不知道这是否属实，但我认为这是合理的——目前，NBA得分前十的球员中有三位身高为188厘米，这比联盟平均身高矮10厘米）。我们不会因此得出结论说身高对篮球不重要。这是因为职业篮球运动员几乎都比平均水平要高。如果你的身高低于平均水平，你几乎不可能进入NBA或WNBA；但如果你足够高，能够进入这些联盟，那么身高对于得分可能就没那么重要了。睾酮可能也是如此。在人类社会中，男性一贯比女性要对更多的暴力犯罪负责，男性的睾酮水平大约是女性的15倍。[5]这种差异的幅度远远超过了普通男性中3~4倍的睾酮水平差异。[6]因此，可以合理推断，拥有男性平均水平的睾酮可能让男性具有了一定的攻击倾向，但超过这一水平的睾酮变化对攻击性的影响就不再显著了。

然而，这并不足以证明存在因果关系。相反，可能存在第三个混杂变量，解释了男性睾酮水平与攻击性之间的关联。例如，如果男孩被社会化培养得更具攻击性，那么导致他们涉及更多暴力犯罪的可能不是他们的高睾酮水平，而是这种社会化过程。同样，睾酮与攻击性之间的相关性也可能是因为攻击性行为提高了睾酮水平，而非相反——实际上确实有证据表明因果关系可能朝这个方向发展。[7]要真正确定睾酮是否增加了攻击性，需要在人类男性中实验性地提高或降低睾酮水平，并观察其对攻击行为的影响。实际上，在青春期，当男孩的睾酮水平急剧上升时，暴力犯罪的概

率也会上升。但与此同时，青少年男孩变得更强壮，因此更有能力犯下暴力罪行。或许，睾酮对身体的影响比对大脑的影响更能解释暴力犯罪率的提高。更好的证据来自对成年男性进行睾酮给药的实验，这些实验表明，在实验室环境中，攻击性行为有所增加，但主要体现在经济层面的攻击性而非身体层面的伤害上，并且攻击性的增加仅在具有某些特定人格特征的男性中观察到，比如那些具有支配性和冲动性的个体。[8] 总之，很难确切地证明睾酮促进了男性的攻击性。但即使确实如此，我们需要特别强调，尽管大多数男性拥有如此高的睾酮水平，他们实际上并非暴力犯罪者。这是因为影响男性行为的因素还有很多其他重要的方面。

在本章中，我并不专注于攻击性本身。相反，我关注的是睾酮在择偶和养育努力中更基础的作用。尽管如此，在解读这些证据时，我们必须铭记我刚才提到的那些细节上的微妙之处和复杂性。我将得出结论，在人类男性和非人类雄性中，睾酮激发了追求交配机会的动力，并干扰了对后代的养育关怀。

* * *

首先，让我们思考为什么男性的睾酮水平比女性高得多。男性有 Y 染色体，而女性没有，这个染色体上有一个被称为 SRY 的基因。这个基因分泌一种因子，促使胚胎性腺发育成睾丸。如果没有分泌这种因子，胚胎性腺则会发育成卵巢。睾丸承担两项主要功能。其一，它们大部分体积用于生成精子细胞，这一过程发生在称为精曲小管的结构中。其二，在这些小管之间散布着睾丸间质细胞，这些细胞负责生产睾酮（见图 3-1）。与男性睾丸相比，女性卵巢产生的睾酮量要少得多。[9]

睾酮通过激活或抑制其他基因的表达，对解剖结构、生理机能和行为产生深远的影响。在生物学中，它被称为转录因子，因为它能够促使其他基因转录成信使 RNA，这些信使 RNA 最终会被翻译成蛋白质。睾酮属于类固醇激素这一大类激素，该类别还包括雌激素、孕酮和应激激素皮质醇，它们都是从胆固醇衍生而来的。

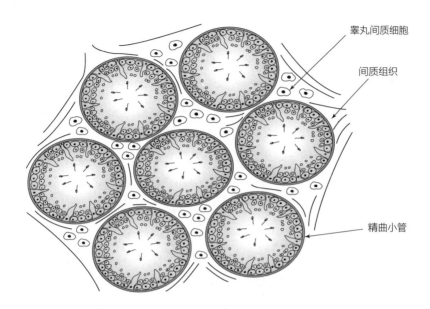

图 3-1 睾丸的横截面图，展示了生成精子的精曲小管被分泌睾酮的睾丸间质细胞环绕

人类男性睾酮水平的发展时间线为我们提供了对其功能深入了解的视角（见图 3-2）。

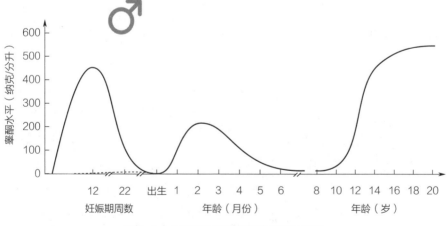

图 3-2 人类男性睾酮水平的发展时间线

在胚胎发育的早期阶段，大约在受精后八周左右，睾丸便开始分泌睾酮。这种激素对于男性内外生殖器官的发育至关重要。例如，睾酮促进生

殖器官的发育，导致生殖器隆起发展成为阴茎而非阴蒂，后者是在缺乏睾酮作用时的默认发育结果。此外，大量来自其他动物的研究以及一些人类的初步证据显示，产前睾酮还影响大脑的性别特征，促进典型的男性交配行为和攻击行为的发展。产前睾酮水平激增之后，其水平会急剧下降，接近于零，直到出生后的前一个月内出现另一次较小的激增。这次次级激增的具体功能尚不完全清楚，但可能也与男性大脑的变化有关。之后，睾丸会进入一段较长的静默期，这段时间包括儿童时期和青少年时期。[10] 在人类生命周期的这个阶段，大脑迅速成长，而身体的其余部分成长缓慢，形成了我们熟悉的"大脑袋小身体"的特征。[11] 演化似乎是为了让人类儿童利用他们发达的大脑学习如何成为一个能干的成年人，然后再进行身体的转变。在我们这样的文化物种中，有很多东西需要学习，包括技能的掌握以及规范的学习和内化。一旦所有这些知识都具备了，就到了长大成人、承担成人角色的时候了，这包括寻找和争夺伴侣。青春期的睾酮激增促进了这一转变。在成年男性中，睾酮在解剖学、生理学和行为上最根本的功能是为成功交配做好准备。

交配本质上是一种竞争行为，尤其在雄性哺乳动物中更为明显。雄性的繁殖成功通常受限于它们能够接触到的雌性配偶数量，而雌性的情况则不同。例如，想象一只在一次妊娠期间与十只不同雄性交配的雌性哺乳动物，她最终只会生下一只后代或者一窝幼崽。相比之下，与十只不同雌性交配的雄性哺乳动物可能拥有多达十只后代或者十窝幼崽。然而，如果这只雄性与十只不同雌性分别有后代，这意味着其他九只雄性未能找到配偶，因而不会有任何后代。因此，我们说雄性的繁殖成功存在显著的偏差或不平等。由于繁殖成功是自然选择的"货币"，雄性会演化出竞争雌性配偶的行为，竞争的激烈程度将与繁殖偏差的程度成正比。

雄性间的竞争可以表现为多种方式。在其他动物中，这通常包括直接的身体冲突。睾酮通过增加肌肉质量和提高将氧气输送到肌肉的红细胞数量，为雄性的对抗做好准备。[12] 它还促进了一些似乎旨在威慑其他雄性的身体特征的生长。例如，在人类男性中，青春期睾酮水平的上升有助于眉骨和下颌的增大，以及声音的低沉化。[13] 睾酮还负责面部毛发的生长。有趣的是，有研究发现，无论是新西兰还是萨摩亚的男性，都认为留胡须的男性面孔比剃须后更具侵略性。[14]

睾酮不仅影响解剖学和生理学特征，还对男性的心理产生影响，为交配和相关竞争做好准备。它激发了对交配和竞争的欲望，并具有减轻焦虑的作用，从而使参与那些本质上危险的战斗行为变得更加容易。[15]

争夺配偶并不总是涉及身体战斗。幸运的是，人类通常采取其他形式。例如，人类男性更可能通过各种手段竞争社会地位，睾酮也参与了这种地位竞争。[16] 此外，许多物种的雄性在吸引雌性方面展开竞争，为此雄性会演化出特定的装饰性特征，而这些特征的生长有时得到睾酮的支持。[17]

在争夺配偶的过程中，雄性需要消耗大量的能量，而这些能量本可以用于其他生命活动。如第二章所述，生命史理论指出生物体的能量是有限的，必须在生长、维持生命、养育投入和求偶努力之间做出权衡。睾酮的作用是从前三者中抽取能量，将其重新分配到求偶努力上。[18] 在本章中，我将从包括人类在内的多个不同物种中提出支持这一观点的证据。由此可以推断，父亲养育行为往往与睾酮水平的抑制有关。

睾酮在鸟类中的影响

我们先从鸟类开始。尽管它们与人类的亲缘关系很远，但我们仍能从研究它们中获得许多知识，因为它们的交配系统与我们的更为相似，相比之下，大多数其他哺乳动物的交配系统则不是这样。大多数哺乳动物不是单配偶制的，并且缺乏父亲照料。而大多数鸟类（相对而言）是单配偶制的，雄性通常提供父亲养育。[19]

许多鸟类遵循季节性繁殖模式：它们在一年中的特定时期交配，并在另一个时期抚养后代。为了成功繁殖，雄鸟在繁殖季节伊始需要完成一系列任务：建立领域、吸引配偶、进行交配、保护领域，以及防止其他雄鸟与它们的雌性伴侣交配，这种行为也被称为配偶守护。繁殖季节开始时，雄鸟体内的睾酮水平显著上升，这可能促进了上述行为。[20] 一项研究显示，在繁殖季节交配阶段，睾酮水平较高的欧石鹟比其他睾酮水平较低的雄鸟能够抚养更多的后代。[21] 然而，我们必须记住：相关性并不意味着因果关系。可能存在其他变量，它们既与睾酮水平相关，也与交配成功相关，并且可能是这些变量与两者都有因果联系；或者，也有可能是交配行为本身导致了睾酮水平的上升，而非睾酮水平推动了交配行为。因此，为了确定是否存在因果关系，我们需要通过实验性地操纵睾酮水平，并观察这种操纵是否会影响交配行为。在鸟类身上进行的许多研究已经提供了非常具有启发性的发现。

在所谓的睾酮植入实验中，研究人员在繁殖季节初期将含有睾酮的胶囊植入雄鸟皮下，这些胶囊会逐渐释放睾酮，使整个繁殖季节中雄鸟体内的睾酮水平保持在较高水平。为了建立自己的领地，雄鸟必须与其他雄鸟进行竞争并取得胜利。在麻雀中，睾酮的植入导致领土侵略性显著增强，以至于通常实行单配偶制的雄性会扩大它们的领地范围，以便能够容纳多位雌性伴侣，从而转变为一雄多雌制，即一只雄性拥有多个雌性交配伴侣。[22] 试想一下：原本实行单配偶制的雄性，在额外睾酮的影响下，会转而奉行一雄多雌制。这表明睾酮似乎激励了雄性在交配上投入更多的努力，从而提高其繁殖成功率。

在成功建立领地之后，雄性鸟类面临的下一个任务是吸引雌性。它们通常通过鸣唱和展示那些被雌性视为具有吸引力的身体装饰来实现这一目标。我们了解到睾酮对于雄性鸟类的鸣唱行为至关重要，因为阉割手术去除睾酮会导致鸣唱行为减少，而随后注射睾酮则能够使鸣唱行为得以恢复。[23] 此外，已有研究表明，睾酮植入能够增加许多物种鸣唱的数量并提高鸣唱的质量。[24] 睾酮还能促进如肉冠等装饰性器官的生长，肉冠是鸟类头顶上色彩鲜艳的肉质生长物或冠状物。以赤松鸡为例，雄性赤松鸡在眼睛上方拥有红色的肉冠，而雌性更倾向于选择肉冠较大的雄性作为配偶。

对雄性赤松鸡进行睾酮植入可以增加它们的肉冠大小，而肉冠较大的雄性会拥有更高的繁殖成功率。[25]

我提到过鸟类大多采用单配偶制，但并非所有鸟类都严格遵循这一模式。在自然界中，非配对亲权现象时有发生，这意味着一些幼鸟并非由雌性的正式配偶所生。雄鸟有时会利用机会与邻近领地内已与其他雄鸟配对的雌鸟交配，雌鸟同样也可能寻求与非配偶的雄鸟交配。对暗眼灯草鹀进行的一项长期研究揭示了睾酮在这一过程中的作用：给雄鸟植入睾酮可以显著提高它们在这种非配对交配尝试中的成功率，从而增加了它们所繁衍的非配对后代数量。因此，非配对交配是另一种由睾酮支持的求偶努力。[26]

睾酮显然有助于雄性鸟类在交配中获得成功。然而，生命史理论预测，它也会给雄性带来代价，因为用于交配的能量必须从其他生命活动中转移。具体来说，理论预测睾酮应该会干扰雄性的生存（或生命维系），以及雄性的养育行为。

让我们先探讨生存问题。研究揭示，在暗眼灯草鹀和牛鹂这两种鸟类中，睾酮的植入对雄性的生存率产生了负面影响。以牛鹂为例，81只未经睾酮处理的雄性中，有33只成功从一季繁殖期存活至下一季。相比之下，16只接受了睾酮植入的雄性中，仅有1只出现在随后的繁殖季节。这些植入睾酮的牛鹂身上还携带了很严重的伤痕，这表明它们可能更频繁地参与了激烈的打斗，这一行为很可能是它们死亡率增加的原因之一。[27]

睾酮也可能通过抑制免疫力和增加感染的风险来杀死雄性鸟类。实际上，植入睾酮的雄性赤松鸡表现出免疫功能降低，以及寄生虫感染水平增加的问题。这些雄性的体重也有所下降，这表明它们在维持整体健康或状态方面存在困难。[28] 同样，睾酮植入会使暗眼灯草鹀的脂肪储备减少。[29] 是的，睾酮对人类男性也有这些影响。如果你生活在一个倡导避免肥胖的社会中，这是好事。然而，如果你是一只暗眼灯草鹀，那些体脂有助于你在食物稀缺时避免饿死，比如在一场暴风雪之后。

睾酮不仅使雄性鸟类更有可能参与危险的打斗，消耗宝贵的体脂储备，减少对病原体防御的投资，似乎还会加速衰老。端粒是位于染色体末端的结构，每次细胞分裂时都会缩短。最终它们缩短到细胞无法再分裂的程度，即变得衰老。端粒随着年龄的增长而缩短，并且端粒长度预示着寿命的长短。因此，端粒的长度已被用作生物年龄的衡量标准。这与实际年龄不同，因为生物年龄可能受到广泛的生活习惯因素的影响。例如，心理压力与较短的端粒长度有关。[30]（我喜欢告诉我的同事们，在我担任系主任的三年任期内，我的端粒急剧缩短了。）当对雄性暗眼灯草鹀进行睾酮处理时，它们的端粒随着年龄的增长而缩短的速度比控制组的雄性更快，这表明它们的衰老速度更快。[31]

生物体衰老的一个原因是新陈代谢过程中不断产生的自由基分子。这些分子具有高度不稳定性，因为它们含有未配对的电子。这些活性原子会积极地从其他原子那里夺取电子，从而损伤它们。为了对抗自由基，许多生物体会产生一种名为抗氧化剂的分子，它们能够中和自由基，使其变得无害。然而，这种防御机制并非无懈可击，自由基对其他原子的损伤会逐步累积，从而导致衰老。在一项关于斑胸草雀的研究中发现，给雄性斑胸草雀植入睾酮会降低它们的细胞对自由基攻击的抵抗力，这可能会加速它们的衰老过程。[32]

可以肯定地说，睾酮干扰了雄性鸟类在生存和维系生命方面的投入。

在大多数鸟类中，随着繁殖季节的来临，雄性需要占领领地并寻找配偶，此时它们的睾酮水平会随之上升。繁殖季节开始后，它们的睾酮水平通常会回落至较低的基础水平，并在整个繁殖期间保持这一水平。然而，对于实行一雄多雌制的鸟类来说，它们的睾酮水平可能在整个繁殖季节中都保持较高（见图3-3）。与实行单配偶制的雄性鸟类相比，实行一雄多雌制的雄性鸟类几乎不参与父亲养育行为。因此，可以推测繁殖季节中睾酮水平的下降可能促进了单配偶制雄性鸟类向父亲养育行为的转变。这表明，较高的睾酮水平可能会干扰父亲养育行为。为了验证这一假设，我们再次审视睾酮植入研究，从而进行更深入的批判性评估。

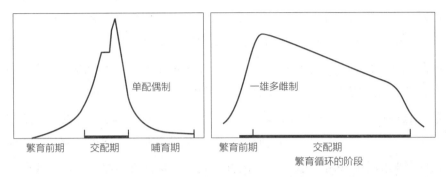

图 3-3 单配偶制（左侧）和一雄多雌制（右侧）鸟类睾酮水平的季节性变化

支持我们假设的是，经过睾酮植入处理的暗眼灯草鹀被发现比无植入对照组雄性更少地喂养它们的幼鸟。[33] 类似的发现也在斑姬鹟和家麻雀中观察到。[34] 在一项针对雄性赭红尾鸲的研究中，研究者不是通过植入外源睾酮，而是刺激鸟类自身出现短期的睾酮增加，这也抑制了其喂养行为。[35] 在家麻雀中，甚至有研究表明，注射一种阻断睾酮作用的药物，能够使雄性家麻雀的喂养频率提高，超过了对照组雄性的水平。[36] 因此，看来睾酮确实会干扰鸟类雄性的养育行为。

经过睾酮植入处理的雄性在育儿方面的能力减弱，也进一步对它们的繁殖成功率产生了负面影响。植入睾酮的雄性家麻雀的后代更有可能饿死，而植入睾酮的雄性斑姬鹟则几乎难以喂养出离巢幼鸟。因此，雄性鸟类在育儿阶段睾酮的正常抑制似乎是一种明显的适应性变化，以便支持父亲喂养，从而增加后代的生存率。也就是说，抑制睾酮可以增加雄性的繁殖成功率。

随着我们对睾酮如何影响鸟类生活史策略的讨论接近尾声，让我们聚焦于白喉麻雀这一引人入胜的案例研究。这个物种的雄性个体分为两种鲜明的颜色形态：一种头部带有白色条纹，另一种则是头部带有棕色条纹。这两种形态的雄性采用了截然不同的生活史策略。白色条纹的雄性倾向于将更多精力投入到交配活动中，而相对忽视育雏。面对其他雄性的领地侵犯，它们展现出比棕色条纹雄性更强的攻击性。与棕色条纹雄性相比，它们对后代的喂食频率较低，这支持了求偶努力与育雏努力之间存在权衡的观点。此外，白色条纹雄性拥有更大的睾丸，这可能是为了应对精子竞争而演化的特征，与它们更倾向于寻求额外配对交配的行为相适应。相对而言，棕色条纹雄性则是更称职的父亲和伴侣，它们更忠诚，不太可能出轨。它们更严密地守护自己的配偶，因为它们将所有的"鸡蛋"都放在了一个"篮子"里，即它们更倾向于单配偶制。因此，通过限制其他雄性接触其配偶来确保亲子关系的确定性，是一种适应性策略。[37] 正如我们所预期，白色条纹雄性的睾酮水平普遍高于棕色条纹雄性。在白色条纹雄性中，睾酮水平较高的个体在领地受到侵犯时会更频繁地鸣叫，这是一种领土防御行为，同时它们对后代的喂食频率也更低。[38]

因此，在鸟类中，睾酮倾向于使雄性的生活史策略偏向于交配而非养育行为。鸟类是研究人类交配系统的一个很好的模型，但它们并非哺乳动物。那么，在哺乳动物中睾酮是否具有相似的影响呢？

睾酮对啮齿动物的影响

与雄性鸟类相似，睾酮在雄性啮齿动物中也扮演着关键角色，为交配和争夺配偶做准备。例如，雄性小鼠在遇到陌生雌性时，其体内的睾酮水平会有所增加。[39] 同样，当它们嗅到新的、愿意交配的雌性时，睾酮的释放也会随之增加。[40] 这种睾酮水平的提升似乎预示着潜在的交配机会即将到来。这种增加进一步激发了雄性小鼠的求偶努力，因为额外注射睾酮的雄性小鼠会更快地与愿意交配的雌性进行交配。[41] 在另一项实验中，研究人员对雄性小鼠进行了阉割以去除所有自身产生的睾酮，随后给它们注射了高剂量或低剂量的睾酮。研究人员将注射了高剂量睾酮和低剂量睾酮的雄性小鼠分别放入一个竞技场，并观察哪一方会成为主导者（即谁赢得了战斗）。结果显示，在只有两只雄性小鼠的情况下，注射了高剂量睾酮的小鼠并不比注射了低剂量睾酮的小鼠更有可能获胜。然而，当研究人员在竞技场中加入一只雌性小鼠时，注射了高剂量睾酮的小鼠更频繁地占据了优势地位。[42]这一发现证实了一个重要原则：睾酮并不总是增加攻击性，而是可能在特定情境下，如争夺配偶时，增加攻击性。

许多人由于某些原因，将睾酮与反社会行为联系在一起，但我要告诉你的可能会让它的名声更糟：在动物界，睾酮有时会使雄性更有可能杀害幼崽。这听起来不合常理，但杀婴实际上是求偶努力的另一种形式。当雄性哺乳动物杀死幼崽时，它们通常不会杀死自己的后代，而是杀死其他雄性的幼崽。这样做的结果是阻止了雌性哺乳这些后代，而在大多数哺乳动物中，哺乳是一种天然的避孕方式。因此，杀婴行为使雌性更快地回到生育状态，为"凶手"提供了潜在的繁殖机会。遗憾的是，对于这种令人不安的雄性适应性行为，雌性最适应的反应是重新开始，与杀害其后代的雄性交配，并希望它能更好地保护它的幼崽。[43]因此，从这个意义上说，雄性杀婴是一种求偶努力的形式。

在未经交配的雄性家鼠群体中，大约有一半的个体倾向于表现出杀婴行为，而另一半则显示出抚育行为。然而，阉割手术能够显著改变那些具有杀婴倾向的雄性的行为模式——它们不再杀害幼崽，而是开始舔舐和梳理幼崽的毛发。如果对这些阉割后的雄性进行睾酮替代处理，大约有一半的个体会重新展现出杀婴行为。值得注意的是，在与雌性交配之后，所有之前不表现出杀婴行为的雄性都会转变为杀婴者，直到它们自己的幼崽在三周后出生。因此，这些雄性可能会对非亲生的幼崽实施杀婴行为，但对自己的后代则不会造成伤害。这种交配后的杀婴行为转变已被证明依赖于射精时释放的睾酮。[44]睾酮似乎也会促进雄性大鼠的杀婴行为，因为植入睾酮会增加表现出杀婴行为的雄性大鼠的数量。[45]另外，睾酮并不是唯一与雄性杀婴行为有关的激素，孕酮也会增加雄性家鼠的杀婴行为。[46]

这样看来，睾酮似乎支持啮齿动物的求偶努力。那么在维系生命和父亲养育方面呢？睾酮是否会像在鸟类中那样影响这些方面的投入呢？

阉割已被证实能够延长大鼠和小鼠的寿命，这暗示着睾酮可能会增加死亡风险。[47]但是，睾酮是如何发挥这种作用的呢？与鸟类的情况相似，至少部分原因是它增加了感染的风险。啮齿动物特别容易受到蜱虫的寄

生。成年雄性比未成熟的雄性更易受到蜱虫的寄生，这表明较高水平的睾酮可能抑制了免疫系统发挥作用。实际上，被阉割的成年雄性比那些接受了睾酮替代处理的阉割雄性更不易受到蜱虫的寄生。蜱虫幼虫更倾向于附着在接受了睾酮替代处理的雄性皮肤上，而这些雄性身上的蜱虫体重增加更多，这意味着蜱虫在宿主身上可以更有效地进食。[48]

睾酮在交配行为与维系自身生存之间的权衡中扮演着关键的调节角色，这一点在袋鼬中表现得尤为突出。尽管袋鼬长相似鼠但并非啮齿类动物。在它们一年一度的交配季节中，雄性袋鼬会经历一段持续 1~2 周的疯狂交配期，期间它们会与尽可能多的雌性进行长达 8~12 小时的连续交配。到了交配期结束时，所有的雄性都会死亡。只有被阉割的雄性能够存活过交配季节，这再次暗示了睾酮与雄性死亡率之间的密切联系。实际上，在交配期间，雄性袋鼬的睾酮水平会增长到原来的八倍，这使雄性变得极度好斗，从而侵入其他雄性的领地。雄性间激烈的竞争导致压力激素皮质醇水平显著增加，而皮质醇具有明确的抗炎和免疫抑制作用。睾酮会与血液中通常携带皮质醇的蛋白质结合，使皮质醇从该蛋白质中释放出来，从而更容易与全身组织上的皮质醇受体结合。[49]睾酮实际上放大了皮质醇水平升高的影响。最终，正是皮质醇，通过提高感染和内出血的风险，导致雄性袋鼬死亡。从本质上说，雄性袋鼬为了一次疯狂的交配盛宴而牺牲了自己的生命。

除了影响生存，我们也有理由认为睾酮会干扰雄性啮齿动物的养育行为。雄性大鼠和袋鼬，像大多数啮齿类动物的雄性一样，并不提供父亲养育。因此，为了验证这一预测，我们必须转向其他习惯性照顾后代的物种来进行测试。

蒙古沙鼠是一种擅长挖掘的小型啮齿类动物，它们主要栖息在中国、蒙古和俄罗斯的草原地带。与某些鸟类一样，蒙古沙鼠大多实行单配偶制，并且双亲都积极参与后代的抚育。与鸟类相似，在幼崽出生后，雄性蒙古沙鼠体内的睾酮水平会显著下降，这可能是为了准备抚育后代。[50]成年雄性蒙古沙鼠体内的睾酮水平存在极大的个体差异，最高可达十倍以上。雄性沙鼠在子宫内的环境是影响它们成年后睾酮分泌量的一个重要因素。幼崽通常以三胞胎的形式出生。有些雄性在子宫内与两只雌性一起孕育（2F 雄性），而另一些雄性在子宫内与两只其他雄性一起孕育（2M 雄性），2F 雄性成年的睾酮水平大约只有 2M 雄性成年的一半。2F 雄性与 2M 雄性在行为上也展现出一些有趣的差异：2F 雄性更多时间与幼崽相处，性活动较少，与 2M 雄性相比，它们也不太可能使同笼的陌生雌性蒙古沙鼠受孕。值得注意的是，20%~25% 的 2F 雄性睾酮水平更低，它们几乎完全没有性行为，不会与发情的雌性交配。这些无性的 2F 雄性更可能采取孵化姿势照顾幼崽，并在幼崽母亲离开巢穴时留在幼崽身边。[51] 这些数据非常符合睾酮使雄性倾向于交配而非抚育后代的观点。与高睾酮水平的 2M 雄性相比，睾酮水平较低的 2F 雄性在抚育后代上的投入更多，在交配上的投入更少。然而，这些发现仅表明了一种相关性，我们还需要进一步探究睾酮的实验性操纵是否也会产生类似的效果。实际上，与正常睾酮水平的雄性相比，被阉割的雄性蒙古沙鼠更有可能与幼崽接触，蜷缩在幼崽身上，舔舐幼崽，并且在配偶离开巢穴时留在幼崽身边。此外，它们不太可能有交配的动作。[52]

加利福尼亚鼠是另一种实行单配偶制且雄性参与后代抚育的啮齿类动物。正如我们所预期，拥有后代的雄性加利福尼亚鼠的睾酮水平比那些尚未拥有后代的成年雄性要低。[53] 然而，与我们预期相左的是，与蒙古沙鼠不同，阉割会减少雄性加利福尼亚鼠的父亲养育行为。相反，在阉割的雄性中补充睾酮却可以恢复其父亲养育行为。[54] 这种情况为什么会发生呢？为了理解这一违反直觉的发现，我们需要区分身体中的激素水平和大脑中的激素水平。要影响行为，激素必须与大脑中的受体结合。在考虑雄性的抚育行为时，真正重要的是大脑中的激素水平，但这些激素水平在活体动物中不容易测量。相反，我们通常测量的是身体中的激素水平，并假设这些水平能告诉我们大脑中正在发生的事情。对于像睾酮这样的类固醇激素来说，这是一个合理的假设，因为它们能够穿过血脑屏障进入大脑。然而，大脑的一些区域有一种酶，能将睾酮转化为另一种你熟悉的激素——

雌激素。[55]这种酶被称为芳香化酶，当雄性加利福尼亚鼠成为父亲时，它们大脑中一个与养育行为密切相关的区域的芳香化酶水平会增加。[56]［在第五章中，我将更详细地讨论大脑中这个特定区域——内侧视前区（MPOA）］由于芳香化酶的增加，内侧视前区的雌激素水平上升，而睾酮水平下降。其他实验令人信服地表明，加利福尼亚鼠的父亲养育行为依赖于内侧视前区的雌激素，但矛盾的是，这种雌激素的来源是睾酮，这就是为什么阉割的雄性表现出较少的父亲养育行为。[57]因此，就像其他物种一样，加利福尼亚鼠的父亲养育行为涉及睾酮的减少，尤其是在大脑中，这一点至关重要。

睾酮对马鹿的影响

在某些哺乳动物中，雄性在繁殖季节会出现睾酮水平的显著升高，这使这些物种缺乏父亲养育行为。以雄性马鹿为例，在秋季的交配期，它们的睾酮水平较平常增加二十多倍，为争夺雌性群体的交配权做好准备。雄性最初通过吼叫来相互评估对方的实力，如果双方都不能明显地通过吼叫来确定优势，就可能升级为身体上的打斗。睾酮是如何帮助雄性在这些竞争中获益的呢？首先，睾酮水平较高的雄性拥有更强壮的鹿角，并且这样的鹿角在打斗中不太可能断裂。这一点很重要，因为断裂的鹿角不仅会让雄鹿输掉打斗，还会失去在优势等级中的位置。其次，鹿需要一个强壮的颈部才能在鹿角打斗中表现出色，而睾酮则使雄性颈部肌肉变得更粗。睾酮还能使雄性更具竞争力。阉割后的雄鹿会变得不具侵略性，吼叫也减少，而睾酮替代处理则能恢复这两方面的特征。[58]交配期还对体能要求极高。雄性在寻找雌性、交配、标记气味以及积极保卫雌性的过程中需要长途跋涉，同时在大约六周的时间里几乎不进食，这导致它们体内脂肪大量消耗。在这段艰苦的时期，它们需要耐力，而睾酮驱动的红细胞增加则帮助雄性更好地为肌肉供氧。还记得那些环法自行车赛选手是如何通过服用促红细胞生成素（EPO）来提高表现的吗？原理是相同的。较高的睾酮还与更高质量的精子相关，这无疑与雄性马鹿的生育能力有关。[59]

雄性马鹿在繁殖季节结束后并不会全年维持高的睾酮水平。相反，一旦交配季节结束，它们的睾丸便会萎缩，睾酮水平急剧下降，鹿角脱落，颈部肌肉也随之萎缩。但为什么它们不持续保持高睾酮水平呢？因为这会带来一定的代价。除了导致体脂耗尽，睾酮水平较高的雄性马鹿还更容易携带更多的寄生虫。[60]如果雄性希望在来年的交配季节再次健康地参与竞争，那么维持全年的高睾酮水平是不现实的。

睾酮对非人灵长类动物的影响

在我们所属的灵长类动物中，让我们先从我们最近的现存物种亲缘黑猩猩开始探讨。请记住，黑猩猩的睾丸相对于它们的体型来说异常大，这暗示了它们在交配和精子竞争上的投入非常巨大。正如生命史理论预测的那样，雄性黑猩猩在养育方面的贡献相对较少，尽管它们确实为后代提供了一定程度的保护，以便防止幼崽遭受杀害。[61]

黑猩猩生活在一种动态变化的社会结构中，这种结构被称为分裂—融合模式。在这种模式下，小群体会从大群体中分离出来，形成更小的团体，在它们的领地内四处游荡。这些小团体的成员构成是不断变化的。当雄性黑猩猩与处于排卵期的经产雌猩猩一同游走时，它们的睾酮水平会比没有与这些雌猩猩一同游走时要高。经产雌猩猩是指那些曾经生过孩子的雌猩猩，而发情的雌猩猩则是指在排卵时性接受度高，并且接近受孕时机的雌猩猩。在雌性黑猩猩中，这一点通过其臀部非常明显的性肿胀来展示，这种肿胀在排卵时达到最大。经产雌猩猩可能因为已经证明了自己的生育能力而对雄性更具吸引力，相比之下，初产雌猩猩在首次生育前通常会经历一个短暂的不孕期。当雄性在有明显性肿胀的经验丰富的母亲身边时，它们的睾酮水平会上升，同时，它们在与其他雄性竞争交配时也变得更加好斗。[62]尽管这只是相关性分析，但睾酮水平的提升可能促进了雄性在交配情境下攻击性的增强，这一观点是合理的。

灵长类动物通常会形成等级制度，其中地位较高的个体能够优先获取食物和配偶等有限资源。在这些等级结构中，雄性灵长类动物的交配竞争很大程度上是通过争夺等级地位来间接进行的。如果雄性能够确立其对其他雄性的支配地位并获得更高等级，通常还会带来其他好处，包括与雌性配偶的交配机会。事实上，地位较高的雄性黑猩猩通常会有更多的后代。[63] 那么，睾酮是否帮助雄性黑猩猩在等级制度中获得更高的地位呢？很可能是的。有两项研究已经发现雄性黑猩猩的等级地位与睾酮水平有关，而另一项研究则没有发现这种关联。[64] 这种不一致结果的一个可能解释是等级制度的稳定性。在一个稳定的等级制度中，每只动物都知道自己所处的位置，并且至少暂时接受了这个位置。在这种情况下，没有必要保持高水平的睾酮，因为没有必要进行战斗。我们现在已经足够了解，高水平的睾酮通常会在维系生命和生存方面给动物带来成本，因此在等级制度稳定时保持较低的睾酮水平是有意义的。当等级制度不稳定，动物有机会在等级中上升或下降时，攻击性才会增强，更高水平的睾酮可能更有利。这正是在另一种灵长类动物东非狒狒中观察到的模式。[65] 只有在等级制度不稳定且它们必须捍卫自己地位时，占主导地位的雄性才比其他雄性具有更高的睾酮水平。较高的睾酮可能增加了竞争地位的动力。在讨论这种睾酮与支配地位之间的相关性时，另一个重要角度是攻击性也可以引起睾酮的变化。特别是当动物在竞争中获胜时，睾酮水平往往会提升。[66] 因此，因果关系可能在两个方向上都起作用。

在雄性黑猩猩中，睾酮水平还与一些有趣的特征相关联，这些特征与它们增加求偶努力的假设相吻合。具体来说，睾酮水平较高的雄性黑猩猩拥有更发达的肌肉，这使它们在争夺统治地位的打斗中占有优势。[67] 此外，睾酮水平较高的雄性还倾向于发出更多的"喘息 - 低鸣"声，这可能是一种宣示其社会地位的行为，因为地位较高的雄性通常会更频繁地发出这种声音。睾酮水平高的雄性不仅更频繁地发出这种叫声，而且它们发出的吼叫声在声学特性上也不同。[68]

如第二章所述，黑猩猩是具有领地性的动物，同一领地内的雄性黑猩猩通常会共同在领地边界巡逻。这种行为不仅是为了保卫自己的领地，也是为了寻找扩张领地的机会。不同领地的黑猩猩的互动通常是敌对的，有时甚至可能是致命的。雄性黑猩猩成功扩张领地后，可能会吸引更多雌性黑猩猩进入该领地，同时也可能提高领地内雌性个体的觅食成功率。我们可以将黑猩猩的领地侵略视为另一种形式的求偶努力。在领地边界巡逻时，雄性黑猩猩的睾酮水平会上升，这可能是睾酮支持求偶努力的另一种体现。[69]

与鸟类和其他的哺乳动物一样，在雄性黑猩猩中，睾酮似乎也带来了一些代价。生病是黑猩猩死亡的主要原因。[70]具有较高睾酮水平的雄性拥有更多的肠道寄生虫，这表明睾酮可能也会抑制黑猩猩的免疫力，增加患病风险和提高死亡率。[71]攻击行为是黑猩猩死亡的第二大原因，而睾酮可能加剧了这种攻击性。最后，有关睾酮干扰生存的证据是黑猩猩死亡率的性别差异。在青春期之前，雄性和雌性的生存率相似，但当雄性进入成年开始产生更多睾酮后，雄性的死亡率也变得更高。[72]

就像大多数其他灵长类动物一样，雄性黑猩猩并不提供显著的养育行为，所以我们无法检验睾酮对黑猩猩的父亲养育行为的影响。然而，在一些新大陆猴类物种中，雄性确实会照顾后代，我们可以探究睾酮如何影响这些物种中雄性的生活史策略。

狨猴是那些父亲积极参与养育后代的物种之一。在这个物种中，父亲承担了大部分照顾幼崽的责任，包括携带幼崽、为它们梳理毛发、提供保护和分享食物。实验结果也表明，与非父亲个体相比，狨猴父亲更有动力去响应幼崽的需求。[73]这种增强的父爱动机与一些具有揭示性的激素指标相关联。

在圈养环境下的狨猴群体中，雄性狨猴在接触到排卵期雌性的气味时，其睾酮水平会有所上升。这一现象在黑猩猩以及其他许多我们讨论过的物种中也有所体现，但狨猴表现出了一个显著的不同点：睾酮水平的上升只见于单身雄性或那些曾与雌性交配但未拥有后代的雄性，而在已经拥有后代的雄性中，睾酮水平并没有上升。[74]父亲体内的睾酮水平没有激增可能有助于它们抵抗背离配偶和逃避父职责任的诱惑。此外，当接触到自己幼崽的气味时，狨猴父亲在短短二十分钟内睾酮水平即会下降。[75] 然而，这种激素反应在接触到不熟悉的幼崽气味时，在父亲和非父亲雄性中都是缺失的。[76] 睾酮水平的下降很可能促进了它们对幼崽的照顾，因为雄性狨猴的睾酮水平与背负幼崽的行为呈负相关。在幼崽出生后的 3~4 周，当雄性背负幼崽的频率达到最高点时，它们的基线睾酮水平会有所下降，而睾酮水平较低的雄性比睾酮水平较高的雄性更频繁地背负它们的幼崽。[77]

尽管较低的睾酮水平似乎有益于父亲的养育行为，但一些狨猴父亲会对闯入它们领地的雄性表现出攻击性，而这些雄性在面对此类威胁时睾酮水平会上升。[78] 这可能是雄性守护配偶的行为，因为在这些群体间的互动中观察到了额外配对的交配行为。总体而言，这些狨猴研究向我们揭示，雄性的睾酮水平可以非常动态，能够根据当前环境的需求灵活地增加和减少。幼崽的刺激能在三十分钟内使父亲的睾酮水平下降，然而，在面对雄性入侵者带来的交配竞争时，父亲的睾酮水平会快速增加。我们会发现，这种动态的、灵活的激素反应也是我们人类这一物种的特征。

睾酮对人体的影响

在某些情况下，男性对女性的激素反应与其他物种中雄性对雌性的激素反应非常相似。一项研究揭示，年轻男性在与年轻女性进行短暂互动后的 20 分钟内，他们的睾酮水平会出现上升，而男性与男性之间的互动则未观察到这种变化。特别是在女性展现出高度的外向且善于自我表露时，男性的睾酮水平上升更为显著。[79] 另一项规模较小的研究进一步发现，当女性认为男性正在努力给她们留下深刻印象时，男性的睾酮水平会有更明显的上升。[80] 与这一发现相呼应的是，当有吸引力的女性观众在场围观时，男性滑板运动员的睾酮水平会上升，他们不愿放弃高难度动作，这导致他们会秀出更多的技巧，当然也有更多的失败着陆。[81] 另一项研究指出，在极限飞盘比赛中，现场女性观众比例越高，男性参赛者的睾酮水平上升得越多。[82] 引人注目的是，还有研究表明，嗅闻排卵期女性 T 恤的男性相比于嗅闻非排卵期女性 T 恤的男性，能维持更高的睾酮水平。[83]

这些研究主要在大学生群体中展开，参与者多为 18~22 岁的未婚年轻人，还没有做父母。许多人可能会感觉到，自大学毕业以来，无论是心理还是生理层面，我们都经历了一些变化。因此，我们有理由提出疑问：在已婚父亲身上，生理机能是否以相同的方式运作。比如，与非父亲狨猴相比，狨猴父亲在接触到排卵雌猴的气味时，并未显示出睾酮水平的提升。据我所知，尚未有针对人类父亲的类似实验；现有证据表明这种激素反应并非自动或统一的。一项针对加勒比岛国多米尼加男性的研究表明，当男性与可能成为配偶的年轻女性互动时，睾酮水平会升高，但与女性亲属互动或与女性朋友互动则不会出现这种睾酮水平的变化。[84] 另一项研究发现，相比那些对婴儿不太感兴趣的男性，对婴儿更感兴趣的男性在受到情色刺激时，睾酮的增加较少，这很好地说明了生活史策略的权衡问题。[85] 因此，男性对交配刺激的睾酮反应可能是他们追求交配机会动机的灵活指标。[86]

另外一些研究也表明，睾酮在人类男性的求偶努力中扮演着角色。[87] 例如，有报告称一生中有更多性伴侣的男性拥有更高的睾酮水平。[88] 在一组平均婚龄为 22 年的中老年男性样本中，那些有过婚外情的男性比没有过婚外情的男性的睾酮水平更高，而且睾酮水平与男性婚外情的总数呈正相关。[89] 由于婚外情是离婚的常见原因，因此有更高睾酮水平的男性在生活中更有可能经历过离婚。[90] 许多这样的男性会再婚，所以再婚的已婚男性比其他已婚男性有更高的睾酮水平也就不足为奇了。[91]

单身男性往往比处于稳定关系中的男性有更高的睾酮水平，可能是因为他们在寻找伴侣。[92] 在菲律宾男性群体中进行的一项纵向研究表明，那些在研究开始时睾酮水平较高的年轻单身男性在四年后更可能成为有伴侣的父亲。[93] 也就是说，高睾酮水平预示着他们未来的择偶成功。

除了帮助男性找到伴侣并拥有一段稳定关系，睾酮的作用可能还涉及保护这段关系不受其他男性真实或假想的威胁。换句话说，它可能涉及行为生态学家所说的配偶守护行为。在一项独特而引人入胜的研究中，大学校园里的异性恋情侣被邀请至实验室，分别观看一系列其他男生的资料。这些男生被告知是来自同一所大学的学生，每份资料包括一张照片和一段简短的自我介绍，代表着潜在的"竞争对手"。男性参与者被告知，他们的女友将对这些男生的吸引力进行评分。其中一部分男生观看的是被女友评为极具吸引力的十个高竞争力男生的资料。作为对照，另一部分男生则观看的是十个被认为竞争力较低的男生资料。研究结果显示，只有在观看高竞争力男生资料时，参与实验的男生的睾酮水平才会出现变化，特别是在其女友接近排卵期时，相比女友处于非排卵期，他们的睾酮水平会有显著上升。[94] 也就是说，在女友最可能受孕、最需要配偶守护的时候，睾酮为竞争做好了准备。

除了激发男性追求和守护配偶的欲望，睾酮还可能提升男性对某些女性的吸引力。我理解，这一观点可能会让一些女性读者感到嗤之以鼻。那么，让我来澄清：这种效应可能仅在特定情境下对某些女性有效。在一项针对大学生的研究中，年轻女性若选择短期浪漫伴侣，她们则倾向于认为那些睾酮水平较高的年轻男性的照片更有吸引力。她们认为，睾酮水平较高的男性拥有更明显的男性化特征，作为潜在的短期伴侣更具吸引力。然而，若让女性选择长期浪漫伴侣，即那些愿意与之携手步入婚姻并共同抚养下一代的人，吸引力与睾酮水平的相关性并不突出。相反，那些被认为对儿童抱有浓厚兴趣的男性照片，获得了更高的得分。你可能会问，真的能从一张照片中看出一个人对孩子的兴趣吗？令人惊讶的是，女性基于照片来判断男性对婴儿的兴趣，确实与男性实际自我报告的对婴儿的兴趣呈正相关。尽管照片中的男性没有微笑，但一些微妙的信息似乎传达了他们对婴儿的兴趣。[95] 这项研究为第二章中提到的假设提供了支持，即远古的女性可能通过选择性地与那些愿意帮助照顾子女的男性繁衍后代，塑造了男性的行为模式。

在短期的伴侣关系中，睾酮水平较高的男性可能被认为更有魅力，并拥有演化上的优势。类似的结果也在男性声音的研究中被发现。睾酮水平较高的男性往往拥有更低沉的声音，而女性通常认为这样的声音更具吸引力，特别是当她们在评估男性作为短期浪漫伴侣时。[96] 为什么女性会在选择短期伴侣时青睐睾酮水平较高的男性呢？一个解释是，那些由高睾酮水平带来的男性化特征往往意味着更好的基因，因为这些男性能够更好地承受睾酮带来的免疫抑制。当男性生病或在接种疫苗后产生免疫反应时，睾酮水平会下降，这可能是因为免疫系统需要紧急调动能量来应对当前的挑战，而睾酮可能会分散能量。[97] 因此，能够维持较高睾酮水平的男性被认为是更健康的。一些研究也确实发现，面部特征更具男性化的男性往往更健康。[98] 甚至还有一些证据表明，女性会觉得免疫力更强的男性更具吸引力。最近在南非大学生中进行的一项研究表明，男性的免疫反应强度与他们被女性认为的照片吸引力程度呈正相关。[99] 偏好选择与这样的男性繁衍后代的女性的孩子将有可能继承这些优良的基因。本质上，短期的伴侣关系策略会优先考虑遗传继承而非父亲的投入。当然，这种逻辑并不需要女性在意识中明确理解；它只是解释了这种偏好是如何演变而来的。然而，"优良基因"并不是女性在短期伴侣关系中偏好睾酮水平较高男性的唯一可能的演化解释。也许这样的男性还更可能在需要的情况下提供即时的身体保护。[100]

与其他灵长类动物一样，人类男性通过竞争社会地位来间接争夺配偶，而睾酮也参与其中。在一项针对美国年轻男性的有趣实验中，实验者安排了一名同伙故意冲撞和辱骂参与者。与来自美国北方的男性相比，传统上以"荣誉文化"为特征的美国南方男性更可能认为自己的男性声誉因这种侮辱而受到威胁。他们也更可能以攻击性或支配性行为来回应这些侮辱，并且他们在受到侮辱时睾酮水平的上升也更显著。[101] 因此，在来自美国南方的男性身上，睾酮水平的增加可能是为了重新确立地位或声誉。

体育竞技是另一种社会地位竞争的形式。事实上，体育可能吸引了社会上一些最具竞争力的人，我们都知道成功的运动员可以获得非常高的社会地位。在运动员热身准备比赛时，睾酮水平会上升，然后在整场比赛中保持高水平。一些研究还发现，与失败后相比，睾酮在运动员胜利后长时间保持较高水平。[102] 这可能有助于激发在胜利后进行后续竞争，从而让胜利者获得更高的社会地位。在实验室的一项实验性研究中，两名男性之间进行了一场竞争性的比赛，但比赛结果被操纵了，实验者可以决定谁赢谁输。在失败者中，一些男性在比赛过程中睾酮水平持续上升，而另一些则持续下降。然后，这些失利者被给予再次与刚刚击败他们的对手竞争的机会，结果发现那些睾酮水平在比赛过程中持续上升的男性更有可能选择再次比赛。[103] 睾酮对竞争动机的这种影响有助于解释基线睾酮水平与社会地位之间的一些关联。例如，拥有更多下属的高管比其他高管有更高的睾酮水平。在这项研究中，更准确地说，高睾酮水平和低压力激素皮质醇水平可共同预测一个人管理的下属数量。[104] 皮质醇可能会干扰睾酮的作用，因此追求社会地位可能依赖于高睾酮水平和低皮质醇水平的结合。[105]

　　总之，睾酮似乎能激励男性追求和捍卫他们的社会地位。然而，男性实现社会地位的途径因文化而异，甚至在社会内的亚文化或不同社会阶层中也有所不同。如果攻击性是获得地位的途径，那么睾酮就会与攻击性相关联。例如，我们都知道曲棍球运动员经常打架。有研究表明，那些更有可能以攻击性回应挑衅的曲棍球运动员比其他运动员有更高的睾酮水平。[106] 在博茨瓦纳的昆桑人中，因打斗而头部疤痕较多的男性的睾酮水平也更高。[107] 值得庆幸的是，亲社会行为也可以提高人类在社会中的地位。例如，在许多文化中，慷慨可以带来社会地位，而睾酮也被证明可以提高人的慷慨度。[108]

　　综上，睾酮看上去可以激励男性追求配偶和社会地位，它还可以使男性在短期内对女性更具吸引力。这些追求当然也需要大量的能量。生命史理论以及动物研究因此预测，人类男性成为父亲将涉及睾酮水平的下降，以便为亲代抚育释放能量。我们现在知道，这确实是事实，至少在父亲开始与他们的婴儿互动时是这样。[109] 一项针对菲律宾男性的大型纵向研究特别有启发性。在这项为期四年的研究中，单身男性成为父亲后经历了睾酮水平的下降，而保持单身的男性则没有。此外，那些在儿童护理上花费更多时间的新晋父亲比参与较少护理的父亲有更低的睾酮水平。[110] 注意这与我们在鸟类中发现的模式是相似的。在繁殖季节，当雄性寻找配偶时，睾酮水平上升，但当它们成为父亲时，睾酮水平下降。同样，在繁殖季节，睾酮水平最高的雄性鸟类育雏最多，就像在研究中发现睾酮水平较高的单身菲律宾男性更有可能成为有伴侣的父亲一样。另一个引人注目的相似之处是，一夫多妻制的男性，他们可能参与较少的养育活动，比一夫一妻制的男性有更高的睾酮水平，就像一夫多妻制的鸟类在整个繁殖季节保持高水平的睾酮一样。[111]

在成为父亲后，男性睾酮水平的下降被认为在某种程度上支持了父亲的养育。这种下降是如何发挥作用的呢？首先，它可能会减少他们追求配偶和社会地位的动机，从而为养育子女留出更多的精力。此外，我们知道睾酮会干扰在照顾婴儿时非常重要的几个心理过程。例如，睾酮可以抑制同理心。人们倾向于自动模仿他人的表情，而这种模仿可以通过肌电图（EMG）技术来测量，这是一种记录面部肌肉微妙活动的技术。自动模仿程度较高的人往往更具同理心。有一项研究表明，与接受安慰剂时相比，接受睾酮植入处理的女性面部模仿程度降低，这表明它可能干扰了同理心。[112] 睾酮还会影响冲动控制和挫折容忍度，这两者在照顾哭闹的婴儿时都至关重要。[113] 婴儿的哭闹是引发虐待婴儿的众所周知的诱因，而父亲是最常见的施虐者。我的儿子还是婴儿时总哭得停不下来，我记得自己被他的哭声折磨。我尝试了所有办法。他为什么还在哭？我是不是个糟糕的父亲？他在拒绝我吗？我为什么不能解决这个问题？在又一个充满压力的夜晚之后，我明天怎么还能正常工作？

因此，婴儿的哭闹对父亲和母亲来说确实是一个挑战，我们有理由怀疑睾酮增加了男性对哭闹婴儿失去耐心的可能性，在极少数情况下，甚至可能做出他们一生都会后悔的可怕事情。与这一观点一致，有研究发现，睾酮水平较高的男性对哭闹婴儿的同情心比睾酮水平较低的男性要少。[114] 因此，父性睾酮的下降可能是适应性的，因为它降低了父亲伤害婴儿的可

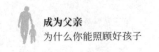

能性。尽管如此，这种下降并不足以消除婴儿虐待中的性别差异。

父亲们并没有能力主动控制自己的睾酮水平。他们不能简单地告诉睾丸："我现在有孩子了，请减少睾酮的产生。"那么，睾酮水平是如何下降的？是什么信号触发了这一变化？一个线索是，那些花更多时间与婴儿相处的新手父亲往往有较低的睾酮水平，这表明婴儿的某些信号可能很重要。这一观点得到了一项研究的支持，该研究比较了两个相邻的非洲社会中父亲的睾酮水平，这两个社会在父性关怀的规范水平上有所不同。哈扎人是一个传统的觅食性群体，男性高度参与背负、抱持、清洁、喂养和安抚婴儿的工作，而达托加则是一个父亲与婴儿接触很少，婴儿护理被视为女性工作的社会。对于哈扎人来说，有孩子的男性比没有孩子的男性有更低的睾酮水平，而在达托加人中，这两类男性的睾酮水平没有差异。[115]这可能是因为达托加人父亲与婴儿接触较少，导致他们的睾酮水平保持在未育男性的水平。另一项研究提供了进一步的证据，表明与婴儿的直接接触会抑制睾酮，这项研究考察了父亲与婴儿同睡的影响。与婴儿夜间同睡的菲律宾男性比单独睡觉的父亲有更低的睾酮水平。与其他男性相比，与婴儿同睡的父亲在成为父亲后，睾酮水平的下降更为明显。[116]

但是，与婴儿的接触是如何向睾丸发出减少产生睾酮的信号的呢？睾丸的睾酮分泌是由大脑控制的。大脑中一个名为下丘脑的区域分泌一种名为促性腺激素释放素（GnRH）的激素，导致前垂体分泌另一种名为促黄体素（LH）的激素，后者刺激睾丸产生睾酮。是什么让下丘脑减少GnRH的分泌？可能是婴儿的外貌。正如早期的动物行为学家指出的，哺乳动物幼崽有一种独特的外观——例如，大眼睛、大额头、短而粗的四肢——这种外观旨在吸引父母并引发亲代抚育（见图3-4）。

或者可能是婴儿的气味。一般来说，灵长类动物更依赖视觉而非嗅觉线索，但后者当然也是相关的因素。记得排卵期女性的气味是如何提升男性的睾酮水平的吗？女性的泪水实际上有相反的效果，会降低男性的睾酮水平。[117]因此，似乎有可能是婴儿的气味降低了父亲的睾酮水平，但据我所知，这一点尚未经过测试。

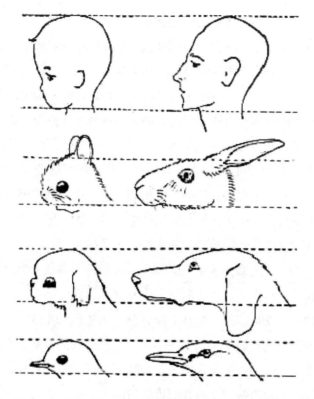

图 3-4　幼崽具有一种典型的外貌，被称为"婴儿模式"，
这让成年人觉得它们很可爱，想要照顾它们
注：K. Lorenz, *Studies in Animal and Human Behaviour*, volume II
（Cambridge, MA: Harvard University Press, 1971），155.

　　一些父亲比其他父亲更投入、更有养育能力。当我们研究父亲照料中的这些差异时，我们也发现了一些与睾酮水平相关的有趣现象，这些相关性在生命史理论的角度下是有意义的。有较低睾酮水平的父亲被证明更经常地照看他们的婴儿，更亲切地爱抚他们，为他们提供更多的实质性护理，并且更多地对他们使用"婴儿语"。[118]

　　除了让男性成为更好的照料者，还有证据表明睾酮水平的下降使他们成为更好的丈夫。一项研究追踪了男性在伴侣怀孕期间的唾液睾酮水平，结果发现甚至在他们见到自己的婴儿之前，平均睾酮水平就下降了 17%。这表明孕妇可能散发出某种气味线索，能够降低其丈夫的睾酮水平。更为

关键的是，那些在妻子怀孕期间睾酮水平显著下降的丈夫，往往在孩子出生后的 3~4 个月，自我报告对伴侣的投资、承诺和满意度更高。不仅如此，那些在孕期睾酮水平下降更明显的丈夫，其妻子也反馈对他们的丈夫更满意，他们在妻子产后的投入更高。[119] 睾酮对婚姻质量的影响可能是通过改变男性的行为而发挥作用的，因为睾酮水平下降更多的父亲会更多地参与家务活，以及照顾男性（而不是女性）婴儿。[120] 另一项有趣的研究检测了九个月大婴儿父亲的睾酮水平，并发现当这些父亲的睾酮水平较低时，他们的妻子对婚姻的满意度更高，并且抑郁的可能性也更低。[121] 家庭是一个系统，孩子从父母和睦相处中受益，因此睾酮的下降可能直接通过父亲且间接通过他们父母的关系使婴儿受益。

新手父亲经历的睾酮水平下降幅度显著但并不剧烈。例如，在前面已经讨论过的对菲律宾男性的纵向研究中发现，男性的早晨唾液睾酮水平从为人父前的平均 207 皮克 / 毫升下降到孩子出生后的 153 皮克 / 毫升，下降了约 26%。但这些新手父亲的睾酮水平仍然远远高于女性或青春期前的男孩。那么，为什么人类父亲不进一步降低他们的睾酮水平，甚至将其降到零呢？我们不知道答案，但我们可以猜测。

一种比较悲观的猜测是，男性保持足够的睾酮水平是为了满足基本的生殖功能，以防出现另一个交配机会。可以推测，女性由于哺乳闭经而暂时无法生育，但男性总有寻找其他伴侣的机会。虽然我们希望男性放弃这些机会，但在我们演化历史的某些情况下，这样做可能是不适应的，这取决于相关的代价。也就是说，在某些情况下，那些能够抓住这些机会的祖先男性可能被自然选择所青睐。

当然保持较低水平的睾酮而不是降到零可能对育儿是有些帮助的。一种可能性是，类似于加利福尼亚鼠，人类的父性行为依赖于由睾酮转化的雌激素。事实上，有研究发现，与未育男性相比，父亲的唾液中雌激素水平更高。[122] 但我们对雌激素在人类父性行为中的潜在作用知之甚少。

另一个有趣的可能是，父亲为保护婴儿而表现出的攻击性行为需要睾酮发挥作用。[123] 这最初可能看起来有些牵强，但我们需要想象我们的生理机能演化的背景。在人类演化的大部分时间里，婴儿有时容易受到捕食者甚至是敌对同类的威胁。请记住，许多灵长类动物中很常见杀害婴儿的行为，包括与我们亲缘最近的物种黑猩猩。尽管人类父亲的基线睾酮水平较低，但他们在听到婴儿哭泣时会出现短暂的睾酮水平上升。[124]睾酮激发攻击性行为并减少恐惧和焦虑，这种睾酮水平的上升可能有助于父亲成功应对威胁并保护他们的孩子。我们不知道父亲的这种激素反应是否会延续到他们孩子长大，但如果你曾见过有人虐待你的孩子，你可能会认同睾酮水平的上升会激发防御性攻击。我有一个好朋友向我坦白，如果他看到另一个孩子虐待他的女儿，他必须让他的妻子来处理，否则他担心自己可能会反应过激。

睾酮对成年人的大脑和行为有影响，但在人的早期发展阶段，它对行为的影响可能更为深远。正如前面论述所提到的，男性胎儿在出生前以及男性婴儿在出生后的短暂时期内，睾酮水平会上升。这种早期分泌的睾酮不仅使生殖器官男性化，还影响大脑发育。它影响儿童的一种行为是打闹嬉戏。父亲们通常擅长这种游戏，如果方式得当，这对儿童发展是有益的。与雌性幼猴相比，雄性幼猴参与打闹嬉戏的频率更高，而这种性别差异与产前睾酮水平有关。[125]因此，围产期的睾酮水平变化可能促进了人类父子间的打闹嬉戏。目前我们尚不清楚成人的睾酮水平是否与此有关，但如果确实有关联，我也不会感到惊讶。一项近期的研究支持了这种可能性。睾酮水平在清晨最高，并在一天中逐渐下降。然而，对于经常参与打闹嬉戏的父亲来说，睾酮的日常下降趋势有所减缓，这意味着他们下午的睾酮水平仍然较高。[126]

睾酮可能还支持某些类型的养育行为。在小型的非工业社会中，父亲通过狩猎和其他维持生计的活动为孩子们提供资源。正如前面提到的，睾酮水平通常在一天中逐渐下降，但对昆桑狩猎采集者的一项研究表明，当男性狩猎时，这种日间下降并不存在。相反，他们全天保持较高的睾酮水平。[127]这种功能意味着什么？众所周知，体育锻炼会短暂提升睾酮水平以支持未来同类型体力活动所需的肌肉生长。[128]运动引起的睾酮水平上升还可能增加血细胞的比容水平，以便支持血液中更大的氧气携带能力，从而为肌肉活动提供能量。因此，伴随狩猎活动的睾酮水平上升可能有助于确保男性保持适当的身体状态，以便将来继续狩猎。另一项对南美洲提斯曼人的研究显示，参与成功狩猎的男性会经历进一步的睾酮水平上升，而在不成功的猎人中则看不到这种情况。研究者认为这种睾酮水平的上升是有益的，可能有助于激励未来的狩猎尝试。[129]

睾酮还可能涉及其他类型的生计活动。在刚果共和国的邦东戈渔农社区中，生计活动通常很危险，涉及捕鱼时溺水、爬树采集棕榈汁液时坠落以及用火清理花园地块时烧伤的风险。[130] 被同伴认为更有供养能力的邦东戈男性比其他男性具有更高的睾酮水平。睾酮具有抗焦虑作用，这可能有助于促进男性参与这些危险的活动。邦东戈人对父亲供养的重视程度远远超过直接照料，因此对邦东戈父亲来说，保持较高水平的睾酮以支持他们的供养行为可能是适应性的。

除了狩猎，提斯曼部落的男性还通过砍伐树木来清理土地，以便进行小规模的园艺活动。研究显示，砍伐树木一小时能够使提斯曼男性的睾酮水平激增近50%。[131] 总体而言，这些研究揭示了一个有趣的现象：人类父亲可能会降低他们的基线睾酮水平，以避免与之相关的抚养和直接照料后代的成本，但在必要时，他们仍能迅速而短暂地提升睾酮水平，以便保护后代、获取资源甚至可能寻求新的伴侣。

有一种理论称为父代供给假说，它认为人类父亲在供养子女时所需的肌肉质量不再那么依赖于睾酮水平。在其他物种中，睾酮与肌肉质量有很强的关联性，但在人类男性中，这种相关性似乎较弱。根据这一理论，自然选择使父亲们即使在睾酮水平下降的情况下，也能保持所需的肌肉，以便更直接地进行育儿。支持这一理论的证据来自生活在波兰乡村的父亲们，他们的睾酮水平低于没有孩子的男性，这是可预料的。然而，父亲们在田间更努力地劳动，并且与没有孩子的男性相比，他们的体力更好且肌肉质量更高。[132] 这项研究也探讨了基础睾酮水平的作用，但可能更重要的是，运动引起的短暂睾酮水平上升对于构建和维持男性所需的肌肉质量可能比睾酮处于基线水平更为关键。

我曾推测，在婴儿面临危险并哭泣时，父亲体内睾酮水平的增加可能是有益的。然而，通常情况下，婴儿的哭泣并不表示他们处于危险之中，这恰恰是现代父母经常遇到的情况。在这些情境下，我们既能观察到睾酮水平的上升，也能观察到其下降。睾酮水平的下降可能预示着父亲对婴儿的哭泣做出敏感和抚慰的反应，而睾酮水平的上升则可能预示着烦恼。[133]一项有趣的研究让男性接触一个时而频繁哭泣、时而偶尔哭泣的仿真婴儿。结果显示，那些接触到偶尔哭泣仿真婴儿的男性的睾酮水平会有所下降；而那些接触到频繁哭泣仿真婴儿的男性的睾酮水平则上升，并且他们对仿真婴儿的照顾也显得不那么敏感。[134]这些发现与睾酮水平较低更有利于敏感地照顾婴儿的观点大体一致。

我们已经讨论了睾酮对男性在求偶行为和育儿努力方面的影响，但根据生命史策略，睾酮是否也会减少对维系生命和生存的投资呢？在动物界，包括人类，体内储存的脂肪是对未来生存的一种投资。[135]也就是说，如果食物供应不可预测，那么在食物充足时期储存的脂肪可以在未来的食物短缺时期被利用。正如我们已经注意到的，睾酮会消耗体内脂肪并动用这些能量，以便立即用于求偶努力。然而，这样做可能会危及未来的生存，至少在我们演化进程中常见的环境里，食物短缺是常有的事。这也许就是营养不良的男性睾酮水平较低的原因。[136]这类男性的身体根本无法负担将其有限的能量储备从维持生命转移到求偶努力上——否则他们可能会饿死。在西方社会，男性成为父亲后往往会增加体脂，这种增加是通过睾酮水平的下降来调节的。[137]因此，在某种意义上，当男性成为父亲时，他们开始更多地投资于自己的未来生存，以便他们能陪伴并抚养他们的孩子。当然，这种体重增加在现代社会环境中反而带来了负面的健康后果，但这是一种演化上的异常现象。

在世界范围内，每出生100个女婴，就有105个男婴出生。所有活到110岁的人中有90%是女性。[138]在任何国家，女性在出生时的预期寿命都比男性长。[139]全球这种性别的预期寿命差异平均为五年。[140]例如，今天在美国出生的女孩可以预期活到大约 82 岁，而男孩预期只能活到大约 77 岁。这当然意味着男性在其一生中遭受更高的死亡率。在野生哺乳动物物种中也发现了类似但更明显的性别差异，这种差异在不同物种、文化中都普遍存在，这表明这种差异可能有生物学上的原因。[141]

性别差异在青春期显著增加，这当然也是男孩开始以成人水平分泌睾酮的时候（见图 3-5）。最明显的性别差异之一是事故死亡率。[142] 回想一下我们的滑板运动员，睾酮让他们尝试他们通常无法完成的技巧。如果睾酮对一个在高速公路上带着一群朋友开车的年轻男子也有同样的效果呢？另一个显著的性别差异是在凶杀死亡率上。大多数凶杀案涉及男性杀害其

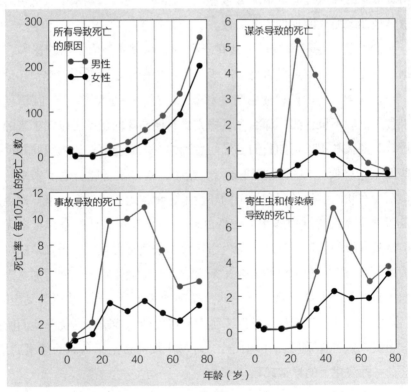

图 3-5　人类男性相较于女性有更高的死亡率，特别是在青春期之后，
男性开始分泌较高水平的睾酮。在谋杀、事故和传染病等导致死亡的原因中，
性别差异最为显著，这些原因都与较高水平的睾酮有关

注：I. P. F. Owens, "Sex Differences in Mortality Rate," *Science* 297, no. 5589（2002）: 2008–2009.

他男性，而这些打斗通常涉及一名男性侮辱另一名男性，随后是对社会地位的竞争或捍卫。[143] 看来，年轻男性有时愿意冒着生命危险来提升或捍卫社会地位，而睾酮可能会推动这种行为。

男性不仅比女性更容易因事故和凶杀而死亡，他们也更有可能死于寄生虫和传染病。[144] 这与我们所见的其他证据一致，即睾酮抑制免疫功能。此外，端粒缩短的速率在男性中比女性更快，这再次意味着男性相对于女性在维系生命方面的投资较少。[145]

当然，这些研究结果都只是相关性分析。男性的睾酮水平高于女性，同时男性的死亡率也高于女性，尤其是在青春期之后睾酮水平达到成人水平以后。但我们是否有确凿的证据表明睾酮会干扰男性的生存和生命维系呢？幸运的是，我们不会对男性进行阉割实验，但历史上确实有一些悲剧性的自然实验。

在历史上的亚洲和中东部分地区，男孩有时会被阉割，后来成为皇宫的守卫和仆人。这些被称为宦官（太监）的人可以在后宫中工作，他们被认为是可以信任的。在朝鲜王朝（1392—1910 年）的宫廷中，有 81 名这样的宦官，调查发现他们的寿命比男性同龄人多出 14 年。事实上，有三名宦官活到了 100 岁，这个比例大约是今天发达国家男性活到 100 岁的比例的 130 倍。[146]

我们还可以探讨另一种类型的自然实验，即男性自愿摄入过量的外源性睾酮。愿意接受这种操作的男性并不少见。大约有 6% 的男性在他们的一生中使用过合成代谢雄激素类固醇，通常是为了改善外观或提高运动表现。合成代谢雄激素类固醇是一类与雄激素受体结合并像睾酮一样发挥作用的化合物。一些研究已经证明，类固醇使用者的死亡率高于非使用者。例如，在丹麦健身中心检测出类固醇阳性的男性，其死亡率是非使用者的 3 倍。这些男性相比对照组也更有可能因受伤或感染原因而住院。[147] 然而，我们并不知道这种关系是否存在因果关系，也许是使用类固醇的男性天生更倾向于冒险，从而死亡率更高，而不是他们使用类固醇带来的高死亡率。更有利的因果关系支持来自一项观察，实际上，芬兰举重运动员的死亡率只有在 20 世纪 70 年代和 20 世纪 80 年代类固醇在这个群体中广泛使用后，才超过了对照组的死亡率。[148] 在此之前，芬兰举重运动员的死亡率与对照组一样低，甚至更低。[149] 因此，类固醇使用者可能会更多地冒险，可能在维系生命上的投入更少。他们甚至可能在维系大脑方面的投入也更少，因为长期使用类固醇与加速大脑老化有关。[150] 随着我们年龄的增长，大脑中的灰质会减少，而灰质是神经元所在的地方。长期使用类固醇的人的灰质减少会发生得更快。实验室研究甚至表明，非常高水平的睾酮可以加速培养皿中神经元的死亡。[151]

需要引起注意的是，所有这些关于合成代谢雄激素类固醇的研究显示，它们使男性体内的睾酮水平达到了超生理水平，远远超过了正常男性的水平。正常的睾酮水平不会杀死神经元，只有异常高的剂量才会。事实上，对于睾酮水平非常低的性腺功能减退的男性，睾酮替代疗法甚至可能提高他们的生存率。[152]

到目前为止，我们一直专注于睾酮水平，但这只能部分解释体内和大脑中的雄激素信号传导，因为雄激素信号传导还取决于有多少受体能感知这些睾酮。与睾酮结合的受体被称为雄激素受体。我们无法直接测量活体人脑中的雄激素受体数量，但我们可以通过间接方式来了解。编码雄激素受体的基因具有多态性，这意味着不同个体拥有该基因的不同版本。这种差异体现在基因内部一个由三个 DNA 碱基对（CAG）组成的序列的重复次数上，个体的这一序列的重复次数可以从 9 次到 31 次不等。当基因中 CAG 序列的重复次数较少时，这种情况会制造更多的雄激素受体，并且这些受体在与其他基因的 DNA 结合以及调控这些基因表达方面更为有效；相比之下，重复次数较多的基因产生的受体则效果较差。因此，CAG 重复次数较少的男性预期会有更强的雄激素特征，我们可以预测这与增强的求偶行为有关。实际上，CAG 重复次数较少和一系列与求偶行为相关的特征有关，包括更大的瘦肌肉量、更强的力量、更高的精子生成率、在与女性社交互动时更大的睾酮反应，以及更高的自我报告的社会地位。[153] 我们还可以预测，CAG 重复次数较少与较少参与或低质量参与育儿行为有关。在菲律宾男性中，那些 CAG 重复次数较少且睾酮水平较高的男性——即雄激素活性最高的男性——不太可能成为积极参与育儿的父亲，这是预料之中的。然而，雄激素活性最低的男性——那些 CAG 重复次数多且睾酮水平低的男性——也不太可能参与育儿。相反，雄激素活性适中的男性——无论是 CAG 重复次数少且睾酮水平低，还是相反情况——最有可能参与育儿。[154] 目前尚不清楚为什么这些雄激素活性低的男性倾向于较少参与儿童照料，但这些发现支持了早期的观点，即适度的睾酮可能有助于某些方面的父性关怀。

在本章中，我们一直在讨论激素和遗传因素对人类行为的影响。许多人对用遗传来解释人类行为持谨慎态度。一个担忧是人们可能会滥用科学来为不道德或反社会行为找借口，如"他的基因让他作弊"或类似的陈述。另一个担忧是人们可能会利用科学来限制他人，如"他不可能成为一个好父亲，因为他的 CAG 重复序列太少了"。这些当然是天真和不准确的陈述。必须强调的是，基因和激素并不决定行为。相反，它们影响行为。人类的行为是复杂的和多因素的。基因和激素只是这些众多影响行为向不同方向偏倚的因素中的两个。还有许多其他影响因素，包括社会、文化和发展影响，这些在第六章中将会讨论。做一个类比，想象你从家里释放一个充满氦气的气球并想预测它会在哪里着陆。这将取决于许多因素，如气球的大小、风向、风速、温度、压力和湿度，以及所有这些变量如何相互作用。如果你只知道风向，那会是有用的，但它不会给你一个气球会在哪里着陆的精确估计，因为你没有考虑其他任何因素。同样，如果只知道一个人的睾酮水平或他有多少 CAG 重复序列，我们将无法可靠地预测他是什么样的父亲。事实上，会有一些睾酮水平高或 CAG 重复序列少的人是尽职尽责的父亲和丈夫，就像会有一些睾酮水平低或 CAG 重复序列多的人却不是这种父亲一样。如果你想了解某人是否是好父亲，不要测量他的睾酮或给他的基因分型，只需观察他与孩子们的互动情况。

图 3-6 为睾酮对男性行为和生理影响的总结。

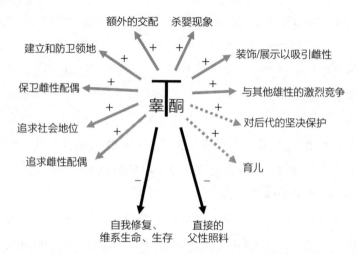

图 3-6 睾酮对男性行为和生理的影响。灰色箭头所示的影响受到睾酮的促进，黑色箭头所示的影响受到睾酮的抑制。灰色虚线代表亲代努力行为，灰色实线代表交配努力行为

睾酮对交配和育儿行为的影响很可能是通过它在大脑中的作用来实现的。到目前为止，我还没讨论睾酮的这些神经机制，在第五章我将会进一步探讨睾酮和其他激素是如何影响大脑的结构和功能，从而影响行为的。

本章重点

1. 睾酮使雄性动物倾向于将更多的精力投入到交配上，而较少投入到其他重要的生活目标上，如育儿和维系生命。

2. 与婴儿共度时光的人类父亲会经历显著的睾酮水平下降，这使他们成为更好的照顾者和伴侣。

3. 然而，人类父亲也会经历短暂的睾酮水平上升，这可能有助于支持间接的育儿行为，如为后代提供物资或提供保护。

第四章
催产素的作用

我妈妈喜欢呵护一切——不光是我们这些孩子，还有动物，尤其是小猫。在我小时候，她极力激发我这方面的天性。我有一屋子的毛绒玩具，我照顾它们，晚上和它们一起睡觉，我的职责是把它们塞进被窝，让它们感到安全。当我独自在黑暗中睡觉时，它们也给我带来了安全感。我最喜欢的毛绒玩具是一个将近一米高的布娃娃安迪，我对它爱不释手。当我把它玩坏了，妈妈再也不能把它的四肢缝上去时，我还在为失去它而哀悼，恳求父母再给我买一个。我记得每晚我都要把它塞进被窝，确保它是安全舒适的。我天生就喜欢这样做，这是我渴望的事情。我的三个哥哥后来都成为充满爱心的父亲，但过去却喜欢把我的布娃娃安迪踢得满屋子跑，以此来逗我。这招非常有效。当我成为父亲时，我意识到我的孩子们正受益于有一个呵护他们的父亲，我知道，就像我妈妈一样，我也想激发他们这方面的天性。我九岁的儿子托比也和一排毛绒玩具一起睡觉。每天晚上大约 9 点钟，当我通常在三楼办公并回复当天的电子邮件时，我的妻子会从楼下叫我："托比想你了。"我下楼到他的房间。我可以只是帮他盖好被子，但我却会和他上床拥抱 5~10 分钟。我这样做既是为了他，也是为了我自己。当我爬上床时，他总是开始以一种非常特别的顺序排列他的毛绒玩具。那些摆不下的，就被他放在床边的一个豆袋椅上。他小心翼翼地用自己的 T 恤把它们盖住，这样毛绒玩具"可以闻到他的气味"，他认为这样可以安慰它们。然后他伏在那些和他一起在床上的玩具上面，看起来非

常像一只雌性哺乳动物在哺乳时伏在它的幼崽上面，然后轻轻地躺在它们旁边。我从来没有教他这样做。有一天晚上，他开始哭泣，因为他开始考虑上大学的事。谁来照顾他的毛绒玩具呢？它们会如此孤独！

此时，你可能会好奇我是否担心这一切。我的回答是"不"。他几乎和我小时候一模一样，而我长大后成了一个完全能够独立生活的成年人。这让我有信心，他将来会用爱和同理心去抚养他的孩子，让他们成为心理健康、富有同理心的成年人。

为什么我妈妈那么有爱心，这种爱心又是怎样传给我和托比的呢？我猜这可能和一种叫作催产素的激素有关。我从未测量过自己的催产素水平，但我敢打赌它们一定很高，至少在我和家人在一起的时候如此。我想我妈妈的催产素水平肯定更高。

* * *

大多数生物学家将催产素与母亲联系在一起，这是可以理解的。这个词在希腊语中意味着"快速分娩"，指的是它在分娩过程中使子宫平滑肌收缩的基本功能。在哺乳动物中，催产素也促进乳腺组织中平滑肌的收缩，从而挤出乳汁。[1] 催产素在大脑中产生，特别是在大脑基部的一个古老结构——下丘脑中产生。产生催产素的神经元延伸到下丘脑下方的垂体，在那儿它们将催产素释放到血液中。随后，循环系统将催产素输送到全身，并与子宫和乳腺等组织内的催产素受体结合。这些神经元中的一部分也有向上输送到大脑的分支，并在那里释放催产素。在这里也有催产素的受体，使其能够影响行为。[2] 除了分泌乳汁，称职的哺乳动物母亲还需要有动力去哺乳以及照顾和保护她们的后代，而催产素正是促进这些母性行为的关键因素。

正如你所知，大约 5% 的哺乳动物会展现出父性照料行为。如第二章所述，父性照料在哺乳动物中似乎是多次独立演化的结果。在许多情况下，自然选择利用了同一物种母亲身上已经存在的生理机制来实现父性照料。因此，在许多表现出父性照料行为的哺乳动物物种中，催产素同样促进了父性照料行为的发展。

本章首先概述了催产素在母性行为中的关键作用，随后探讨了它在哺乳动物父亲（包括人类）的照料行为中的功能，最后，我深入讨论了催产素在伴侣关系中的作用，这种作用使父母能够协同合作，共同抚养他们的后代。

催产素与母性行为

许多关于哺乳动物母性行为的研究都是在实验室大鼠身上进行的。母鼠通过哺乳、将走散的幼崽找回以及舔舐和梳毛来照顾幼崽，这些行为相当于大鼠的母性情感表达。然而，并非所有雌性大鼠都具有母性——实际上，情况远非如此。雌性在成为母亲时会经历戏剧性的变化。在分娩前，它们会主动避开幼崽，甚至攻击并杀死它们。分娩后，它们变得"母性泛滥"，这意味着它们会照顾任何它们能找到的幼崽。幼崽对母鼠来说变成了极具吸引力的刺激。事实上，研究人员已经证明，母鼠愿意付出巨大的努力，通过反复按压杠杆以将幼崽送入它们的巢穴。[3]

这种转变是由雌性大鼠在怀孕期间经历的激素变化引起的，特别是雌激素和催产素的增加引起的。研究人员通过实验证实了这一点：他们先用雌激素处理未生育的雌鼠，然后通过催产素激发它们的母性行为。雌激素增加了大脑中的催产素受体数量，而催产素则激活这些受体，引发母性行为。[4]进一步的实验表明，给刚分娩的母鼠注射一种阻断催产素受体的药物，可以阻断母性照料行为。[5]

就像人类母亲一样，大鼠母亲在情感表达上也各不相同。有的会频繁地舔舐幼崽和给幼崽梳毛，有的则较少这样做。研究显示，那些表现出更多母爱的大鼠母亲在大脑中一个关键区域，即内侧视前区拥有更多的催产素受体。更有趣的是，母鼠对幼崽的舔舐和梳毛行为似乎能够增加幼崽大脑中的催产素受体数量，这些幼崽长大后往往也会成为更有爱心的父母。[6]这是一个表观遗传的典型案例，说明母性情感这一特质并非仅通过基因遗传，而是可以通过一个稳定的环境因素——一个充满爱心的母亲——从一代传递到下一代。看起来，通过增加大脑中催产素受体的数量，充满爱心的母性行为得以在代际间传递。这也许就是我的妈妈和托比都如此充满爱心的原因。

催产素也在人类的母性照料中起作用。那些更细心和充满爱心的母亲往往血液中催产素含量较高。在与新生儿互动时，催产素水平较高的母亲会花更多时间凝视婴儿的脸，表达积极的情感，以及亲切地触摸婴儿。她们还会发出更多类似母性语言的声音（即婴儿语），并且在自己和婴儿的积极情绪之间展现出更好的时间协调性。也就是说，她们与婴儿的情感表达更为同步。[7]患有产后抑郁的母亲往往催产素水平较低。[8]她们不太能表现出母性的敏感性，有更多的愤怒和侵入性，与婴儿的积极互动较少，这可能与她们的催产素水平较低有关。[9]

还有一些研究已经检验了母亲的催产素水平如何响应她们与婴儿的互动。那些经常触摸并凝视自己婴儿的母亲，催产素水平会升高，而其他母亲则不会。[10]有趣的是，那些自身拥有更安全依恋风格的母亲在与婴儿互动时催产素水平会上升，而不安全依恋的母亲则表现出催产素水平下降。[11]这是一个明显的代际传递依恋风格的机制。一个不安全依恋的母亲由于催产水平不足而无法展现出适当的亲子联结行为，这种母性敏感性的缺失也会进一步导致婴儿形成不安全依恋。[12]

母乳喂养能够促使母亲体内释放催产素，而催产素对母性行为的动机有重要作用。因此，我们有理由推测，那些进行母乳喂养的母亲在情感上可能比不进行母乳喂养的母亲更加敏感和充满爱心。[13]澳大利亚的一项大型研究的结果支持了这一观点，研究发现那些没有接受母乳喂养的孩子，其被母亲忽视的风险几乎是那些至少接受了四个月母乳喂养的孩子的四倍。当然，也有可能是母亲原本的动机差异影响了她们是否选择母乳喂养，而不仅仅是母乳喂养影响了母性行为。这项研究已经考虑到了孕期的情绪波动和产后抑郁等因素。尽管如此，我们也要注意到，在93%的非母乳喂养母亲中并没有出现忽视孩子的迹象，这说明母乳喂养并不是与孩子建立牢固的、有爱心的联结的唯一条件，它可能只是有助于加强这一过程。[14]

就像睾酮一样，催产素需要与其受体结合才能在身体和大脑中发挥作用（见图 4-1）。那些更有爱心的大鼠母亲在大脑的内侧视前区有更多的催产素受体。我们很好奇，这种情况是否也适用于人类母亲。不过，目前我们还无法直接测量活人大脑中的催产素受体数量。但我们可以通过研究编码催产素受体的基因来获得一些线索。这个基因在人类中有不同的版本，也就是说，不同的人可能有不同的基因型。通过检查去世后的人的大脑，我们可以测量催产素受体水平，并找出与受体数量增多或减少相关的遗传变异。然后，我们可以研究这些特定的遗传变异是否与活人中的母性照料有关，如果确实有关，我们就能推测，这些基因变体可能会影响到催产素受体的数量。

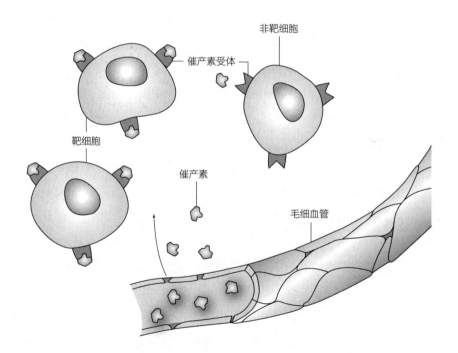

图 4-1 催产素通过与细胞膜上的催产素受体结合产生生物学效应

基因是 DNA 碱基对的序列。催产素受体基因由大约 17000 个碱基对组成。在这些碱基对中，有 390 个是多态性的，这意味着不同的人在这些位置上可能有不同的碱基，这些被称为单核苷酸多态性（SNP）位点。其余的碱基在每个人中都是相同的。单核苷酸多态性位点用数字标记。其中的单核苷酸多态性位点 rs53576 特别值得关注，因为据已知的信息它会影响大脑中催产素受体的表达，并且与积极的母性照料相关，包括母性的温暖和敏感性。[15]

鉴于有大量证据表明催产素支持温暖且敏感的母性行为，是否也有证据表明催产素在父亲身上也与父性照料有关呢？

催产素与啮齿动物的父性照料行为

棕色田鼠是少数几种雄性会参与抚养后代的哺乳动物。就像雌性棕色田鼠一样，雄性棕色田鼠成为父亲后，它们的行为会发生显著变化，催产素在这个过程中扮演着关键角色。如果把幼崽交给没有当过父亲的雄性棕色田鼠，它们可能会攻击甚至试图杀死这些幼崽。但是，对于已经成为父亲的棕色田鼠来说，它们会亲近并照顾幼崽，包括舔舐和梳理毛发，哪怕这些幼崽并非它们的亲生后代。有了后代的雄性棕色田鼠体内的催产素水平比没有过后代的雄性棕色田鼠要高，它们大脑中负责父性照料行为的关键区域下丘脑内侧视前区中的催产素受体也更多。如果给这些棕色田鼠父亲注射一种阻止内侧视前区中催产素受体起作用的药物，它们照顾幼崽的行为就会减少。所以，当雄性棕色田鼠成为父亲时，它们体内的催产素分泌增加，内侧视前区的催产素受体数量也随之增加，这种变化有助于促进父性照料行为的产生。[16]

和雄性棕色田鼠不同，雄性草原田鼠通常会在成为父亲之前就开始照顾幼崽。在野外，这通常意味着年轻的雄性草原田鼠会帮助照顾还在巢里的弟弟妹妹。在实验室里，即使是那些没怎么有过性经验的雄性草原田鼠，也会对它们不熟悉的幼崽提供照顾。当这些雄性草原田鼠接触到幼崽时，它们的催产素水平会迅速上升，但这种上升是短暂的。催产素水平在接触幼崽后的 10 分钟内上升，但 20 分钟后就回落到正常水平。[17] 这种催产素的短暂激增的具体作用我们还不清楚，但有一些可能的解释。首先，催产素能够增强社交时的愉悦感，所以它可能让雄性草原田鼠觉得幼崽是一种令人愉悦的刺激，激发它们照顾幼崽的欲望。[18] 其次，催产素也能减少焦虑。[19] 面对幼崽时，雄性草原田鼠的心率会增加，说明幼崽对它们来说是一种令人兴奋的刺激。催产素可能帮助它们保持冷静，避免因为压力过大而无法成为称职的父亲。[20] 正如我们接下来会看到的，催产素在人类父母身上可能也有类似的作用。

催产素与灵长类动物的父性照料行为

催产素可能也在我们的灵长类近亲中扮演着促进父性照料的角色。就像第二章讨论的那样，雄性狨猴是典型的好父亲，它们会背着双胞胎宝宝，保护它们不受捕食者伤害，和它们分享食物，还为它们梳理毛发。研究显示，已经成为父亲的雄性狨猴的下丘脑比那些还没当父亲的雄性狨猴产生更多的催产素。这些发现表明，和雄性棕色田鼠一样，当狨猴成为父亲时，它们体内的催产素分泌会增加。[21]

这些生理上的变化可能解释了作为父亲的狨猴和没成为父亲的狨猴之间的行为差异。狨猴父亲对幼崽的反应速度比没成为父亲的狨猴要快。当研究人员通过鼻喷雾给雄性狨猴额外的催产素时，它们的反应速度变得更快。[22] 另一组研究人员将催产素直接注入狨猴父亲的大脑，发现这增加了它们与幼崽分享食物的意愿。[23]

正如第二章提到的，人类更适合被称为合作养育者，而不是典型的双亲养育者——在双亲养育模式中，孩子仅由父母双方共同抚养。在合作养育模式下，母亲不仅能得到父亲的帮助，还能从其他亲戚那里获得支持。[24] 如果催产素能够促进母亲和父亲的养育行为，那么我们自然会好奇，它是否也能推动其他人，也就是异亲的照顾行为。狐獴不是灵长类动物，但它们也是合作养育者。研究人员在狐獴身上研究了催产素的影响。狐獴生活在多达 50 只的大群体中，通常有一对雄性和雌性负责繁殖，而其他成年狐獴则协助它们照顾幼崽。这些异亲不仅照顾幼崽，还负责喂食。当狐獴异亲被注射催产素后，它们与幼崽待在一起的时间更长，分享的食物也比注射安慰剂时更多。[25] 此外，它们还花更多时间保护群体免受捕食者的威胁，并挖掘用于休息或逃避捕食者的隧道。因此，催产素不仅支持异亲的照顾行为，还似乎促进了狐獴对集体利益的贡献。实际上，越来越多的证据表明，催产素的亲社会效应不仅限于父母照顾，还扩展到人类的其他合作或利他行为。[26]

催产素与人类的父性照料行为

虽然催产素常被看作是一种母性激素，理由也很充分，但科学家们在研究父亲们的催产素水平时却发现了一个意外的现象：父亲们的催产素基础水平和母亲一样高，只不过母亲在哺乳后催产素水平会暂时性地大幅上升。[27] 而且，父亲们的催产素水平也比那些还没当父亲的男性要高，有研究显示，催产素水平会在男性成为父亲的前六个月内提升。[28] 男性成为父亲时催产素水平上升，这表明这种激素可能在为他们的新角色做准备。

父母双方的催产素水平是相互关联的。[29] 如果母亲体内的催产素水平较高，那么父亲很可能也是如此。这强化了第二章中讨论的家庭作为一个系统的概念。看起来，存在催产素水平较高的家庭和催产素水平较低的家庭，而且有证据显示，来自催产素水平较高家庭的孩子被抚养的方式有所不同。以色列的一项研究测量了母亲和父亲的催产素水平，并探究他们与新生儿互动的方式是否与这些有关。研究发现，催产素水平较高的母亲与婴儿更加亲密，而催产素水平较高的父亲则更多地参与"刺激性育儿"，这包括刺激性地触摸婴儿、向婴儿展示物品以及在空间中移动婴儿的身体。[30] 美国的研究也发现，催产素水平较高的父亲更多地触摸他们的婴儿，并参与更多涉及在空间中移动婴儿的游戏，如将他们抛向空中以及玩笑般地摇晃或轻推他们。[31]

　　分娩和哺乳会让母亲的催产素水平上升，但是什么让那些既没怀孕也不哺乳的父亲们的催产素水平上升的呢？研究显示，父亲和早产儿进行30~60分钟的皮肤接触后，他们的催产素水平会上升。而且，不只是父亲，婴儿的催产素水平也会上升，这可以帮助加强父亲和婴儿之间的联结。实际上，那些在皮肤接触后催产素水平上升较多的父亲，在第二天照顾婴儿时会表现得更加敏感和反应迅速。[32]皮肤间的接触还有一个好处，就是能降低婴儿的压力激素（如皮质醇）水平，以及父亲自我报告的焦虑水平。另一项研究发现，新手爸爸们在第一次抱起他们的新生儿后，催产素水平大约增加了20%。[33]所以，触觉刺激可能是婴儿促使父亲催产素水平上升的一种方式。

　　除了皮肤接触，还有其他互动方式也能让催产素水平上升。我之前提到，母亲在和婴儿互动时，如果投入很多情感，她们的催产素水平会上升。对于父亲而言，仅仅是心里的爱意并不足以提高他们体内的催产素水平，真正起作用的是对身体的实际触碰和刺激。也就是说，那些经常和婴儿有身体接触的父亲，他们的催产素水平会上升，而不常这么做的父亲则不会出现这种变化。[34]这些研究中的父亲大多是次要的照顾者。这让人好奇，对于那些主要负责照顾孩子的父亲，父爱会不会像母爱一样提高催产素水平。

　　很多爸爸喜欢和孩子玩一些打打闹闹的游戏，这种游戏可能也会让爸爸体内的催产素水平提高。我儿子在我写这本书的时候是十岁，现在都十二岁了。跟我那个总是很亲热的六岁女儿不一样，他很少跟我说他爱我或者主动抱我。有时候这会让我有点难过，但他总是爱找我摔跤，而且大多数时候是他先提出来的。这种摔跤不是那种要争个输赢的，他也没真想把我打败。我们就是在玩。我主要是用体重压着他，把他挤到沙发上，他好像挺喜欢这样。我最近看了篇文章，说在柔道比赛中，那种近身肉搏的接触性互动能增加唾液里的催产素水平，但在柔道比赛中的拳击和踢腿就没这效果。[35]所以我猜，当托比和我摔跤的时候，我们的催产素水

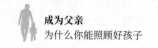

平可能会上升，这可能是他和我建立联结的方式，同时也帮我和他建立联结。

以上这些研究都是相关性的，所以它们不能直接告诉我们催产素是不是真的导致了父性行为的变化。要弄清楚这一点，我们得通过实验来控制催产素水平，看看这样会不会改变父性行为。如果我们给父亲额外的催产素，超出他们身体自己产生的量，会有什么效果呢？跟睾酮不一样，催产素如果直接注射到血液里是很难进入大脑的。但是，当它作为鼻喷雾使用时，它就能进入大脑。[36] 所以，有些实验已经测试了鼻喷催产素对父性行为的影响。[37] 比如，当以色列的父亲们使用鼻喷催产素后，他们会花更多时间触摸婴儿，和宝宝之间的互惠性社交也更多。[38] 就像第一章提到的，这种互惠性社交对宝宝的心理和社会发展特别有好处。那什么是互惠性社交呢？比如，如果宝宝对你咕咕叫，你也回应她咕咕声，或者她对你笑，你也对她笑，这些都是互惠性社交。催产素似乎能增加父亲们的这种行为。

同一个研究团队的另一项研究发现，给父亲们额外的催产素，能让他们和宝宝互动时头部动作的活跃度和反应敏捷性提升。[39] 这正好符合催产素能激发父亲育儿行为的观点。荷兰的研究还表明，催产素对父性行为的积极影响不只限于婴儿期。用了催产素之后，父亲们会更多地鼓励孩子们学习和探索，同时表现出的不耐烦和不满也更少。[40]

鼻喷催产素对父性行为确实有不少积极影响。特别值得注意的是，它不仅直接影响父亲，还间接影响婴儿的行为。也就是说，当父亲使用鼻喷催产素后，他们的孩子的行为也会有所变化，这可能是因为孩子们对父亲行为的改变做出了反应。这些婴儿更多地注视父亲的脸部，以及更多地玩玩具。更让人惊讶的是，即便这些婴儿自己没有接受催产素的注入（只有他们的父亲接受了），他们的催产素水平也会上升，这意味着婴儿自己开始产生更多的催产素。给父亲使用催产素似乎启动了一个良性的正反馈循环，既促进了催产素的分泌，又增强了父子之间的联结。[41]

*　*　*

我已经提出了证据表明催产素对父性行为有积极影响，但我们也可以探讨它是通过影响哪些心理过程来产生这些行为效果的。换句话说，催产素如何影响男性的心理？至少有五种不同的心理过程受到催产素的影响，这可能有助于解释它对父性行为的积极效果。

首先，我们知道催产素能增强社交刺激的显著性，让人们更加关注这些刺激。[42] 例如，我们通过观察他人的眼睛来获取大部分社交信息。使用鼻喷催产素介入的人会花更多的时间注视面孔的眼部区域。[43] 与之相关地，在只能看到面孔眼部区域的实验任务中，催产素提高了他们准确推断他人想法或感受的能力。[44] 因此，催产素可能会使父亲更倾向于关注孩子的眼睛，这反过来又可能使他们更好地理解孩子在想什么、感受什么或关注什么。

其次是同理心，它和第一个过程关系很紧密。人们通常会不自觉地模仿别人的表情，这种模仿可以通过肌电图（EMG）来测量，肌电图能捕捉到面部肌肉的微小动作。那些模仿能力更强的人，往往也更有同理心。我在第三章提到过，睾酮介入会减少面部模仿。而催产素的作用则正好相反。具体来说，在男性观看婴儿图片时，它会增强他们的面部模仿行为。[45] 催产素还被证实能提高人们在看到他人受苦时自我报告的同理心水平。[46] 这些研究提示，催产素可能通过增强父亲对孩子的同理心来改善他们的父性照料行为。

再次是社交奖励。催产素很可能是通过作用于大脑中的多巴胺奖励系统，让父母觉得孩子更有吸引力，从而促进母性行为。[47] 在我们实验室的研究中，我们观察到那些经常照顾孩子的父亲们在看到孩子照片时，他们大脑里的多巴胺奖励系统活动更为频繁，而且催产素似乎还能进一步提升这个系统的活跃性。[48] 所以，催产素可能会让孩子对父亲来说更有吸引力，这样就能增加他们照顾孩子的意愿。

然后，催产素还能减少焦虑。[49] 比如，害怕的时候，大鼠通常会躲在角落。但给了催产素之后，它们就更愿意在开阔的地方多待一会儿。这在人身上也一样。很多人觉得公众演讲压力很大。实验室里模拟了这种情境，让参与者在一群严厉的评委面前准备口头报告，这些评委不会给任何正面反馈。这个任务叫作特里尔社会压力测试，能可靠地提高人们的压力激素皮质醇水平。但如果参与者事先用鼻喷催产素，就能减轻他们的皮质醇反应和他们感受到的焦虑。[50]那么，催产素的这种抗焦虑效果对育儿重要吗？想象一下，一对没有经验的新手父母从医院带着新生儿回家，意识到这个小宝宝的幸福全靠他们了……然后宝宝开始哇哇大哭，他们试了各种方法安抚，但宝宝还是哭个不停。没错，育儿会让人焦虑，而控制这种焦虑对父母和宝宝都至关重要。

即便是经验丰富的父母，有时候也需要保持冷静。在自然界里，哺乳动物母亲有时会遇到捕食者威胁它们的幼崽，这时候它们得勇敢面对这些捕食者，努力保护自己的孩子。催产素的抗焦虑作用在这种情境下就会发挥作用。[51]实际上，有研究显示，给抑郁症的母亲使用鼻喷催产素后，当有陌生女性试图接近并与她们的孩子互动时，她们会更加保护自己的孩子。[52]

最后，催产素被认为有助于促进学习。那些基因改造后不能产生催产素的老鼠，好像记不住它们之前接触过的其他老鼠。[53]换句话说，它们学不会识别出其他老鼠。催产素还让草原田鼠学会特别喜欢某一个异性伴侣，然后和它形成专一的配对关系。[54]

催产素在人类中确实被发现能够提升所谓的社会强化学习，[55]也就是帮助我们在社交中学习哪些行为会得到奖励，哪些行为是不被鼓励的。比如，当别人对我们微笑时，我们会学着多做这样的社交互动；而当别人对我们皱眉时，我们就会学着避免这样的行为。我们作为父母，总倾向认为我们能够掌控与孩子之间的互动，但实际上，我们的育儿行为是由孩子对我们的正面和负面反馈塑造的，这种塑造从他们还是婴儿时就开始了。我们倾向于重复那些能让孩子开心大笑的行为，同时避免那些让孩子哭泣的行为，并寻找能让孩子停止哭泣的方法。孩子们通过微笑和哭泣教会我们如何成为父母。这个过程对于新手父母来说很不易，他们需要快速掌握很多新知识和新技能，因为没有人一开始就本能地知道如何做好每件事。在许多灵长类动物中，头胎幼崽的存活率比随后的幼崽要低，[56] 这可能是因为母亲从第一次尝试中才能学会如何在下一次成为更好的母亲。甚至在人类中也有证据表明，头胎婴儿有更高的死亡风险，这可能与父母在育儿经验上的学习过程有关。[57] 我们可以认为，催产素促进了学习如何成为好父母的过程。

催产素与伴侣联属

在像棕色田鼠这样的双亲共同抚养的动物中，成年的雄性和雌性会一起照顾后代。雄性无法独自完成繁殖，它们的繁殖成功得依靠雌性伴侣，雌性也一样。所以，形成稳定的伴侣联属关系对雄性的繁殖成功特别重要。在哺乳动物中，双亲共同抚养后代与形成稳定的伴侣联属关系或者单配偶制之间有很强的关联。[58] 在这里，催产素似乎扮演了双重角色。也就是说，它不仅支持亲子之间的关系，也支持成年雄性和雌性之间的伴侣联属。

草原田鼠是伴侣联属研究中被研究得最广泛的一个物种。当科学家将一只雄性和一只雌性草原田鼠置于同一笼中 24 小时并允许它们交配后，它们会对特定的异性伴侣产生持久的偏好，而非选择其他的异性伴侣。后续，研究者给予它们选择与原伴侣或新异性伴侣相处的机会，它们倾向于选择前者，这便是所谓的伴侣联属。在交配行为的影响下，伴侣联属的形成过程会加速。交配过程中，催产素被刺激释放。1994 年，生物学家苏·卡特（Sue Carter）及其同事证实，向雌性草原田鼠大脑中注入催产素能够促使它们形成伴侣联属关系。[59] 最新研究还发现，催产素在雄性草原田鼠的伴侣联属过程中也扮演着角色。这一点之所以被确认，是因为当雄性草原田鼠被给予阻断大脑中催产素受体的药物时，它们的伴侣联属过程会遭到破坏。相反，促进大脑中催产素释放的药物能够帮助雄性草原田鼠形成伴侣联属关系，即便在没有交配的情况下也是如此。此外，那些天生拥有较多催产素受体的雄性草原田鼠更易于形成伴侣联属关系，而实验性增加特定大脑区域的催产素受体数量（技术上在动物身上已可行）也能增进伴侣联属关系的形成。[60] 您可能正在思考："是否有些人因为催产素受体不足而难以形成伴侣联属关系？或者，是否有可能增加伴侣的催产素受体数量？"我们将在后续讨论这些问题。

除了催产素，交配还会促使大脑释放多巴胺，这种神经递质是包括人类在内的动物在交配后获得奖赏感的原因。正如我的同事、全球知名的催产素研究专家之一拉里·杨（Larry Young）所述，多巴胺是动物交配后感到"哇！"的原因。催产素可能将这种美妙的感觉与特定雌性伴侣的身份联系起来。杨解释说，催产素将交配后的反应从单纯的"哇！"转变为"哇！那是谁？"。雄性记住了与交配奖赏相关联的具体雌性，它本身成了一个奖赏刺激，从而形成了伴侣联属关系。由于本书聚焦于父性行为，我将专注于雄性的伴侣联属关系，但催产素和多巴胺在雌性草原田鼠的伴侣联属关系中确实起着关键作用。[61]

有证据显示，催产素可能与人类的伴侣联属有关。新恋人的催产素水平比单身的人要高，而且催产素水平较高的伴侣更可能维持彼此的关系。此外，催产素水平较高的伴侣在相处中表现出更多的互惠性互动，这包括积极的情感表达和亲密的肢体接触等行为。[62] 无论是男性还是女性，催产素水平较高的人报告的亲密关系质量也更好。[63]

更有力的证据来自实验研究。其中一项关键研究表明，对男性进行鼻喷催产素介入可以让他们认为自己的女性伴侣更具吸引力。此外，通过功能性大脑成像技术，研究人员发现鼻喷催产素能够加强男性在看到伴侣照片时大脑中伏隔核区域的神经活动。[64] 你可以将伏隔核看作大脑中的奖励中心，因此催产素可能增加了这些男性在看到伴侣时所感受到的愉悦感。伏隔核也是多巴胺和催产素相互作用以支持草原田鼠形成伴侣联属关系的相同的大脑区域。

成功的伴侣关系不仅建立在吸引力和奖赏上，信任同样扮演着关键角色。在伴侣关系中，双方需要相互信任，从而保持对关系的忠诚和致力于共同抚养后代。当然，信任在某些情况下可能遭遇背叛，而催产素或许能够帮助人们承担信任所带来的风险。一项被广泛引用的研究发现，鼻喷催产素介入可以增加人们在经济游戏中的信任行为。在这个被称为"信任游戏"的实验中，玩家A会得到一笔钱，并可以选择将部分资金转给玩家B，转移的资金会增值三倍。然后玩家B可以选择返还给玩家A一部分资金、全部返还或不返还任何资金。当玩家A接受了鼻喷催产素后，他们更倾向于将所有资金转给玩家B，这可能是基于对玩家B会回报的预期。[65] 因此，催产素似乎能够增加玩家A的信任感。然而，一些不同版本的重复实验研究并没有发现催产素增加了信任感，科学家们仍在讨论这一效应的有效性。[66] 这些不一致的结果可能部分因为催产素的效果因人而异，它取决于个体的性格、依恋方式或社交技能。[67] 人类大脑中催产素受体的数量不同，因此人们对催产素的敏感度也可能有所不同，所以催产素可能只在某些人中增加了信任感。

嫉妒往往源于害怕失去心爱的人，通常被视为信任的对立面。强烈的嫉妒情绪确实有可能破坏人际关系。如果催产素能够增强信任，那么我们可以合理推测它或许也能减少嫉妒情绪。在一项研究中，研究者让男性和女性参与者想象伴侣不忠的场景，并评估他们因此产生的嫉妒感。例如，其中一个场景描述为："我的女朋友坐在她前男友的腿上，一起在他的公寓里看电视。"研究结果显示，使用鼻喷催产素能够减轻参与者对这些假设性不忠场景的嫉妒反应。[68]

催产素还可能有助于夫妻双方更顺利地解决争执。研究人员观察了夫妻就争议话题进行的对话，发现使用鼻喷催产素能够提高他们在对话中的积极交流与消极交流的比例。积极交流包括眼神接触和情感上的坦诚分享。[69] 夫妻间积极交流与消极交流的比例是预测他们关系能否长久的重要指标。因此，这些发现也支持了催产素有助于维护人类伴侣联属关系的观点。

催产素或许还能帮助夫妻抵御可能破坏关系的外界诱惑。在一项研究中，男性参与者被要求走向一位颇具魅力的女研究员，并在他们感觉舒适的距离停下。其中一些男性在实验前接受了鼻喷催产素，而其他人则接受了安慰剂喷雾。对于单身男性而言，催产素并没有影响他们与女研究员的距离。而接受了安慰剂的已婚男性和单身男性与女研究员保持了相同的距离。但是，接受了鼻喷催产素的已婚男性则与有魅力的女性保持了更远的距离。[70] 这些发现表明，催产素可能通过减少男性对其他女性表示浪漫兴趣的倾向来帮助维护夫妻关系。

总体来看，催产素可能通过多种途径帮助男性建立稳固而健康的夫妻关系：增加对伴侣的喜好和爱慕，改善与伴侣的沟通，增进信任，减少嫉妒，以及降低追求外遇的倾向（见图 4-2）。这对于父亲角色至关重要，因为牢固的夫妻关系可能有助于夫妻双方在育儿方面更有效地合作。这就引出了一个问题：如何提高个人的催产素水平？或者，什么能刺激催产素的释放？对男性而言，性行为是释放催产素的一个强有力的方式。[71] 我们都知道性对夫妻关系有益。当夫妻性生活更频繁、更满意时，关系质量也随之提高。[72] 这背后肯定有众多因素，但催产素的释放很可能是其中的一部分原因。

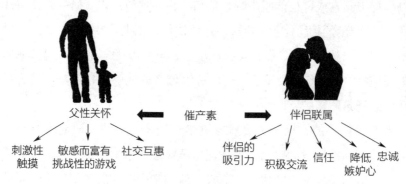

图 4-2　催产素对人类男性父性关怀和伴侣联属关系的影响

催产素信号的个体差异（遗传效应和表观遗传效应）

根据我们目前的讨论，我们可能会认为大脑中催产素信号较强的男性更可能成为好父亲和好丈夫。但是，是什么决定了一个人催产素信号的多少？为什么有些男性的催产素信号比别人多呢？催产素信号不仅取决于催产素的产生量，还取决于能够响应这些信号的催产素受体的数量。我之前提到了一些可能影响男性催产素生成的因素。比如，性行为和与婴儿的肌肤接触可以提升催产素水平。一个人早年的经历也可能影响催产素水平。比如，研究发现，童年时期遭受虐待的女性大脑中的催产素水平比没有遭受虐待的女性要低。[73] 这可能是虐待或忽视型育儿方式代代相传的一种机制。如果我的父母虐待或忽视我，我的催产素水平可能会下降，或者我的催产素受体的数量可能会减少，这反过来又会减少我以敏感的方式与自己的孩子互动。

那么，催产素受体的情况又如何呢？是什么因素决定人们拥有多少受体？科学家们通过对草原田鼠的研究，已经了解到很多影响催产素受体数量的因素，包括遗传和环境的影响。在遗传方面，我们知道草原田鼠催产素受体基因中的一个特定的单核苷酸多态性（SNP）位点强烈影响着伏隔核中的催产素受体的数量。伏隔核是大脑中的一个奖励区域，它在感知伴侣吸引力的过程中起着作用。伏隔核中的催产素受体的数量影响着雄性草原田鼠与雌性伴侣形成伴侣联属关系的容易程度。[74]

环境因素虽然无法改变你出生时携带的单核苷酸多态性，但它可以通过其他方式影响你的基因表现。简单来说，基因可以被激活或抑制。你体内的每个细胞（除了性细胞）都含有完整的基因组副本。例如，你心脏中的细胞和大脑中的细胞在外观和功能上不同，是因为这两类细胞中被激活的基因不同。当一个基因被激活，我们说它被表达了。体内的化学修饰可以影响基因的表达。一种常见的修饰是甲基化，即将甲基（一个碳原子与三个氢原子结合）附加到 DNA 上，这通常会降低基因表达。因此，我们可以通过甲基化来降低基因表达，也可以通过移除甲基来加强基因表达。事实证明，草原田鼠幼崽经历的抚育程度会影响它们的催产素受体基因的甲基化程度，以及伏隔核中催产素受体的表达。那些得到更多抚育的幼崽的伏隔核中的甲基化程度较低，催产素受体数量更多。这使它们成年后形成更牢固的伴侣联属关系，并成为更有爱心的父母。[75]

类似的证据在人类中也在不断积累。通过研究已故者大脑中催产素受体单核苷酸多态性与催产素受体表达之间的关联，我们现在知道，在人类伏隔核中有 31 种不同的单核苷酸多态性位点会影响催产素受体的数量。[76]而且，动物研究使我们预测，那些在这个大脑区域拥有更多催产素受体的人更有可能展现出牢固的伴侣联属关系和高质量的育儿行为。

现在也有证据表明，父母的抚育方式可以影响人类儿童催产素受体基因的甲基化程度，进而影响大脑中催产素受体的表达以及相关的行为。一项重要的研究测量了 5 个月大婴儿的催产素受体基因的甲基化情况，并在婴儿 18 个月大时再次测量。研究人员还记录了 5 个月大婴儿与母亲之间的自由玩耍互动情况，并发现 5 个月时高质量的母亲参与，可预测 18 个月大时婴儿催产素受体基因甲基化程度的降低。[77]因此，早期的母爱行为可能对发育中儿童的催产素信号产生持久的影响。

综合目前的研究，我们可以提出以下假设：在有爱的环境中成长的男孩往往会发展出更多的脑部催产素受体，因此他们更有可能成为优秀的丈夫和父亲。当然，这并不意味着那些早期经历不幸、催产素受体水平较低的男性就不能成为好父亲，因为人类行为是复杂的和多因素的。这只是意味着，有一个充满爱的童年环境会增加这种可能性。

加压素与父性照料

催产素和睾酮并不是影响父性照料行为的唯一激素，其他如催乳素、加压素甚至雌激素也参与其中。特别是加压素，值得我们在本章结束前进一步探讨。

加压素与催产素的分子结构非常相似，它们都由九个氨基酸组成，其中仅有两个氨基酸不同。这使它们能够与对方的受体结合，尽管效果不如与自己的受体结合那么好。在许多双亲养育的啮齿动物中，加压素能够促进父性行为。比如，在雄性草原田鼠大脑的特定区域（外侧隔）注射加压素，可以激发它们的父性行为。[78]加压素还影响另一个大脑区域（腹侧苍白球），以加强雄性草原田鼠的伴侣联属关系。[79] 在绒猴中，相比没有后代的雄性，育有后代的雄性的大脑中加压素受体的数量更多。[80]

与催产素相比，关于加压素如何影响人类父性行为的研究还不多。有研究显示，血液中加压素水平较高的父母，在与 4~6 个月大的婴儿互动时，会给予婴儿更多的激励性触摸。[81] 另一项研究发现，给准父亲们使用鼻喷加压素，可以增加他们在虚拟现实环境中关注与婴儿相关的头像的时间。[82] 然而，总体来说，我们对加压素如何影响人类父性行为还不太清楚。

正如第二章讨论的，父性行为在多种不同的哺乳动物中独立进化，包括人类。也许自然选择并不总是以相同的方式塑造父性行为，也就是说，它可能不会总用同一种生理方式，让原本不具备父性行为的物种发展出这种特征。在某些情况下，它可能主要依赖催产素系统，在其他情况下可能依赖加压素，还有些情况下可能两者都涉及。这正是为什么我们需要研究人类以阐明人类父性的生物学基础。

催产素与其他类型的社会联结

证据表面，催产素不仅加强了男女之间的伴侣联属关系，还促进了父亲与婴儿之间的联结。此外，催产素可能还涉及其他类型的社会联结，比如人与宠物狗之间的情感联结。[83] 狗似乎已经能够有效地利用这种联结关系，使人们对它们产生依恋，并愿意照顾它们。这一点在动画电影《宝贝老板》（The Boss Baby）中得到了很好体现。[84]

催产素似乎也参与了人们与社交团体其他成员之间的联结，尤其是在团体间存在竞争时。社会心理学实验表明，鼻喷催产素增加了所谓的狭隘利他主义，即只针对团体内部成员的合作。[85] 这种狭隘利他主义和团体内的联结在许多情境中都有表现，但在战争期间尤为明显。塞巴斯蒂安·荣格尔（Sebastian Junger）在他的作品《战争》（War）中描述了士兵之间非凡的紧密联系。[86] 士兵们不仅为国家而战，更多是为了彼此而战。

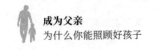

这些强烈的情感可能受到催产素的支持。

在我的实验室中，我们让男性参与者使用鼻喷催产素，然后在他们与其他男性合作时对他们的大脑活动进行成像扫描。我们发现，催产素增强了与奖赏和共情相关的大脑区域的活动。[87] 其他的证据来自我们的近亲黑猩猩。黑猩猩会进行类似战争的行为，它们在领地边界巡逻，寻找入侵者，并在有数量优势时攻击邻近社群。在这些群体间的攻击之前和期间，黑猩猩尿液中的催产素水平会上升。[88]

催产素在战争背景下如何帮助男性呢？首先，战斗可能是致命的，这种念头自然会引发焦虑。而焦虑可能会让士兵无法行动，但我们知道催产素能减少焦虑，因此它可能使士兵有足够的勇气加入战斗。其次，鉴于催产素有增加信任的潜力，它可能帮助士兵相信他们的战友会履行责任，不会退缩，会承担风险。最后，就像父母爱他们的孩子或伴侣而不能忍受看到他们受到伤害一样，催产素促进的士兵之间的联结可能有助于激励他们为彼此而战，相互保护和防御。在这个过程中，睾酮水平也在提升，这可能为战斗动力增加了一些竞争动机。

也许这些激素的变化可以帮助我们理解为什么有这么多人热爱团队运动。我在威斯康星州出生和长大，一生都是绿湾包装工队的铁杆粉丝。在秋天和冬天，我的周末心情随着这支球队的命运起伏。这真是非常不理智的。我不认识任何球员，也从未见过他们中的任何一个。他们来自美国各地，很少有威斯康星州的本地人。然而，我强烈地认同他们，并仅仅因为他们身穿绿色和金色相间的队服而感到情感上的联结。

对于那些未曾体验过的人来说，这就是成为团队运动迷的感觉：一月的一个周六晚上，在传奇的兰博球场。绿湾包装工队的四分卫掌控着比赛。他节奏感十足，像一个指挥大师一样指挥着进攻，将沉着、智慧和运动能力完美融合。球员们像水牛一样，在严寒中呼出的气息与北极的冷空气相撞，展现出不屈的斗志。绿湾包装工队在第四节遥遥领先，正走向胜利。我和他们在一起。我是绿湾包装工队的一员，感受着激动、自豪和自信交织的强烈情感。进攻线上的队员们开始施加他们的意志。你能听到在寒冷的夜晚护具破裂的声音。疲惫的防守线上出现了巨大的空档。第一次进攻推进六码。第二次再推进八码。人群欢腾。噪声震耳欲聋。你几乎能在空气中感受到文斯·隆巴迪（Vince Lombardi）的存在。我喃喃自语："别以为你们能来到这片冰冻的荒原，在我们家打败我们。"开始下雪了。一切如此完美。

我怀疑我的这种心理体验很大程度上归因于"战斗"中胜利的间接体验所引发的激素变化，包括催产素和睾酮水平的提高。

本章主要探讨了催产素对父性行为的多种影响，但对催产素作用的父母大脑回路只是简单提及。下一章将专门探讨父母们的大脑。

本章重点

1. 催产素促进了父亲与婴儿之间的亲子联结，体内催产素较多的父亲倾向于更多地与婴儿进行身体接触。
2. 催产素可以培养男性与伴侣之间牢固且健康的伴侣联属关系。
3. 有理由推测，在有爱的环境中成长的男孩会倾向于发展出更多的脑部催产素受体，因此他们更有可能成长为优秀的父亲和丈夫。

第五章
父性关怀的大脑机制

———

大概十五年前，我正在准备一门新课——人类社会神经科学——的教材。这门课会探讨所谓的"社会大脑"，也就是那些处理人类社交认知和行为的大脑回路和神经系统。我觉得本书应该包括一个关于父母行为的章节，因为除了性行为，这可能是所有哺乳动物的最为古老和基础的社会行为之一。但当我深入查阅资料时，我惊讶地发现关于母亲的研究很多，而关于父亲的研究却寥寥无几。我知道，父亲积极参与对孩子的成长至关重要，所以我很困惑，为什么这个领域研究这么少。虽然这让人失望，但对于一个研究者来说，这也是个巨大的机会。就在那时，我开始考虑将我的研究方向转向这个新领域，思考那些基于啮齿动物和人类研究的母性大脑功能模型是否也适用于人类父亲。在过去的十五年里，我和我的团队一直在这个领域深耕。其他一些研究小组也开始关注这个问题，本章总结了我们集体的进展。

2014 年，哈佛大学的科学家们做了一项惊人的实验。他们研究了一种雄性实验室小鼠，这些小鼠对幼崽有攻击性，也就是说，这些雄性会攻击并试图杀死任何放在它们面前的幼崽。然后，研究人员照射了它们大脑的某个特定区域，就像变魔术一样，这些雄性停止了攻击，反而开始通过舔舐和梳毛来照顾幼崽，这在啮齿动物中相当于拥抱和亲吻。所以，当光线照射到它们的大脑时，这些雄性从行凶者变成了充满爱心的护理者。这是怎么做到的呢？研究人员其实事前在它们大脑底部一个叫作下丘脑内侧视前区的微小区域的特定神经元群中添加了一个对光敏感的基因。这意味着光可以"激活"带有这种基因的神经元。通过激活内侧视前区中的神经元，光引起了雄性小鼠行为上的这种戏剧性转变。[1]你可以看到为什么神经科学家对这种光遗传学技术感到兴奋了。像这样的实验表明，内侧视前区在哺乳动物的父母行为中起着至关重要的作用，包括父性行为。然而，它远非参与亲代养育行为的唯一大脑结构。它嵌入在一个神经回路中，并与其他神经回路协同工作。但在我解释这些回路之前，我先提供一些关于哺乳动物大脑的背景知识，这将帮助你理解内侧视前区是什么，以及它是如何与大脑的其他部分相关联的。

人类的大脑可能是我们所知最复杂的器官。它由大约 860 亿个神经元组成，每个神经元又大约与 10000 个其他神经元相连。面对这样一个错综复杂的器官，我们该如何理解它呢？面对这样的挑战，人们很容易感到害怕，想要退缩。但是，一些简化的大脑模型可以帮助我们把握其基本的结构和功能。其中一种模型就是三重脑模型（见图 5-1）。[2]根据这个模型，

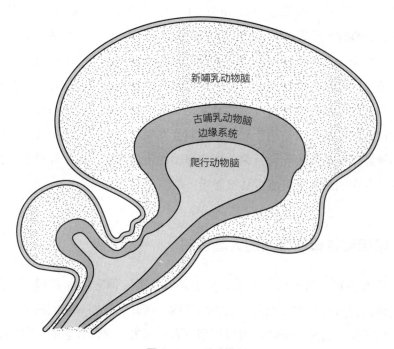

图 5-1　三重脑模型

哺乳动物的大脑由三个不同的层次组成，这些层次在演化的过程中于不同阶段发展而来。最底层被称为爬行动物脑，因为它与现存爬行动物的大脑结构相似。由于爬行动物比哺乳动物更早演化，这一层被认为是大脑最古老的部分。爬行动物脑负责那些非常固定、本能的行为。例如，雄性刺鱼在看到其他腹部呈红色的雄性刺鱼时会发起攻击，腹部的红色成了触发攻击的信号。哪怕是一个下端涂了红色的无生命物体，雄性刺鱼也会去攻击。鱼类和爬行动物有很多这种行为。它们的行为模式非常刻板，缺乏灵活性。

爬行动物脑位于大脑的核心位置，其他两层围绕着它。紧挨着它的是古哺乳动物脑，也叫作边缘系统，它负责情感的感知和表达，大约在 2 亿年前随着最早的哺乳动物演化而发展。最外层是新哺乳动物脑，它包裹着古哺乳动物脑，随着 6500 万年前恐龙灭绝后哺乳动物的迅速演化而扩张。新哺乳动物脑负责思考和推理，同时控制着内层的活动，让我们能够有意识地抑制本能冲动和情感反应。

亲代养育行为的核心脑回路位于两个较低层次：古哺乳动物脑和爬行动物脑。我们之所以知道这一点，部分是因为一个特别的实验显示，如果切除雌性仓鼠的新哺乳动物脑，她仍然会正常表现出母性行为。但如果进一步切除该雌性仓鼠古哺乳动物脑的一部分，其母性行为就会受到影响。[3]

那么，在爬行动物脑和古哺乳动物脑中，具体控制亲代养育行为的大脑结构是什么呢？由于对母亲的研究比父亲多，我们先从母亲开始，然后探讨这些发现是否也适用于父亲。我们会发现，似乎存在一个普遍适用的大脑神经系统来负责养育行为，无论是雄性还是雌性，这个神经系统在孕期激素存在的情况下可能更易被激活。

啮齿动物母性行为的大脑机制

啮齿动物虽然不属于人类，也不是灵长类，但它们和我们一样是哺乳动物，拥有与我们相似的三层大脑结构。因此，我们对它们的大脑有着深入的了解，这得益于我们可以采用更直接的方法来研究它们。例如，我们可以通过损伤特定的大脑区域或注射化学物质来观察这些操作是否会影响它们的行为。此外，我们还可以测量特定大脑区域中特定神经化学物质的浓度，这些研究在人类身上是无法进行的。实际上，通过研究啮齿类动物，我们获得了大量关于亲代大脑功能的知识，其中很多也适用于人类。因此，花时间探讨啮齿类动物母性行为的大脑机制是非常有价值的。

我们先从古哺乳动物大脑中的一个重要结构——下丘脑内侧视前区开始。内侧视前区是一组位于大脑基部的神经元（见图 5-2）。我们知道，内侧视前区在哺乳动物的亲代行为中扮演着关键角色。如果大鼠母亲的内侧视前区受到选择性损伤，这会导致其母性行为的丧失，但不影响其他行为。我们还发现，当雌性大鼠表现出母性行为时，它们的内侧视前区中的神经元活动会增强。如果大鼠母亲面对幼崽，它们会照顾幼崽，此时可以观察到内侧视前区（以及其他大脑区域）的神经活动增加。相反，如果没有后代的雌性大鼠遇到幼崽，它们通常会避开或攻击幼崽，此时它们的内侧视前区并没有显示出活动增加。这一发现非常有意义，因为它表明只有在雌性之前接触过孕期激素的情况下，幼崽才会激活内侧视前区的神经元，进而激发母性行为。[4]

内侧视前区布满了对孕期激素敏感的感受器，这表明它是经过自然选择的"塑造"，能够监听并响应这些激素信号。例如，在大鼠怀孕晚期，雌激素水平会升高，而内侧视前区含有雌激素受体。我们认为，当雌激素与其在内侧视前区的受体结合时，内侧视前区的神经元对幼崽的反应性会增强。支持这一点的证据之一是将雌激素直接注入没有后代的雌性大鼠的内侧视前区，这些通常对幼崽不感兴趣且不会照顾它们的雌性大鼠会表现出母性行为。[5]

雌激素还对母性行为的启动有其他至关重要的作用：它促进了内侧视前区中催产素受体的生成。实际上，雌激素使内侧视前区准备好对催产素做出反应。[6]催产素在分娩过程中子宫收缩时以及哺乳期间会大量释放。我们知道催产素对母性行为至关重要，因为通过向大鼠的内侧视前区注射一种阻断催产素受体的药物（称为拮抗剂），可以干扰母性行为。[7]

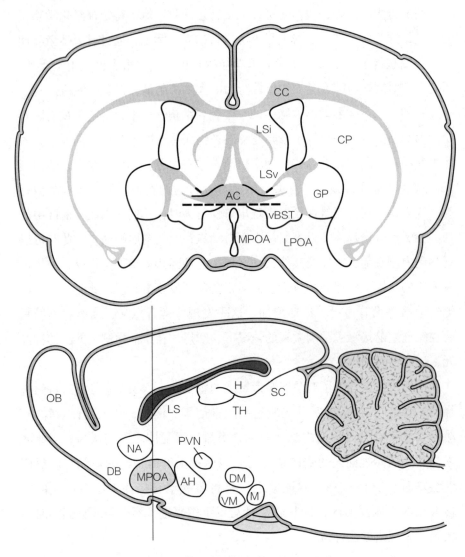

图 5-2　大鼠大脑中的内侧视前区的位置

MPOA—内侧视前区　LPOA—外侧视前区　AC—前连合　CC—胼胝体　CP—大脑脚　GP—苍白球
LSi—侧隔核　LSv—外侧间隔核腹侧　OB—嗅球　PVN—室旁核　NA—伏隔核　DB—被盖背束
AH—前下丘脑　DM—背内侧核　VM—腹内侧核　vBST—腹侧基底核　M—内侧核　TH—丘脑
H—听觉语言中枢　SC—视交叉上核

幼崽是如何激活其母亲大脑中内侧视前区的神经元的呢？在大鼠身上，有一些神经通路能够传递气味和触觉信号到内侧视前区。这意味着，幼崽的气味或吸吮乳头的触感可能触发这些内侧视前区的神经元活动——尤其是在这些神经元已经被母性激素（如雌激素和催产素）激活的情况下。[8] 此外，内侧视前区不仅在大鼠中发挥作用，它也参与了兔子、绵羊等其他动物的亲代行为。[9] 因此，我们可以推测，内侧视前区在所有哺乳动物中（包括人类），对于亲代行为的调控都扮演着核心角色。

内侧视前区并不是孤军奋战地完成育儿任务，它还会召集其他大脑结构来协同工作，共同调节亲代行为。其中最关键的是一个在爬行动物脑中发现的神经系统，这个神经系统依赖于神经递质多巴胺。多巴胺与奖励和动机密切相关，它让我们对食物、性甚至美丽的面孔产生渴望。但更重要的是，多巴胺与追求奖励的动机有关，即那种"想要"某物的冲动，而仅仅是"喜欢"它。[10] 亲代关怀需要这种动机，而多巴胺正是提供这种动机的关键。多巴胺在所谓的中脑边缘多巴胺系统中产生，这是爬行动物脑的一部分。这个系统有两个关键节点：一个是腹侧被盖区（VTA），作为该神经系统的起点；另一个是伏隔核，作为该神经系统的终点，也是多巴胺释放的地方。内侧视前区能够与中脑边缘多巴胺系统相连，内侧视前区中的神经元会向腹侧被盖区中的多巴胺神经元发送信号。[11] 研究人员通过测量伏隔核中的多巴胺释放量发现，当雌性大鼠表现出母性行为时，伏隔核中的多巴胺水平会上升。我们了解到这种多巴胺对母性行为至关重要，因为阻断多巴胺受体，即阻止多巴胺信号的传递，会干扰母性行为。损害腹侧被盖区中的多巴胺神经元同样会干扰母性行为，因此我们知道中脑边缘多巴胺系统对大鼠的母性行为非常重要。[12]

多巴胺在药物成瘾中也扮演着重要角色。[13] 我的岳父过去常开玩笑说，他的妻子——也就是我孩子们的祖母——对我们的孩子"上瘾"。他们住在离我们大约十五分钟车程的地方，尤其是当我们的孩子还是婴儿时，我的岳母必须经常来看他们，哪怕只是几分钟，从而满足她对孩子们的渴望。多巴胺也与对食物的渴望有关。[14] 我们的一个朋友非常喜欢孩子，

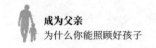

曾热情地同意帮我们照看孩子，他说："我迫不及待地想要'吞噬'他们。"在给我妈妈发送了我女儿的照片后，她也说："她看起来美味得让人想'吃掉'！"这些例子显示，中脑边缘多巴胺系统作为亲代行为的核心神经系统，既牵涉到成瘾，也牵涉到对食物的渴望，这种联系很可能不是巧合。

在第四章，我们讨论了催产素在亲代关怀中的关键作用。因此，我们有理由推测，作为亲代行为中枢的下丘脑内侧视前区，会与催产素系统有联系。实际上，催产素和多巴胺像一对合作无间的"分子父母"，共同促进亲代动机。内侧视前区的神经元延伸至下丘脑的一个特定区域——室旁核（PVN），这里是催产素的产生地。[15]室旁核产生的催产素能够与内侧视前区中的催产素受体结合，进而激活中脑边缘多巴胺系统，以便增强亲代动机。催产素有助于刺激多巴胺的释放，从而响应幼崽的行为。在第四章中，我提到了在内侧视前区拥有更多催产素受体的大鼠母亲对幼崽更加亲昵（例如，它们更频繁地舔舐幼崽、为它们梳毛）。这可能是因为它们更强烈地刺激了多巴胺的释放。然而，催产素和多巴胺之间的协同作用不仅限于催产素促进多巴胺的释放。催产素还增强了多巴胺的效果，使大脑对已经释放的多巴胺更加敏感和反应灵敏。这种情况发生的原因是催产素和多巴胺受体相互结合，形成了所谓的异二聚体，它能帮助多巴胺更紧密地与自己的受体结合，从而增强了多巴胺的信号传递，让大脑对多巴胺的反应更敏感。[16]

室旁核中的催产素神经元还有另一个重要功能：它们向后脑垂体传递信号，从那里将催产素释放到血液中，催产素随后通过血液被带到乳腺，刺激乳汁在哺乳时排出。

内侧视前区的主要任务之一是激活中脑边缘多巴胺系统，让母鼠觉得照顾幼崽是一种奖赏，从而产生照顾它们的愿望。但这还不够，内侧视前区还必须协调特定的母性行为，如舔舐、梳毛和哺乳，这是通过与其他大脑区域的连接实现的，我们这里就不深入探讨了。

母鼠还需要在幼崽面临捕食者或其他敌对成年大鼠的威胁时保护它们，这需要勇气。催产素在这方面也发挥作用，它能抑制大脑中一个关键的古哺乳动物脑区域——杏仁核的活动。[17]杏仁核负责检测威胁，而焦虑症患者的杏仁核活动过度，对威胁过于敏感。催产素通过降低杏仁核对威胁的敏感性，阻止母鼠在面对危险时僵住或逃跑。同时，内侧视前区向另一个下丘脑区域——腹内侧核传递信号，使母鼠能够勇敢地保护幼崽。[18]

请记住，在成为母亲之前，雌性大鼠通常会对幼崽产生厌恶感，它们会攻击或避开幼崽。这种状态在哺乳动物中很常见，实际上有一个"后代回避"的大脑回路支持这种反哺育行为。在成为母亲之前，雌性大鼠不喜欢幼崽的气味，这种气味由大脑的嗅球处理，然后信息传递到杏仁核，杏仁核参与处理威胁性刺激。内侧视前区传递信号到这个"后代回避"的回路，可以抑制该回路，从而帮助母性行为在分娩后出现。此外，催产素受体遍布整个"后代回避"的回路，这使催产素可以减弱这一回路的活动，从而支持母性行为。[19]

人类母性行为的大脑机制

我们能否将从母鼠大脑中获得的知识应用到人类母亲身上呢？正如我之前提到的，与我们在啮齿动物身上能做的相比，我们研究人类亲代大脑功能的能力相当有限。例如，我们显然不会在人类身上损伤像内侧视前区这样的大脑区域，然后观察这对育儿行为的影响。我们也不能将多巴胺或催产素，或者它们的拮抗剂，注入特定的人类大脑区域。我们也不能通过光遗传学激活特定的神经群并观察行为后果。我们甚至看不到父母在照顾孩子时哪些神经元是活跃的。我们研究人类亲代大脑的唯一工具是非侵入性技术，这些技术允许我们在整个大脑内进行成像探测活动，而探测到的每个"立体像素"内包含大约100万个神经元。此外，人们不能在我们对他们的大脑活动进行成像时发生身体移动。人们必须躺在大脑扫描仪内保持静止。我们最多能做的事情就是当人们躺在扫描仪中时向他们展示来自他们孩子的刺激，从而观察他们大脑的哪些区域变得活跃。

最受欢迎的人类大脑成像技术是功能性磁共振成像（fMRI），它使用强大的磁铁来测量由于神经活动增加而导致的大脑血流变化（见图5-3）。

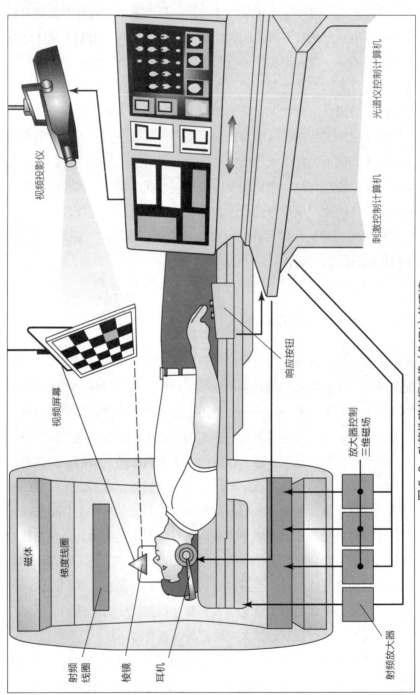

图 5-3 功能性磁共振成像（fMRI）的环境

光谱仪控制计算机

刺激控制计算机

视频投影仪

视频屏幕

响应按钮

放大器控制
三维磁场

射频放大器

磁体

梯度线圈

射频线圈

棱镜

耳机

160

在一个巧妙的 fMRI 研究中，研究人员将婴儿照片合成处理，使其具有更多或更少的婴儿身体特征，从而使它们对成年人具有吸引力。基本上来说，研究人员将婴儿照片合成得更可爱或更不可爱。他们要求女性（非母亲）评估她们对每个看到的婴儿的照顾动机。结果发现，女性报告说她们更感兴趣去照顾那些具有更多婴儿身体特征（即更可爱）的婴儿。研究人员还使用 fMRI 测量了这些女性的大脑活动，并发现随着婴儿身体特征的数量增加（可爱程度增加），女性的伏隔核区域显示出更高的激活程度。[20]也就是说，啮齿动物中与亲代动机相关的大脑区域，同样在我们人类中发挥着相似作用，它参与追踪婴儿的可爱程度以及女性照顾婴儿的动机。因此，可爱的婴儿能够深入成人大脑并激活他们的奖励和动机神经系统，使成人愿意照顾他们。多么巧妙的技巧。[21]

这项研究值得注意的一个事实是，它涉及的是非母亲身份的女性，她们观察的是陌生孩子的照片。这表明，婴儿不仅能够吸引他们的母亲来照顾他们，他们的魅力还可能影响其他人。在需要合作抚养后代的物种中，这可能是一个关键的适应性特征，特别是在我们这样的物种中，母亲在婴儿能够独立觅食之前就给他们断奶。[22]可以想象，在人类演化的过程中，可爱的婴儿能够在关键时刻从成年人那里获得宝贵的食物，帮助他们生存或保持足够的健康以抵御可能致命的病原体。

几年前的一个周末，我和我两岁的女儿米娅在社区的公共集市上玩。她和我一起坐在草地上玩耍，附近有个男人在卖看起来很好吃的百吉饼，他不时地看向我们，微笑着，显然觉得米娅很可爱。最终，他走过来给了米娅一个百吉饼。我觉得这很不错，但也注意到他没给我一个。或许是因为我看起来不像是需要的样子。但我认为米娅得到百吉饼是因为她太可爱了。他走后，我开玩笑说："干得好，米娅。你刚从一个陌生人那里免费得到了大约 100 卡路里的能量！"我不禁想到，也许这种能力曾帮助我们的一个远古祖先在旧石器时代收集了足够的能量，安全度过了童年，延续我们的血脉。

　　许多功能性磁共振成像研究已经观察了母亲的大脑中哪些区域会对看自己孩子的照片产生特别反应。一项针对新手妈妈的研究发现，当她们看到自己孩子的照片，而不是陌生婴儿的照片时，伏隔核的活动更为强烈。记住，伏隔核是大脑中负责多巴胺奖赏和动机神经系统的一部分，所以这个结果表明，母亲可能觉得自己的孩子比陌生婴儿更有吸引力，更有动力去照顾。此外，血液中催产素水平较高的母亲的伏隔核的活动也更强，这表明这些母亲可能觉得自己的孩子特别值得投入关爱，正如基于啮齿动物研究的模型所预测的那样。[23]

　　最近的一项研究测量了母亲与婴儿在家中的行为同步性，发现那些与婴儿更同步的母亲在观看婴儿视频时，伏隔核的活动更为强烈。[24] 为了与婴儿同步，母亲需要对婴儿敏感，并根据婴儿的行动线索来动态调整自己的行为。这需要动机，它很可能是由伏隔核的活动提供的。另一项引人注目的人类研究甚至直接证明了母亲在观看婴儿视频时，伏隔核中的多巴胺释放。研究使用了另一种称为正电子发射体层摄影（PET）的神经成像技术。[25] 研究人员发现，在观看自己孩子的视频时，表现出更强母婴同步性的母亲在伏隔核中释放的多巴胺更多。[26] 这些母亲血液中的催产素水平也更高。因此，催产素和多巴胺似乎在母体大脑中共同作用，帮助母亲与婴儿的行为同步。

　　脑成像研究在母亲大脑功能领域已经积累了大量数据，现在可以进行元分析，也就是综合众多相关研究的结果。虽然单一研究可能因为偶然性而出现假阳性或假阴性结果，但当众多研究结果汇总起来，我们能够看到整体的规律，偶然性的影响就会减少。一项元分析比较了母亲大脑对观看自己孩子与陌生孩子照片的反应，确定了腹侧被盖区是多巴胺系统中始终被激活的区域之一。[27] 其他研究让母亲在功能性磁共振扫描仪中听取婴儿哭泣，进而对母亲的大脑活动进行成像。这些研究中有许多也报告了腹侧被盖区的活动。[28] 尽管我们中的许多人可能不觉得婴儿的哭泣是愉悦的，但它们肯定是能引起动机的："我需要做什么才能让这停止？"或者，更有同情心地说："我怎样才能减轻我的孩子的痛苦？"考虑到中脑边缘多巴胺系统在动机中的作用，它被婴儿哭泣所激活当然是有道理的。

来自产后抑郁母亲的功能性磁共振成像研究进一步证实了中脑边缘多巴胺系统在母性动机中的作用。患有产后抑郁症的母亲往往体验不到快乐，同时伴随着母性动机的减退。我们知道，由于母亲敏感性和响应性的降低，她们的婴儿可能会因此受到影响。患有产后抑郁症的母亲在观看婴儿照片或听到婴儿哭泣时，已被发现在中脑边缘多巴胺系统中表现出活动减少。[29]

还有一些初步证据表明，催产素与中脑边缘多巴胺系统在人类中也会产生交互作用，就像在大鼠中一样。一项研究让母亲自我给予鼻喷催产素，并发现它可以增强她们看哭泣婴儿照片时腹侧被盖区的反应。[30] 催产素被认为可以抑制通过杏仁核运行的"亲代回避"回路，进而减少对婴儿的厌恶感。研究结果也确实发现通过鼻腔给予催产素可以减少女性对婴儿哭泣的杏仁核反应，从而减少了对哭泣婴儿的焦虑和厌恶感。[31]

因此，就像在大鼠中一样，人类母性的大脑功能似乎依赖于中脑边缘多巴胺系统来激发照顾动机（见图 5-4 中的浅灰色标示）。但良好的育儿不仅仅依赖于动机。父母还必须能够理解他们的孩子需要什么，这需要共情能力。大量研究已经调查了人类大脑中涉及共情的区域，至少确定了三个不同的神经系统，它们影响着共情的不同方面。

第一个共情神经系统涉及感受他人感受的能力，这被称为情感共情。比如，看到宝宝痛苦的表情和哭泣，你也会感同身受。这种感觉提醒你，他可能需要你去关心和回应。就像我看到我六岁的女儿因为我责备她而变得难过，她的嘴唇慢慢撅起，开始颤抖，尽管她努力不哭，但最后还是忍不住抽泣起来，我的心都碎了，这就是情感共情在起作用。情感共情涉及古哺乳动物脑中的两个区域：前扣带回皮质和前脑岛（见图 5-4 中的斜线灰条纹标示）。

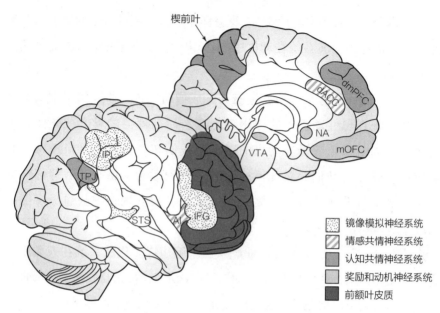

图 5-4　参与人类亲代行为的神经系统

VTA—腹侧被盖区　NA—伏隔核　mOFC—内侧眶额皮质　AI—前脑岛　dACC—背侧前扣带回皮质
IFG—额下回　IPL—顶下小叶　STS—颞上沟　dmPFC—背侧前额叶皮质　TPJ—颞顶联合区

　　第二和第三个共情神经系统是新哺乳动物脑的一部分。第二个系统是镜像模拟神经系统，里面包含了一种特殊的神经元，叫作"镜像神经元"。这些神经元在我们自己做动作或者看到别人做同样的动作时都会活跃。镜像神经元是意大利神经科学家在研究猴子抓握动作时意外发现的。他们发现，当猴子伸手拿花生时，这些神经元的活动会增加；更令人惊讶的是，当实验者伸手拿花生时，猴子大脑中的这些神经元也会有反应。因此，这些神经元被称为"镜像神经元"。它们主要存在于大脑皮层的两个区域：额下回和顶叶下回（见图 5-4 中的黑白点标示）。镜像神经元在动作的发出者和接收者之间建立了一种自然的联系，它们使得接收者能够通过在大脑中模拟这个动作来更好地理解发出者的行为。[32] 比如，当宝宝对你微笑时，你能够在大脑中模拟这个微笑，感受到微笑背后的情感。

　　第三个共情神经系统是认知共情，也称为心理理论，就是理解别人在想什么、感受什么以及为什么会这样想的能力。比如，我觉得宝宝哭是因为她今天没午睡，累了，或者饿了，或者想要人抱。这种共情由新哺乳动物脑的多个区域影响，包括背侧前额叶皮质、颞顶联合区和楔前叶（见图 5-4 中的中灰色）。

功能性磁共振成像的研究揭示，当母亲接触到自己婴儿的相关刺激时，会触发三个关键的神经网络——情感共情、镜像模拟和心理理论。同时，研究也发现，共情能力较强的母亲更能激活这些神经系统。具体来说，一项研究发现，那些表示自己对婴儿有较强共情能力的母亲，在观看婴儿表达情绪的图片时，她们的前脑岛区域活动更为显著。

功能性磁共振成像研究表明，母亲在面对婴儿的刺激时会激活这三个神经系统——情感共情、镜像模拟和认知共情。还有证据表明，更具共情心的母亲在激活这些神经系统时程度更大。例如，一项研究表明，那些报告对婴儿更具共情心的母亲在观看婴儿展示情感表情的图片时，前脑岛的活动更为强烈。[33]

最后，在人类母性行为中，前额叶皮质扮演着一个关键角色（见图 5-4 中的深灰色）。这个区域在我们进行决策和规划等高级认知活动时非常重要，同时也参与控制我们的情绪和冲动。当婴儿持续哭泣或尖叫，尤其是在父母已经筋疲力尽、睡眠不足的情况下，前额叶皮质的作用尤为重要。它帮助父母在这些极具挑战性的时刻保持冷静。一项研究观察了母亲与婴儿的互动，并在她们听婴儿哭泣时对母亲的大脑活动进行成像。研究表明，那些在与婴儿互动时表现出更高敏感性的母亲，在听到婴儿哭泣时前额叶皮质的活动更为活跃。这些母亲在与婴儿短暂分离时，应激激素水平也较低。[34]这些发现表明，能够激活前额叶皮质的母亲在应对婴儿哭泣时能保持冷静，从而为婴儿提供更敏感的照顾。

到目前为止，我们只讨论了人类母性行为的大脑机制。这些模型是否也适用于父亲呢？

啮齿动物父性行为的大脑机制

在啮齿动物中，雄性个体的父性行为与大脑内侧视前区的活性密切相关。通常情况下，雄性大鼠会避免与幼崽接触。但当它们被迫与幼崽共处数日时，它们会逐渐适应幼崽的气味，减少对幼崽的排斥感，最终表现出父性行为，如舔舐、梳毛以及将幼崽带回巢穴等。然而，若选择性破坏雄性大鼠的内侧视前区，则会导致它们在父性行为表现上的缺陷。[35] 相反，将雌激素——一种主要的雌性性激素——植入雄性大鼠的内侧视前区，则会加速它们父性行为的出现。[36]

在那些雄性个体天生具有照顾幼崽习性的物种中（如加利福尼亚鼠），内侧视前区是否参与父性行为的调控呢？答案是肯定的。雄性加利福尼亚鼠在接触幼崽后，其内侧视前区中的神经元活动会增强，而内侧视前区的损伤则会破坏它们的父性行为。[37] 此外，父性行为也会因伏隔核的损伤而受影响，伏隔核是中脑边缘多巴胺神经元的关键区域，在雌性大鼠中与母性动机相关。[38] 因此，很可能是相同的神经回路控制着啮齿动物中父母照料后代的动机。这一结论得到了实验室小鼠研究的进一步支持，在这些研究中，特定的内侧视前区神经元与父性行为有因果关系。当雄性展现父性行为时，这些神经元变得活跃；当这些神经元受损时，父性行为终止；而当这些神经元受到光遗传学刺激时，原本杀婴的雄性会出现更多父性行为。[39]

其他一些研究揭示了成为父亲对雄性啮齿动物大脑的影响。棕色田鼠（见图 5-5）父亲表现出卓越的父性行为，这种父性行为伴随着大脑的显著变化。成为父亲后，雄性棕色田鼠大脑中的催产素受体在内侧视前区和伏隔核中增加。[40] 同时下丘脑产生催产素的神经元数量也有所上升。此外，伏隔核中的多巴胺受体数量也有所增加。[41] 这可能意味着棕色田鼠父亲在大脑中产生和释放更多的催产素，它对父性动机相关的大脑回路产生更大的影响，即促进了多巴胺的释放和结合，从而增强了父性行为。

图 5-5　棕色田鼠的雄性、雌性和幼崽

　　在另一种共同养育后代的物种加利福尼亚鼠中（见图 5-6），当雄性成为父亲时，也可观察到其大脑内显著的神经变化。如第三章所述，加利福尼亚鼠的父性行为依赖于内侧视前区内雌激素与其受体的结合，而这种雌激素实际上是由睾酮衍生的。睾酮是雌激素的前体，而芳香化酶是将睾酮转化为雌激素的关键酶。加利福尼亚鼠成为父亲时，内侧视前区内的芳香化酶水平显著提升，这促进了睾酮向雌激素的转化，并触发了父性行为。[42]

　　人们在加利福尼亚鼠父亲的海马体中也观察到了一些有趣的变化。成年大脑中的大多数神经元在个体出生时就已经存在，但少数是在成年阶段形成的，海马体是大脑中参与神经发生这一过程最多的区域。海马体参与学习和新记忆的形成，因此，这里产生新的神经元是有意义的。值得注意的是，当加利福尼亚鼠成为父亲时，它们的海马体开始产生更多的神经

图 5-6　加利福尼亚鼠的雄性和幼崽

注：此图片经 Kelly Lambert 博士许可转载，https://www.kellylambertlab.com/research。

元，仿佛是在为雄性学习如何成为好父亲做准备。除了海马体神经元数量的增加，这些海马体神经元还经历了形态上的变化——它们的神经"树突"变得更密集，这使它们能够从其他神经元那里接收更多的信息。[43] 这些海马体的变化可能有助于雄性适应父亲的新角色。一项研究表明，新手加利福尼亚鼠父亲在实验室任务中的表现优于没有后代的雄性加利福尼亚鼠，这项任务旨在测量它们的觅食能力。[44] 为什么新手父亲需要高效的觅食能力？也许这使它们能够减少离开巢穴的时间，使它们有空余时间来为幼崽提供温暖和保护。

　　人们在新手实验室小鼠父亲中也观察到了神经发生的增加，不仅在海马体中，也在嗅球中。与幼崽的互动触发了这种神经发生，嗅球神经元的增加使实验室小鼠父亲能够学会识别幼崽的气味。[45]

在更接近我们的灵长类动物亲缘中，狨猴父亲也经历了一些值得注意的神经生物学变化。神经肽加压素与催产素非常相似，在某些物种的父性行为中起作用。与没有后代的雄性相比，狨猴父亲在其前额皮质中拥有更多的加压素受体，这表明它们可能在这一大脑区域对加压素的影响更为敏感。[46]

人类父性行为的大脑机制

在过去的十五年中，我的实验室一直致力于男性父性行为大脑机制的研究，旨在探索基于非人类动物和人类母亲研究的养育后代的大脑功能模型是否同样适用于人类父亲。

在初步研究阶段，我们招募了 70 位有 1 岁或 2 岁幼儿的父亲，并对他们在观看孩子照片时的大脑反应进行了成像。同时，我们也要求孩子的妈妈（父亲的伴侣）完成关于父亲育儿行为的问卷调查。研究发现，当父亲们看到他们孩子的照片时，他们的大脑中与奖励和动机相关的区域（腹侧被盖区）、与情感共情相关的区域（丘脑和扣带回皮质）以及与认知共情相关的区域（背侧前额叶皮质）都被激活。整体激活模式与前述人类母亲的模式大致相似。尤为重要的是，腹侧被盖区的激活程度与母亲报告的父亲参与照顾幼儿的程度呈正相关。也就是说，如果父亲更多地参与到给孩子洗澡、喂食、换尿布等活动中，他们在观看自己孩子照片时腹侧被盖区的激活也更为强烈。[47]这一点值得注意，因为腹侧被盖区是中脑边缘多巴胺系统的一部分。这表明，如果父亲发现孩子的外貌更有奖励性，他们可能会更多地参与照顾孩子。或者，这可能意味着随着父亲更多地参与育儿并因此与孩子建立更深的联系，孩子对他们来说成了更有奖励性或激励性的刺激。无论如何，这与中脑边缘多巴胺系统影响人类父母育儿动机的观念非常吻合，无论是母亲还是父亲。

催产素似乎也能促进父亲与婴儿之间的联结。有关啮齿动物的研究表明，它在中脑边缘多巴胺系统中起作用，增加伏隔核中多巴胺的释放量。

我们想要探究这是否是催产素促进男性父性行为的机制。因此，在后续的研究中，我们让父亲们使用鼻喷催产素，以便观察它是否会改变他们观看幼儿照片时的神经反应。结果发现，催产素确实强化了父亲们三个不同大脑区域的激活。第一个是尾状核，它位于伏隔核上方，伏隔核是中脑边缘多巴胺系统的一部分。尾状核不是中脑边缘多巴胺系统的一部分，但它确实从另一个与奖励和动机有关的中脑区域——黑质接收传递过来的多巴胺。因此，尾状核的激活可能意味着催产素使孩子对父亲来说更有奖励性。催产素还强化了前扣带回皮质的激活，这是情感共情神经系统的一部分。最后，催产素强化了视觉皮层的激活，这通常在参与者更专注于视觉刺激时发生。[48] 因此，催产素可能会加强父性共情，并使父亲视孩子为一个更显著和更有奖励性的刺激。

其他研究团队的研究成果也指出，尾状核与人类的父性大脑功能存在关联。一项研究显示，父亲在观看自己孩子的视频时，尾状核的活动更为显著，而在观看不熟悉的孩子的视频时则尾状核的活动较弱。[49] 另一项研究对父亲在听自己的新生儿哭泣时的大脑活动进行了成像，发现那些尾状核活动更强烈的男性对成为父亲持有更积极的想法。[50] 因此，至少在人类中，我们可能需要将尾状核纳入到父性大脑机制的模型中，视其为父母奖励和动机神经系统的一部分。

除了尾状核和伏隔核，内侧眶额皮质也是一个重要的区域，它是中脑多巴胺神经元的主要靶点。内侧眶额皮质位于大脑的新哺乳动物脑部分，具体位置在眼眶上方、前额叶的下侧。与其他中脑边缘多巴胺系统的组成部分一样，它对多种奖励刺激都有一致的激活反应。[51] 我们的研究显示，父亲在观看不熟悉的幼儿的照片时，这一区域的活动比还未成为父亲的男性更强烈，这表明父亲可能认为这些孩子更具奖励性。[52] 另一项针对父亲的研究发现，内侧眶额皮质区域在父亲看自己孩子的照片时的反应比看不熟悉孩子的照片时的反应更强烈，这与预期相符，即自己的孩子对父亲来说更具奖励性。[53] 在我们的实验室中，我们还比较了父亲观看女儿和儿子幼儿时期照片时的神经反应。有趣的是，父亲们的内侧眶额皮质区域对女儿微笑的照片的反应比对儿子微笑的照片的反应更强烈。[54] 有证据表明，女孩和女性比男孩和男性更倾向于微笑，将这与我们的神经成像结果相结合，也许可以提出一个有趣的假设：父母可能因为发现微笑更具奖励性，从而更强烈地强化女孩的微笑，这种强化导致他们的女儿微笑得更多。[55]

我们可以将儿童视为经由演化设计来激活父母大脑回路的存在，使成年人产生照顾他们的愿望。其中一个有效的激活方式是儿童的可爱外表，但这并非他们唯一的策略。婴儿还通过哭泣来塑造父母的行为。他们持续哭泣，直至我们找到满足其需求的方法，随后他们会停止哭泣，从而强化我们解决问题的任何行为。我们的实验室还研究了父亲大脑对婴儿哭泣声的反应。我们对这一问题特别感兴趣，原因是既明显又重要的。尽管婴儿的哭泣通常能有效塑造父母的行为，但它也是婴儿虐待的一个已知触发因素，在这类情况下，父亲比母亲更可能是施虐者。[56] 因此，我们希望了解当父亲因婴儿哭泣而感到沮丧时，他们的大脑活动模式是怎样的，以便未来的研究可以寻找方法来减弱这种大脑活动模式，降低虐待的可能性。

在我们最初的研究之中，我们让父亲听新生儿的哭泣声，并发现那些报告对孩子有更多共情的父亲的前脑岛——我们的情感共情核心区域——对哭泣的反应更强烈。然而，前脑岛反应最强烈的父亲并不一定是最优秀的父亲。实际上，前脑岛激活水平适中的父亲在照顾孩子方面比激活水平更低或更高的父亲更投入，这种现象呈现出一个典型的倒 U 形。我们推测，前脑岛激活水平低的父亲可能缺乏共情，可能因冷漠而避免照顾孩子。相比之下，前脑岛激活水平高的父亲可能共情过度，即一个人因与他人共情而感到痛苦至极，以至于他们自己变得不知所措，产生无法有效提供帮助的状态。因此，也许那些共情过度的父亲避免参与具体的照顾工作，从而控制他们自己和孩子的压力水平。[57] 更广泛地说，有效的育儿可能取决于保持共情和唤醒状态的最佳水平——既不过高，也不过低。

在另一项研究中，我们利用功能性磁共振成像技术对父亲在听到婴儿的哭泣声时大脑的反应进行了成像，并要求父亲评价他们对哭泣声的厌恶程度。结果显示，对哭泣声感到更厌恶的父亲的前扣带回皮质——情感共

情神经系统的关键部分——的激活更为强烈。这一发现与过度共情可能导致父母产生过多的负面情绪，从而潜在地干扰他们对照顾孩子的敏感性的观点相一致。[58]

如前所述，有研究显示，通过鼻腔给予催产素可以减少还未成为母亲的女性在听到婴儿哭泣时的杏仁核反应，这被解释为催产素减少了对婴儿哭泣的焦虑或厌恶感。同一研究团队还研究了新晋父亲在鼻喷催产素后，对婴儿哭泣声的杏仁核反应，结果发现催产素减少了他们的杏仁核活动。[59]这些发现与啮齿动物的父性大脑功能模型相吻合，该模型假设催产素可以抑制与亲代回避相关的神经系统。

针对父母对婴儿哭泣的大脑反应的功能性磁共振成像研究通常让父母躺在磁共振扫描仪中被动地听婴儿的哭泣声。然而，这是一种不自然的情况，因为父母很少会被动地听婴儿的哭泣声。相反，他们会积极地对婴儿哭泣做出反应，试图满足婴儿的需求并使婴儿停止哭泣。因此，我们设计了一项功能性磁共振成像研究，在这项研究中，父亲必须积极尝试通过在一系列安抚选项中做出选择（例如，喂养、抱起、包裹、换尿布、使用安抚奶嘴）来安抚婴儿，然后以视频游戏的形式实施这一选择。当父亲选择并实施了正确的安抚选项时，婴儿就会停止哭泣。与被动倾听相比，积极回应婴儿哭泣激活了与奖励和动机（腹侧被盖区、伏隔核和尾状核）、情感共情（前脑岛和前扣带回皮质）以及镜像模拟（额下回）相关的大脑区域。在每次任务后，父亲还被要求报告他们的挫败感水平。那些在积极回应婴儿哭泣时感到更挫败的人，他们的前额叶皮质活动较少。我注意到前额叶皮质参与情绪调节和冲动控制，与婴儿有更敏感互动的母亲的前额叶皮质更活跃。我们的结果表明，父亲可能需要利用他们的前额叶皮质来避免在照顾哭泣的婴儿时变得过于沮丧。[60]

除了我们自己的研究小组，还有其他研究团队也进行了一些重要的研究工作，这些研究深化了我们对人类父亲大脑功能的理解。一个以色列的研究小组进行了一项关键的功能性磁共振成像研究，该研究直接比较了主要照顾者母亲、次要照顾者父亲以及主要照顾者父亲的大脑功能。研究中，当这些父母观看他们的孩子的视频时，研究小组对他们的大脑活动进行了成像。在对视频的反应中，三组父母所激活的大脑区域展现出了显著的相似性。例如，三组父母都激活了与奖励和动机（腹侧被盖区和内侧眶额皮质）、情感共情（前脑岛）以及镜像模拟（额下回）相关的脑区。然而，这些组别之间也存在一些值得注意的差异。主要照顾者母亲的杏仁核激活程度是次要照顾者父亲的四倍。[61] 这一发现可能初看令人困惑，因为正如我之前提到的，杏仁核是涉及回避后代动机的神经回路的一部分。但需要注意的是，杏仁核包含多个亚核，具有不同的功能。虽然回避路径穿过内侧杏仁核，但基底外侧杏仁核被认为是嗅觉、触觉和听觉刺激可以到达内侧视前区的路径。因此，尽管研究人员无法将他们的杏仁核激活精确定位到特定的亚核，但他们可能检测到的是来自基底外侧亚核的激活。[62]

有趣的是，次要照顾者父亲大脑皮层的颞上沟区域的活跃度高于主要照顾者母亲，该区域涉及对身体运动的视觉处理，并与镜像神经元系统相连。这种激活的一种可能解释是，次要照顾者父亲可能对孩子的动作更加关注。实际上，另一项独立研究观察到颞上沟的激活与父亲和婴儿的同步性程度相关。[63] 那些更密切追踪和响应婴儿动作的父亲，其颞上沟的激活程度更高。

那么，主要照顾者父亲的情况又如何呢？值得注意的是，他们不仅展现出了与主要照顾者母亲类似的杏仁核激活，还表现出与次要照顾者父亲类似的颞上沟激活。[64] 这不禁让人思考，那些可能需要同时扮演传统母亲和父亲角色的单身母亲，是否也会有类似的反应。主要照顾者父亲的杏仁核活动增强尤其值得关注，因为一项有趣的荷兰研究发现，实验组的新手父亲相比控制组的新手父亲被要求抱婴儿的时间更长，他们对婴儿哭泣的杏仁核反应也更强。[65] 这可能意味着与婴儿的长时间亲密接触会调节基底外侧杏仁核，使父母对婴儿刺激的反应更敏感。

各个大脑区域并非孤立运作，而是嵌入在神经网络或回路中。神经科学家近期开始关注这些神经网络的运作方式及其对社会行为的影响。当组成神经网络的各个区域的活动彼此协调同步时，即它们在活动模式上相互一致时，神经网络可以运作得更有效。例如，在草原田鼠中，交配行为能够协调雌性中脑边缘多巴胺系统不同区域之间的活动，从而促进它们与雄性伴侣形成伴侣联属关系。[66] 另一个例子是，我们的实验室发现，鼻喷催产素能够促进男性在与他人合作时大脑中与社会行为相关的神经网络的同步激活。[67]

以色列研究小组最近开展的一项雄心勃勃的功能性磁共振成像研究考察了父母在观看自己孩子和陌生孩子视频时，涉及奖励和动机、情感共情以及认知共情功能的大脑神经网络的同步性或一致性。在父母观看自己孩子视频的过程中，这些神经网络内部的同步性得到了增强，同时这些神经网络之间的同步性也有所提升。令人惊讶的是，研究人员进一步发现，对于那些大脑神经网络同步性更好的父母，他们的孩子在学前阶段以及六岁时展现出了更好的发育结果。例如，对于情感共情和认知共情神经网络同步性更好的父母，他们的孩子在学前阶段展现出更好的情绪调节能力，这反过来又预测了孩子六岁时更好的心理健康水平（更少的抑郁倾向和更少的焦虑）。[68] 这是一个非凡的发现，如果这一发现属实，那就意味着父母对婴儿的大脑反应实际上可以预测孩子六年后的心理社会福祉。

至今为止，我们所讨论的证据显示，人类父亲的父性行为主要依赖与人类母亲相同的神经系统。与雄性啮齿动物相似，越来越多的证据表明，成为父亲实际上会改变男性的大脑结构。目前，我们尚未能够观察到人类父亲大脑中那些在啮齿动物父亲大脑中已发现的关键分子层面的变化。例如，我们还不能测量人类大脑特定区域催产素受体水平的变化。尽管如此，一旦开发出合适的放射性标记配体，并结合正电子发射体层摄影技术，我们有望在不久的将来实现这一目标。然而，目前我们能够通过非侵入性结构磁共振成像技术来描述大脑结构的宏观变化。现在，仅需大约五分钟，我们就能获得一个人整个大脑的高质量结构或解析磁共振成像结果。

一项重要的磁共振成像研究表明，女性在怀孕期间大脑皮层发生了显著变化。[69] 大脑皮层主要由灰质构成。要理解灰质的概念，需要对神经元的基本结构有所了解。神经元的一端是包含细胞核和树突的细胞体（见图 5-7），这些结构负责接收来自其他神经元的信号。神经元的另一端是轴突，它是一种类似于电缆的结构，从细胞体延伸出去，与其他神经元连接。大脑中的白质主要由这些轴突构成，而灰质则主要由细胞体和树突组成。

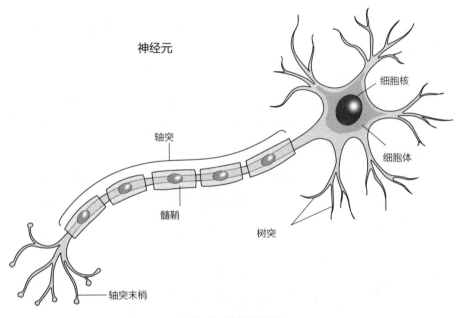

图 5-7　神经元图解

　　研究显示，随着女性怀孕进程的推进并进入产后阶段，她们大脑皮层中灰质的体积有所减小。这种减小主要集中在与认知共情或心理理论相关的大脑皮层区域。因此，一个有趣的假设是，母亲的大脑正在调整以与她的孩子产生共情。尽管人们可能会认为灰质体积的增大才更有意义，但实际上，从儿童早期发展开始，灰质体积就会逐渐减小。[70] 到了晚年，灰质体积的减小伴随着认知能力的下降，可能确实是因为神经元数量的减少。但在儿童和青少年时期，灰质体积的减小则被认为是神经连接精细化的过程，是学习的重要组成部分。实际上，大脑发育早期神经元之间的连接会大量过剩，这些连接需要被修剪以塑造成熟的神经网络。[71] 因

此，我们应该将母亲经历的灰质体积的减小视为大脑神经回路精细化的过程。[72]

除了大脑皮层，灰质体积的减小也出现在伏隔核，并且这种解剖学变化与母性大脑功能有关。研究人员使用功能性磁共振成像技术观察这些女性在看她们的孩子的照片时的大脑活动，发现那些伏隔核灰质体积减小更多的人在看到她们的孩子的照片时，伏隔核的反应更强。[73] 因此，伏隔核的结构变化可能是在调整母亲的奖励和动机神经系统，使其对孩子的反应更加灵敏。

至于灰质体积减小的原因，一个明显的因素是女性在怀孕期间经历的激素变化。然而，这项研究中的大脑扫描是在产后十周后进行的，这意味着灰质体积减小的变化也可归因于产后十周内的母婴互动。也就是说，抚养婴儿的实际经历可能是推动大脑变化的驱动力。

另一项针对男性的平行研究表明，他们在成为父亲的过程中也经历了大脑皮层灰质体积的减小，但这种减小更为细微，主要集中在认知共情神经系统内的特定大脑皮层区域——楔前叶（见图5-8）。[74]

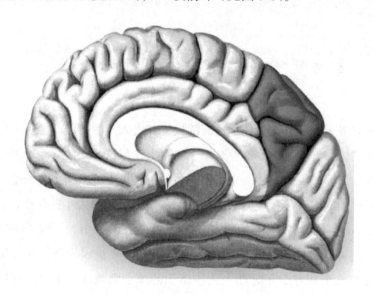

图 5-8　人脑中线图，展示了楔前叶的解剖位置

另有一项研究特别关注了产后父母大脑内灰质体积的变化，该研究在产后早期（2~4 周）和产后晚期（3~4 个月）对父母进行了大脑扫描。在母亲群体中，这项研究发现了灰质体积的广泛增大，而非灰质体积的减小，这与之前的发现相悖。因此，可能在怀孕期间，即婴儿出生之前，母亲的灰质体积减小，随后在产后出现增大。[75] 那么，产后灰质体积的增大意味着什么呢？目前尚不确定，但除了突触修剪，学习和经验可能涉及神经元新连接的形成，这可能导致灰质体积的增大。值得注意的是，在新手妈妈们中观察到的灰质体积增大包括了腹侧被盖区和下丘脑（包括内侧视前区）区域，这些是父母奖励和动机神经系统中的关键区域。[76]

在产后的同一时间段，父亲们的下丘脑也显示出灰质体积的增大。然而，与母亲不同，父亲大脑的多个区域出现了灰质体积的减小，包括楔前叶。[77] 这些父亲大脑中的变化显然不可能是由孕激素引起的，而很可能是由于成为父亲的经历所引起的激素变化，如催产素的增加和睾酮的减少；或者，这可能是由于父亲与婴儿的互动导致的。理论上，去检测激素变化更显著的男性或与婴儿互动更多的男性是否经历更大的灰质体积变化，应该能够得出正确的解释。

父性关怀对后代大脑的影响

第一章提供的证据显示，父亲的照料对于人类或那些父亲会在日常提供亲代关怀的物种的后代来说，在心理和社会发展方面均有影响。基于此，我们可以预测父亲的照料也将对后代的大脑发育产生影响。一些研究通过在实行双亲照料的啮齿动物中（如棕色田鼠和加利福尼亚鼠等）进行父性剥夺实验来评估这一可能性。在这些实验中，父亲被从窝中移出，使后代完全由母亲抚养。结果表明，父性剥夺确实对后代大脑发育的多个方面产生了影响。

在棕色田鼠中，父性剥夺减少了后代伏隔核中催产素受体基因的表达。[78] 这意味着在这一大脑区域，被剥夺父爱的后代制造催产素受体的基因活跃度降低，很可能预示着它们在该大脑区域拥有较少的催产素受体。雌性后代（而非雄性）的血液中催产素水平也较低。催产素在伏隔核中的作用是增强亲代动机，这可能解释了为什么被剥夺父爱的棕色田鼠在成年后表现出亲代关怀的减少。[79] 不仅如此，这些动物还普遍显示出缺乏与其他动物进行社会性互动的动机，这可能是由于伏隔核内催产素信号的减弱所致。[80]

八齿鼠是一种双亲共同抚养后代的啮齿动物。在这一物种中，父性剥夺与后代的前额叶皮质发育异常相关联。前额叶皮质的神经元变化反映出其与其他大脑区域的连通受到了影响。[81] 这一点尤为关键，因为前额叶皮质与杏仁核的联系在调节人类的负面情绪，包括焦虑和攻击性方面起着重要作用，这对心理健康具有重大意义。[82]

在第一章中，我强调了父亲在育儿方面的积极参与往往会让孩子展现出更优秀的情绪调节能力。这引出了一个可能性，即父亲与孩子的互动可能在塑造前额叶皮质的发育方面发挥作用，类似于八齿鼠的情况。然而，这种影响是如何发生的呢？值得注意的是，在现代发达社会中，父亲们倾向于专门从事身体类游戏，尤其是打闹的游戏。一些针对大鼠的有趣实验表明，阻止幼鼠进行嬉戏打斗会导致其前额叶皮质发育异常以及社会行为异常。缺乏嬉戏打闹的大鼠更有可能对良性的社会接触做出攻击性反应，并且在遇到占主导的雄性时，它们未能表现出顺从行为。一种特殊的神经生长因子脑源性神经营养因子（BDNF），通常在游戏期间被释放到前额叶皮质，而游戏对于前额叶皮质神经元的正常发育是必需的。[83] 因此，嬉戏可能是父亲培养孩子良好情绪调节和社交技能的途径之一。在许多高收入国家的核心家庭中，父亲通常扮演着关键角色，往往成为儿童的主要游戏伙伴。而在更为传统的人类社会中，其他儿童则是嬉戏的主要参与者，这种互动有益于儿童前额叶皮质的发育。

据我所知，尚无研究明确地探讨在缺乏父亲抚养环境下成长的儿童是否会出现前额叶皮质结构或功能的变异，尽管我们有能力进行这样的研究。即使真发现有这样的联系，那么要确定父亲缺席就是导致前额叶皮质结构或功能异常的原因仍然具有一定的挑战性，因为有许多潜在的混杂变量与之相关。无论如何，在像人类这样的合作繁殖物种中，我们可以预期，其他合作抚养者（如祖母和年长的兄弟姐妹）的积极参与可以减轻甚至消除父亲缺失所带来的许多神经生物学后果。

在这些父性剥夺实验中尚待阐明的是，所观察到的后代神经和行为上的改变究竟是因为特定父亲的缺席，还是因为亲代关怀总量的降低。换言之，这些变化可能只是因为孩子仅得到了单一父母的照顾，而不仅仅是因为缺少了父亲这一角色。最近，加州大学戴维斯分校的凯伦·贝尔斯（Karen Bales）教授和同事通过一项巧妙的实验回应了这一可能性。他们让一些草原田鼠幼崽由母亲和其姐姐共同抚养。因为草原田鼠是合作繁殖者，在自然环境中，幼鼠照顾幼崽并不罕见。实验中，由母亲和姐姐共同抚养的幼崽所接受的照顾总量与由母亲和父亲共同抚养的幼崽所接受的照顾总量相同。然而由母亲和姐姐共同抚养的幼崽在伏隔核中的催产素受体却更少，而且其中的雄性幼崽成年后在伴侣联属方面存在缺陷。[84] 这些发现表明，草原田鼠的父亲以一种与母亲或姐妹不同的、独特的方式在照顾幼崽，这对幼崽是特别有益的。尽管具体的差异还有待确定，但这种差异似乎对草原田鼠幼崽的大脑发育和行为发展都具有重要影响。正如研究者指出的，我们还不知道这一发现在多大程度上适用于其他物种，包括我们人类。

在过去的几章中，我们一直在研究与父性相关的生物学线索。下一章将转换焦点，专注于许多重要的社会和文化影响，这些影响强烈地塑造了父性行为。

本章重点

1. 母性行为和父性行为似乎都依赖于一个全面的亲代关怀神经系统。

2. 内侧视前区是大脑中一个关键的与亲代关怀相关的区域，它与催产素和中脑边缘多巴胺系统协同工作，从而支持亲代养育动机。

3. 人类母亲和父亲的亲代行为都依赖于涉及情感共情、认知共情以及镜像模拟功能的神经系统。

4. 前额叶皮质帮助父母控制他们的负面情绪，如挫败感和焦虑，使他们能够成为更好的父母。

5. 最近的研究表明，与其他动物物种类似，男性在成为父亲时会经历大脑的变化，这可能是在为他们的父亲角色做准备。

第六章
社会规范与环境影响

　　我的父亲是一位极具耐心和善良的父亲。在我童年的记忆中，我们兄弟姐妹与他一同前往威斯康星北部的湖泊垂钓。我们挤在一艘小船上，争相投竿。在那些鱼线缠绕、鱼钩卡住和鱼儿上钩的混乱场面中，父亲总能平静地逐一解决问题，让我们得以继续垂钓，享受其中的乐趣。他自己钓鱼的机会并不多。在我七八岁时，我就意识到他的行为是多么无私，他似乎更关心我们的乐趣，而非自己的乐趣。随着我们的成长，直至成年，他总是在我们需要时出现。他经常与我们一同参与体育活动，在几乎所有事务上给予我们指导。他对我的母亲也始终充满善意。因此，从小我就认为，一个父亲和丈夫应当如此，这也是我成年后建立自己家庭时追求的形象。这一切对我而言是如此清晰。

　　在第一章中，我们了解到孩子能从积极参与养育的父亲那里获得诸多益处，但父亲的参与程度在不同人类社会之间乃至同一社会内部都存在显著差异。为何有些男性在父亲角色上的投入程度超过其他人？我们应如何解释这些差异？这些差异的根源何在？解答这些问题是否能帮助我们制定策略，从而在父亲参与度不足的地区提高其参与度？

　　人类行为的复杂性在父亲参与养育问题上得到了充分体现，影响因素众多。为了系统地探讨这些影响因素，我首先探讨了男孩成长过程中有哪些发展性的影响因素会塑造他们未来作为父亲的行为。接着，我从微观层面探讨了家庭内部那些直接影响成年父亲父性行为的因素。随后，我从宏

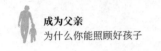
观层面探讨了更广泛的社会结构对父亲参与度的影响。最终，我分析了文化因素如何塑造父性行为。

我们将从发展性影响因素开始探讨。

父职榜样

我们是如何学会成为父亲的呢？学校并未设置相关课程，尽管或许应当有。即便存在这样的课程，课堂也无法传授所有必要的知识。大多数人通过观察自己的父亲来学习如何成为父亲，这使我们得以内化父亲的角色形象和行为模式，即我们认为的父亲应有的样子。[1]

我有幸由一位温暖而充满爱心的父亲抚养成人，他一直是我极佳的榜样。但对于那些没有父亲陪伴成长，或者他们的父亲并不像我的父亲那样积极参与孩子生活的人来说，情况又如何呢？不幸的是，这种模式往往代代相传。那些在童年时期缺少父爱的男性更有可能成为缺席的父亲，而那些在童年时期缺少父爱的女性更有可能拥有一个缺席孩子成长的伴侣。[2]此外，父亲与儿子的关系质量越高，儿子成为父亲后在育儿方面的参与度也越高。[3]另一项研究显示，那些在成长过程中得到父亲充分关怀的男性，日后对自己的孩子也给予更多的赞美，并更多地通过身体接触表达亲密情感。[4]

这意味着你与儿子的关系不仅可能影响他本人，你的育儿方式还可能影响他未来的孩子。非常现实地说，你的育儿方式正在影响你未来的孙辈，甚至可能还有更远的后代。面对父爱的缺失，所需的行动既明确又充满挑战：男性必须做出决断，致力于打破父亲缺席的循环，并付诸实践以确保成功。

巴拉克·奥巴马的例子就能说明这点。他的父亲在他童年时期几乎从未出现，但在2008年父亲节的一次演讲中，奥巴马说："我多年前就决定，我有责任打破这个循环——如果我一生中能成为某种人，我将成为我女儿们的好父亲；如果我能给她们任何东西，我会给她们那个让她们得以建立生活的基石。那将是我能给她们的最宝贵的礼物。"他似乎兑现了自己的承诺。在担任总统这一艰巨职责的同时，他坚持每周有五个晚上与家人共进晚餐，参加了女儿们的每一场家长会，朗读了哈利·波特系列的全部七本书给女儿们听，甚至为女儿们写了一本关于美国的图画书。[5]

打破父爱缺失的循环并不容易，我们应该鼓励并支持那些尝试这样做的人。当你没有一个内化的模板来告诉你一个父亲应该是什么样子、应该做什么时，你很难着手去做一个父亲。正如小伦纳德·皮茨在《身为父亲》中所说："我有两个继子女和三个亲生子女，他们的母亲是同一个人。我自认为对他们来说是一个称职的父亲。但事实是，没有哪一天我不曾怀疑自己是否做错了很多事情。"

奥巴马本人也说过："作为丈夫和父亲时，我常怀疑自己的能力。"

* * *

除了父亲的榜样作用，早期环境的其他方面也会影响男性最终作为父亲参与育儿的程度。

社会经济地位

生活在贫困中的人面临许多其他人群不必承受的压力，包括劣质住房或无家可归、营养不良和食物安全问题、儿童照护不足、缺乏医疗保健、社区不安全和学校资源匮乏等。面对这些挑战，城市工业化国家中社会经济地位较低的父母往往与孩子的关系不够亲密，并且倾向于采取更加严厉和惩罚性的育儿方式，这并不出人意料。[6]我们不能仅凭此就断定生活在贫困中的人不能成为好父母。首先，许多人在困难情况下已经尽了最大努力。其次，有些人可能试图让他们的孩子在为一个他们认为不可避免的艰难生活做好准备。最后，上述现象只是一种趋势，并非一一对应的关系。人类行为是复杂的，父母的行为受到多种因素的影响，社会经济地位只是其中之一。在低社会经济地位的社区中有许多非常有爱心的父母，他们中

的一些人可以称得上是英雄，我们不能仅凭他们的社会经济地位来判断他们作为父母的好坏。尽管如此，我们如果能在人群层面发现一些关联，这些关联或许有助于进一步发展提高父亲在育儿方面的参与度的政策或干预措施。

低社会经济地位通常与较高的单亲母亲的比例相关联，这不仅在美国如此，在整个欧洲和北美地区也是这样。[7] 当然，单亲母亲家庭意味着父亲不在家中。虽然许多非同住的父亲与孩子的关系非常亲密，但平均而言，他们的参与度还是不如一同居住的父亲。[8] 如果我们将单亲母亲家庭视为父亲参与度和投入度降低的标志，那么低社会经济地位似乎就与父亲在育儿参与度上的下降有关。

以当代英国的一项研究为例。[9] 在超过 8000 个家庭的研究样本中，低社会经济地位与首次生育年龄较小、新生儿出生体重较轻、母乳喂养时间较短和父亲不与孩子同住等现象有关。当母亲缩短母乳喂养的时间时，她们实际上是在减少对婴儿发育的投资，因为产生母乳需要消耗大量能量，以至于母乳喂养甚至被推荐为产后母亲减重的策略。不仅母亲对婴儿的投资减少了，父亲似乎也是如此，这从他们与孩子较低的同住率就可见一斑。

在社会经济地位较低的社区中，暴力犯罪的比率往往也更高，因此，在暴力犯罪更多的国家，父亲与孩子分开居住的情况也更为普遍。[10] 此外，随着时间的推移，暴力犯罪率与在婚姻之外抚养孩子的比例之间也存在历时性的相关趋势。[11]

那么，这里到底发生了什么？为什么低社会经济地位和暴力犯罪都与父亲在育儿方面的投入减少有关？

一个可能的有趣解释来自进化发展心理学领域，该领域涉及应用自然选择的基本原则来理解人类思想和行为的发展。这一解释基于生命史理论，其基本前提是生物体将其有限的能量分配给相互竞争的生活需求，包括生长、维系生命、交配和养育后代。如果在一个类别中投入了更多的能量，那么在其他类别中可投入的能量就会减少。生物体将以一种最大化其一生中繁殖成功（即它们成功养育至生殖成熟期的后代数量）的方式来分配这些类别中的能量。有些物种采取了所谓的快速生命史策略：它们在交配上投入很多，但在生长、维系生命或养育后代上投入很少。因此，这些物种往往体型小、寿命短，生命早期就繁殖，产生许多后代，但对后代投入极少。相反，慢速生命史策略则涉及在生长、维系生命和养育后代上投入很多，而在交配上投入较少。这些物种往往体型大、寿命长，生命中晚期才繁殖，产生的后代数量少，但对后代投入很多。哺乳动物中快速和慢速生命史策略的经典例子分别是老鼠和大象。

决定物种采取快速或慢速生命史策略的一个关键因素是它们面临的外在死亡风险，即它们所处环境的危险程度。由于老鼠面临极高的被捕食率——有时被称为沙漠中的"士力架"，它们无法期望长寿。它们承受着极高的外在死亡风险，因此它们的最佳策略是在被捕食之前开始繁殖，并产下大量幼崽，希望其中一些能够幸存。相比之下，大象体型庞大，足以抵御几乎所有的捕食者，因此它们可以选择在成熟时繁殖，并对每个后代进行大量投资，相信它们很可能会活到成年。

一些生命史理论的研究者提出，快速与慢速生命史策略可能也适用于物种内部，即同一物种中的一些个体可能会采取快速生命史策略，而其他个体则可能采取慢速生命史策略。那么，是什么导致个体采取快速或慢速生命史策略呢？同样，死亡风险被认为是一个关键决定因素，以及个体对这一死亡风险的控制能力。生活在低社会经济地位社区的人们面临更高的死亡率，这不仅是因为一些暴力，还因为环境污染和缺乏获得高质量医疗保健的机会。

居住在低社会经济地位社区的居民面临更多的死亡威胁，这一现实在他们的日常生活中尤为突出。在过去几年对亚特兰大地区的父亲和祖母进行的访谈中，一位处于低社会经济地位的父亲分享了他的父亲成为凶杀案受害者的经历，而一位同样处于低社会经济地位的祖母则讲述了因担忧孩子们的安全而不敢带孙子们到户外活动的悲哀故事。生命史理论预测，人们会通过采取更快的生命史策略来面对这些高风险环境，包括更早、更频

繁的生育行为以及对子女投入的减少。在心理层面上，采取快速生命史策略与倾向于即时满足而非延迟满足的偏好相关。重要的是，这些偏好并非是病理性的，而是作为适应高死亡率环境的一种应对性和功能性反应。[12]

尽管在同一物种内部进行的比较与跨物种之间的比较存在差异，但仍有证据支持将这一理论应用于人类。例如，在低社会经济地位社区中，少女怀孕的现象更为常见，并且某些研究发现，低社会经济地位与父母对子女投入的减少有关，如前述的英国研究所示。[13]此外，如我所讨论的，在暴力犯罪率较高的国家，父亲的参与度往往较低。然而，因果关系可能是双向的。也就是说，我们知道缺乏父爱的孩子更有可能出现行为障碍，包括更多的攻击性行为，因此父亲缺席可能会增加孩子最终出现暴力行为的风险。

儿童在高风险环境中成长可能会采取一种快速的生命史策略，这种策略常常以父亲缺席为标志。然而并非所有证据都与这一理论完全一致，因此该理论仍在持续评估和完善中。[14]即便如此，这一理论仍值得关注，因为它可以为低社会经济地位社区中父亲参与度的下降提供部分解释。至关重要的是，该理论预测生活史策略会根据个体的成长环境而调整，因此减少贫困、降低暴力犯罪率和改善健康条件应该能促进父亲在育儿方面的参与和投入。接触这些环境的时机可能非常关键。实际上，童年时期可能存在关键期或敏感期，生活史策略就是在这个时期形成的，而且这些策略在成年后可能更难以改变。

儿童在成长的关键期或敏感期接触到这些环境，可能会改变他们的生理机能，使他们倾向于采取更快或更慢的生活史策略。其中一个有趣的机制是催产素系统，这在第四章中已详细讨论。你可能还记得，由高度关爱的母亲抚养大的幼鼠在它们的内侧视前区——一个与亲代养育行为密切相关的大脑区域——会发展出更多的催产素受体，并且它们自己也会成长为善于关爱后代的父母。

现有证据表明，那些在童年时期遭受不幸的人往往催产素水平较低，同时，编码催产素受体的基因甲基化增加，这被认为会减少催产素信号的传导。[15] 然而，必须强调的是，这种效应的效应量很小。这意味着，即使在困难环境中长大的一些孩子仍然会有相对较高的催产素信号水平。尽管如此，安全和充满关爱的环境可以增加儿童的催产素信号，并帮助他们成为动机强烈的照顾者。相反，暴露在恶劣和不可预测的环境中的儿童，催产素信号往往会减少，这可能会使他们成为参与度较低的照顾者。

除了生活史理论，社会经济地位、单亲母亲家庭与父亲投入减少之间的关联还可以通过其他潜在因素来解释。例如，在低社会经济地位环境中，单身女性相较于高社会经济地位环境中的单身女性更易发生意外怀孕，这可能是由于她们对避孕知识的掌握不足或获取避孕工具的途径受限。[16] 当男性尚未准备好承担父亲角色时，他们不太可能承诺维持一段关系或抚养一个计划外的孩子。在我对亚特兰大地区父亲的访谈中，这一主题反复出现。一些非同住的父亲向我说明，他们在年轻时无意中成为父亲，并且孩子的母亲并非他们承诺的对象。尽管他们努力参与孩子生活的行为值得称赞，但这些早期事件仍限制了他们参与育儿的程度和方式。因此，提高对避孕技术的了解和增加获取避孕工具的途径是合理的策略，通过使父职成为一个更加深思熟虑的选择来提高父亲在育儿方面的参与度。

＊　＊　＊

一旦男孩成长为男人并成为父亲，微观层面的家庭因素也会影响他们参与育儿的程度。

父亲身份的确认

演化理论预测，雄性哺乳动物应根据后代是否为自己亲生的确定程度来决定对后代的投资。这一逻辑基于自然选择的原理：雄性在投入时间和精力养育非自身后代时，可能会因助长其他雄性基因的传递而减少自身基因传承的机会，从而受到自然选择的淘汰。因此，我们预期雄性继承了一种演化上的遗传倾向，即有选择性地对亲生后代进行投资，或者根据父亲

身份的确定程度调整他们的投资。

在继父抚养孩子的情形中，他们清楚这些孩子并非自己的亲生骨肉。在小规模的非工业社会中，由于父母死亡和离婚率较高，孩子们常常由继父母抚养，我们有充分理由相信，继父母抚养一直是人类发展经历的一部分，而不是近期才有的现象。[17] 许多继父与继子女建立了亲密和充满爱意的关系，这是值得称赞的。然而，不幸的是，有大量证据表明，平均而言，继父对待继子女并不像对待自己的亲生子女那样好。首先，有一个令人震惊的统计数据：与生活在亲生父母家庭中的孩子相比，生活在继父母家庭中的孩子遭受虐待或被谋杀的可能性要高出 40~100 倍。[18] 当然，大多数继父既不是杀人犯也不是虐待者，但平均而言，父亲在继子女身上的投入比在亲生子女身上的投入要少。例如，研究表明，父亲在继子女身上花费的时间和金钱较少。继父也不太可能尽到监督责任、较少与孩子互动或提供情感支持。[19]

在某些情况下，父亲在抚养孩子时并不完全确定自己是否为孩子的亲生父亲，这种情况下，随着父亲身份确定性的降低，父亲对孩子的投资也相应减少。在一项对 1325 名美国男性进行的调查研究中，参与者在机动车管理部门等待期间接受了访问，其中仅有 1.5% 的受访者表示他们对于自己的父亲身份有较低的确定性。这种不确定性与几个负面结果相关联，包括更高的离婚率、较少与孩子进行一对一的互动，以及在孩子教育中的参与度较低。[20] 在另一项样本规模较小的研究中，170 位父亲在英国伦敦希思罗机场候机时接受调研，那些报告与孩子相貌相似度更高的男性——这被视为父亲身份确定性的一种指标——认为他们与孩子共度的时间更多。此外，那些报告伴侣忠诚度更高的男性表示他们与孩子共度的时间更多。有趣的是，那些不太认同"女性会觉得我有魅力"这类陈述的男性，在感知到伴侣忠诚度较低的情况下，仍有可能维持对孩子的父爱投资。这表明，那些更有吸引力或价值较高的男性，在决定投入父亲角色时反而可能会更加慎重和挑剔。[21]

另一项有趣的证据显示，男性有时会根据父亲身份确定性来决定对子女的投资。在小规模的非工业社会中，男性通常会通过遗产将财富传给下一代。在那些男性有高度父亲身份确定性的地区，财富通常是从父亲传给儿子，这被称为父系继承。然而，当父亲身份确定性较低时，财富更常见的是从父亲传给其姐妹的儿子。这可能是因为男性可以确定他们的侄子与他们有遗传关系，而他们却无法确定妻子为其生的男孩是否是自己的遗传后代。[22]

总结来说，男性通常关心生物学上的父亲身份，当他们确信自己是孩子的亲生父亲时，他们倾向于更多地参与养育并对子女投入更多。然而，正如我们将看到的，这种倾向也有一些重要的例外，这正是社会和文化规范发挥作用的地方。

共同育儿关系

当父亲与母亲的共同育儿关系牢固时，他们更可能积极参与抚养孩子的事务。[23] 然而，如果母亲对父亲的育儿行为施加过多的控制，即所谓的"母亲守门"现象，父亲往往会减少参与。[24] 在某些情况下，母亲甚至可能实施"关门"策略，将父亲排除在某些育儿活动之外。这种守门行为在对育儿有较高要求的母亲中尤为常见。正如心理学家莎拉·肖普 - 沙利文（Sara Schoppe-Sullivan）所言："你越是关心（被视为一个好妈妈），你就越不可能放弃对那个领域的控制。"持有更传统性别角色观念的母亲也更可能有守门行为。[25] 那些得到母亲更多鼓励的父亲，往往更愿意参与到育儿中去。[26] 因此，母亲究竟是促进还是阻碍父亲的参与，常常取决于她们给予父亲什么样的反馈以及是否愿意放弃控制。当然，从长远来看，如果母亲能够让父亲积极参与到育儿中，她们自己往往也会受益。

当然，有时候母亲进行"守门"是有道理的，比如在父亲严重不称职或者父亲的行为可能危及孩子安全的情况下。实际上，有证据表明，那些不太称职的父亲往往会引发母亲更加强烈的"关门"行为。[27] 我记得有一次我妻子出差，留下我独自和儿子共度周末。他那时刚会跑，她离家后不到十五分钟，我们就一起在街上跑。因为天气冷，我说："我们把手放在口袋里跑吧。"听起来这是个负责任的父亲的建议。然而，托比一插口袋就被一块石头绊倒，脸朝下摔在了人行道上。他开始哭，血从他嘴里流了出来。我想："天哪！我得带他去医院，巴巴拉（我妻子）再也不会觉得把孩子单独留在家里和我在一起是安全的，她可能是对的。看看发生了什么！"幸运的是，一切都解决了，没有医疗干预的必要，我们共度了一个愉快的周末，我甚至获得了一点做父母的信心。

即使父亲是称职的，也不应将"母亲守门"现象完全归咎于母亲。父亲不必被动地接受母亲的"守门"行为。他们也拥有主动权，他们可以主动打破"守门"现象，并积极主张自己参与育儿和作为独立父亲的权利，而不是被动地适应不平等和不公正的育儿格局。

这些研究是在现代社会中开展的，但它们揭示的模式在各类人类社会中都适用：牢固的共同育儿关系往往与父亲更高的参与度相关。正如学者怀廷（Whiting）所总结的，在那些男性对妻子和孩子漠不关心、不参与家庭事务的社会中，父亲也很少参与对婴儿的照顾。相反，在这些社会中，男性更倾向于与其他男性共度休闲时光，并且可能经常与他们一起吃饭和睡觉。而在那些男性与妻子和孩子共同进餐、共眠，并且晚上与他们闲聊和交谈的社会中，男性更多地参与到对婴儿的照顾中。[28]

全职父亲

在共同育儿关系中，其他因素也会影响父亲的参与度。例如，当母亲的职业发展优于父亲时，一些家庭可能会选择让父亲成为主要的居家照顾者，而母亲则成为家庭的经济支柱。

在美国，过去二十年间，全职父亲（Stay-at-Home Fathers，简称 SAHFs）的数量增长了一倍多。这导致目前所有全职家长中约有 20% 是父亲。与此同时，全职妈妈的数量保持相对稳定。

这种急剧增长的原因是什么？其中一个原因是女性教育背景的稳步

提升，现在获得大学学位的女性数量远超男性。这为女性提供了更多高薪工作机会，这些职位过去通常由男性担任。此外，性别工资差距也在逐渐缩小。这些变化的累积效应使女性现在比以往任何时候都更有能力成为家庭的经济支柱。特别是当母亲比她们的伴侣受过更好的教育并且收入更多时，一些夫妇选择通过让父亲在家照顾孩子来实现更好的工作与家庭平衡。高失业率也可能导致全职父亲数量的增加，例如，许多男性因为在2008年经济大萧条后找不到工作而成为全职父亲。[29]一些著名学者认为，未来最高薪酬和最有声望的工作更有可能被女性占据。[30]如果这样的话，全职父亲数量增加的趋势可能会持续下去。

尽管大多数男性能够胜任全职父亲的角色，并且许多人也珍视这种经历，但作为全职父亲并非没有挑战。全职父亲经常面临孤独和孤立无援的问题，有时感觉被全职妈妈群体排除在外。他们还可能面临性别角色冲突的挣扎，其中照顾者的角色似乎与男性的社会性别规范相冲突，这可能对他们的心理健康产生负面影响。最后，这种安排并不总是适合母亲。一项针对澳大利亚的大型研究发现，平均而言，当家庭从男性养家糊口或双收入家庭转变为女性养家糊口时，母亲和父亲对关系的满意度都降低了。[31]一个令人鼓舞的趋势是，出现了一些全职父亲团体，它帮助父亲们对抗孤独和孤立无援。[32]

单身父亲

尽管母亲的就业机会可能会导致一些男性选择成为全职父亲，但在没有合适的母亲照料的情况下，父亲也可能作为单身父亲承担起照顾孩子的主要角色。

当孩子因母亲的去世或者母亲无法提供称职的照顾时，父亲可能会获得完全的监护权，并承担起主要的照顾角色。在美国，自1960年以来，由单身父亲抚养的孩子的比例已经增长了大约三倍。法律已经变得更平等地对待父母双方，这有助于提高父亲的监护权。与单身母亲相比，单身父

亲更有可能获得对年龄较大的儿童和男孩的监护权。这可能是因为人们认为，对于单身父亲来说，抚养女孩和婴儿可能存在一些特别的挑战。单身父亲倾向于更多地与孩子玩游戏，与单身母亲相比，他们在有偿劳动中会花费更多的时间，因此他们的育儿方式也更宽松，允许孩子有更多的尝试空间。[33]

单身父亲经常面临与单身母亲相同的挑战，包括缺乏社会支持、自我怀疑、身心疲惫、与前伴侣的持续冲突、居住地变更、生活水平下降和社会污名化等。许多单身父亲在突然成为主要照顾者并承担新的家庭责任时，也会面临一个陡峭的学习曲线。可能由于这些压力，与已婚或同居的母亲和父亲相比，单身母亲和单身父亲更有可能抑郁或产生药物依赖。[34]

养家糊口

正如本书所探讨的，父亲们提供至少两种类型的父职投资：直接照料，即孩子在场时的亲自照料；间接照料，包括提供物质保护和经济支持等活动。孩子们显然从这两种类型的投资中获益。然而，在某些情况下，这两种投资可能会相互竞争。也就是说，父亲们可能会因为忙于经济支持而几乎没有或很少有时间进行直接照料。面对工作养家与花时间陪伴孩子的选择时，大多数男性会理所当然地选择前者。

例如，一些外来工为了养家糊口不得不与家人分离，或者一些父亲必须每天加班来满足家庭的基本需求。在那些期望男性同时提供这两种照顾的社会中，其结果可能是工作与家庭的冲突。在美国，过去几十年中，男性报告的工作与家庭冲突水平不断上升。[35] 与此同时，越来越多的女性进入劳动力市场，导致父亲更多地被期望能提供直接照料。[36] 在另一些情况下，父亲虽然可能在场，但他们在工作和家庭责任之间感受到的压力可能会对其照顾孩子的质量产生负面影响。澳大利亚的研究表明，随着父亲经历更多的工作与家庭冲突，他们的心理健康、夫妻关系质量和育儿能力都会恶化，这对孩子的心理健康也有负面影响。[37] 对一些男性来说，工作甚至可能变成一种不健康的瘾，进而对他们的孩子产生负面影响。与其他成年人相比，那些工作狂的子女成年后被证明有更高水平的抑郁和焦虑。[38] 在日本，工作成瘾已经成为一个令人困扰的全国性现象，一些员工实际上是工作到死。日本人将这种现象称为"过劳死"，它通常包括因长时间工作的压力而导致的中风、心脏病发作或自杀。[39] 因此，成为一个好父亲有时可能需要对工作投入设定界限。

当父亲在间接照料上投入巨大，牺牲了直接照料时，这可能是个人选择，也可能是他们的社会经济状况迫使他们做出的选择。现在我们转向考虑其他宏观层面的社会结构因素对父性照料的影响。

父亲的陪产假

在欧洲和美国的研究表明，父亲在孩子出生后休假，会促进他们在休假期间及之后的儿童成长过程中更多地参与照顾孩子。例如，瑞典的一项研究发现，拥有更长的陪产假的父亲会花更多的时间与孩子相处，承担更多的育儿任务，并与孩子建立更亲密的关系。[40] 同样，美国的研究表明，休陪产假的父亲更经常地为他们 2~3 岁的孩子阅读，并且与他们 5 岁的孩子有更多的互动。[41] 实际上，当父亲休陪产假时，整个家庭系统可能会运作得更好。例如，拥有更多陪产假的父亲在一年后往往拥有更好的夫妻关系和共同育儿水平。[42] 育儿涉及一个陡峭的学习曲线，尤其是对初为人父者，因此，当父亲通过陪产假沉浸其中——就像母亲们一直所做的那样——他们将变得更擅长于此。

一项重要的美国研究显示，非同住父亲的陪产假益处更大，孩子们从非同住父亲更多的养育参与中受益。[43] 人们很容易得出陪产假导致父职投入增加的结论，但我们需要更为谨慎地去看待这个结论。一种可能的情况是，那些对成为一个积极养育的父亲有强烈认同和预设信念的男性，更有可能去休陪产假，也更有可能在孩子后续的成长中参与养育，在这种情况下，两者之间就没有因果关系。如果不随机分配父亲休陪产假和不休陪产假，并观察二者差异，就很难排除这种可能性。然而，目前还没有人进行过这样的研究。一些研究使用了先进的统计技术来考虑父亲在妻子生产前的特征，仍然发现陪产假和父亲参与育儿之间存在关联，这也许可以支持因果关系的解释。[44] 但事实上，因果关系可能在两个方向上都起作用。

令人惊讶的是，即使有这些关联，美国政府却并没有提供任何带薪陪产假。这与世界上其他高收入国家形成了鲜明对比，有 47 个国家为男性提供超过四周的带薪陪产假。美国在陪产假政策上确实成了一个极端案例，因为它是全球高收入国家中唯一一个在联邦层面不提供带薪陪产假的国家。尽管联邦政府没有实施带薪陪产假政策，但值得指出的是，美国的一些州和私人企业已经自行采取行动，为员工提供了带薪陪产假的福利。[45]

在斯堪的纳维亚国家中，带薪陪产假政策处于世界领先地位。以瑞典为例，父母双方共享 480 天的带薪陪产假，其中父亲必须使用至少 90 天，否则将失去这些假期。这种"父亲配额"有效地激励了父亲休陪产假，因为在瑞典最初实施这一政策时，休陪产假的父亲的比例才开始显著上升。在配额政策之前，许多家庭会将所有的假期给予母亲。如今，在瑞典，大约有 90% 的父亲会休陪产假。[46]

尽管有这样的政策，也不能保证父亲们会休陪产假。例如，法国在陪产假的天数上提供了比其他国家更慷慨的政策，但父亲们申请陪产假的比例却低得多。部分原因可能是瑞典政府相比法国政府能提供更高比例的收入补偿。[47] 许多父亲仍然认为"养家糊口"是他们主要的责任，如果直接照料孩子与他们的供养能力相冲突，他们就不太可能参与其中。职场文化似乎也是一个重要因素。如果男性担心休陪产假可能导致负面的工作评价、阻碍职业发展，或者尤其严重的是，危及他们的就业，他们就不太可能休陪产假。类似的担忧似乎也阻止了日本的许多父亲休陪产假。尽管他们有资格享受一整年的带薪休假（工资保留 60%），但由于担心工作中的负面后果，只有约 6% 的人选择休陪产假。[48]

与瑞典父亲相比，法国父亲可能由于更强烈地信奉传统性别规范，认为照顾孩子是母亲的责任，因此可能更不愿意休陪产假。在接受调查的法国父亲中，有 46% 的人没有充分利用他们的陪产假权益，原因是他们"不感兴趣"。[49] 这表明，若缺少支持父亲深度参与育儿的社会文化导向，或者当陪产假威胁到父亲作为养家糊口者的传统角色时，陪产假政策可能不会奏效。

性别比例

父职投资与人口性别比例之间也存在关联。在女性人数超过男性人数的地区，单身母亲的比例往往更高，这被认为是父职投资减少的一个标志。[50] 如果我们假设大多数女性都渴望成为母亲，那么可能没有足够的男性伴侣来满足这一需求，这就导致一些女性不得不在缺乏父亲支持的情况下抚养孩子。在这种情况下，社会中的男性也可能将他们的生活史策略调整为努力求偶。正如生活史理论所预测的，男性会以一种最大化其繁殖成功的方式在求偶努力与育儿努力之间分配能量。当然，人类的生殖决策中还有许多其他重要的影响因素，我并不试图对男性行为进行无情的描述，我只是在概述这一理论。生活史理论预测，当男性面临的交配机会过剩时，他们会倾向于采取求偶努力策略。简而言之，在这些情况下，一系列短期性关系可能比长期稳定的关系获得更大的繁殖成功。

生活史策略转变的一个实例是对坦桑尼亚哈扎人的研究，这是一群我们之前在书中讨论过的来自坦桑尼亚的游牧狩猎采集者。哈扎人生活在包含 10~100 人的营地中，这些营地的人口统计特征各不相同。研究发现，在单身女性较多的营地，父亲与孩子玩耍的时间比单身女性较少的营地要少。[51] 悲观的解释是，潜在的交配机会转移了男性对育儿的投资。

在我的实验室里，我们最近进行了一项研究，其结果令人警醒。我们发现，相比那些没当过父亲的人，父亲们认为可爱的婴儿的照片更具吸引力，但如果事先给父亲们看一些漂亮女性的照片，他们在评估婴儿是多么

具有吸引力时就会降低评分，以至于他们的评分与没有当过父亲的人不再有差异。相比之下，事先给父亲们看可爱的婴儿的照片，并不会降低他们对漂亮女性照片的吸引力评分。[52]

另一项富有洞见的研究通过探究单一社会内不同群体的性别比例变化，来测试男性的生活史策略如何随着交配机会的变化而变化。[53]在圭亚那的八个马库什美洲印第安人（Makushi Amerindian）群体中，研究人员要求参与者完成一项名为社会性取向清单的心理调查。在这项调查中得分高的人倾向于追求多重短期关系和低父母投资，而得分低的人则偏好长期关系和高父母投资。随着性别比例在这些群体中越来越偏向女性，男性的社会性取向得分提高，这意味着他们对父职投资的兴趣减少了。另一种表述结果的方式是，当性别比例偏向男性时，男性对父职投资的兴趣会提升。

这些研究结果引出了一个问题，即什么因素会影响成年人的性别比例。当男性去打仗，特别是当他们丧生而不能回家时，就会出现女性多于男性的情况，这在人类历史上的大部分时间里都是如此。这种性别比例失衡也可能是由强制男性劳动力迁移或大量男性被监禁引起的。大学校园的性别通常也不均等，目前的男女比例通常是每 60 名女性对应 40 名男性。从理论上讲，所有这些情况都可能与男性增加求偶努力和减少育儿努力相关。为了说明不同国家性别比例的差异，卡塔尔和乌克兰被称为两个极端。卡塔尔由于年轻男性移民的涌入，每 100 名女性对应 299 名男性；而乌克兰由于男性大量参与战争，每 100 名女性只对应 84 名男性。

监禁

显然，监禁是限制父亲参与育儿的另一个因素。美国拥有世界上最高的监禁率，大约每 10 万居民中有 700 名囚犯。相比之下，加拿大的这一比率大约是每 10 万居民中有 100 名囚犯。这些囚犯大多数是男性，其中许多人是父亲。美国的情况并非一直如此。1960 年，这一比率仅为每 10

万居民中有 160 名囚犯，但自那以后一直在稳步上升。尽管在这个时期美国的犯罪率也有所下降，但尚不清楚犯罪率的下降是否是由于监禁人数的增加所致。监禁人数的显著增加主要源于禁毒行动，该行动中包含了对无受害者毒品犯罪施加强制性最低刑罚的规定。这对非裔美国人社区的打击尤其严重。这无疑严重影响了非裔美国儿童，大约有 25% 的黑人儿童在生活中的某个时刻有父母被监禁的经历。被监禁的父亲在从监狱释放后往往难以找到工作。加上他们在监狱文化中的经历，这可能会增加在未来犯罪的可能性，以及更多的监禁时间。[54]

儿童若因父亲被监禁而失去父爱，往往会处于极为不利的境地。家庭不仅失去了父亲所提供的全部经济收入，也失去了他的直接照顾和支持。这些孩子可能会感到羞愧和自卑，部分孩子甚至经历了目睹父亲被捕和监禁的心理创伤。因此，这些孩子在学校的表现往往较差，辍学的可能性更高。他们还更有可能面临行为问题和心理健康问题，包括焦虑、抑郁和创伤后应激障碍。虽然有人可能认为这些行为问题和心理问题仅仅是遗传自父亲的反社会倾向，但多项研究试图通过统计控制来排除这种可能性，并得出结论，监禁本身对孩子的负面影响是显著的。[55]

以雷吉为例，他是一个居住在亚特兰大市中心的八岁男孩，其父亲在当地一所小学担任看门人。在一周的辛勤工作后，他的父亲喜欢在周五晚上与朋友共饮啤酒，并偶尔吸食毒品。然而，一次因持有毒品而被捕的经历改变了一切。雷吉目睹了父亲被警察带走的场景，他感到极度恐惧和困惑。由于父亲被监禁，雷吉深感思念，家庭也失去了重要的经济来源，这迫使他们搬迁到一个更危险的社区，那里的住房更为便宜。雷吉逐渐变得焦虑和抑郁，无法在学校集中注意力，学业成绩也随之恶化，最终导致他辍学。在新环境中，雷吉结识了一些小混混，由于缺乏父亲的指导和陪伴，他开始认为犯罪是摆脱贫困的最佳途径。

如果雷吉的父亲一开始就没有被捕呢？

在黑人儿童被监禁的父亲中，约有三分之一是因非暴力、无受害者的毒品犯罪而入狱的。如果社会能够探索替代监禁的方法，特别是对于那些

非暴力犯罪者，并帮助他们与孩子保持积极的联系，那么这些孩子及其所在的社会都将从中受益。

＊　＊　＊

我们已经讨论了影响父性行为的发展性因素、家庭因素和社会结构因素。接下来，我们将探讨社会和文化规范在塑造父性行为中的重要作用。

社会规范与遗传倾向

当求偶努力能够带来更高的繁殖成功率时，我们预期这种努力会通过自然选择而演化。部分男性似乎采取了能够最大化他们繁殖成功率的求偶努力策略。[56] 在一夫多妻制社会中，男性拥有多个妻子或情妇。甚至有些男性考虑离开绝经后的妻子，与更年轻、生育能力更强的女性组建第二家庭。我们不必赞同这些行为，但有理由相信这些男性的倾向是通过自然选择演化而来的。举一个例子，对人类 Y 染色体的遗传研究表明，今天生活在亚洲的大约 1600 万男性是成吉思汗或他的一个亲戚的后裔，这可能是因为这些男性会杀害他们征服地区的男性，并占有他们的妻子作为妾室，或在某些情况下仅仅是强奸她们然后离开。因此，他们的基因就像野火一样在几代人中传播开来。不幸的是，这个案例并非个例，这种类型的男性行为在过去一万年中非常普遍。[57] 所以我们可以预期，今天生活在一夫多妻制下的男性可能已经演化出了对一夫多妻制的遗传偏好。然而，大多数现代男性并不表现得像成吉思汗，许多有能力成功实施"求偶努力"策略的男性选择成为忠诚的父亲和丈夫，即使这并不能最大化他们的繁殖成功率。这怎么解释呢？为什么一些男性不受这些假定的演化倾向的影响？

答案的很大一部分在于文化。文化被人类学家以许多不同的方式定义过，但一个简单的定义是：一个群体或社会的共享态度、价值观、目标和实践。一些人类学家将文化视为除了遗传之外的第二继承系统，它指导着人类行为。其他动物的行为主要受演化遗传倾向和它们通过试错能够学到的东西驱动，但人类行为却受到文化行为规范或人类学家所说的文化模式的强烈影响。[58] 文化模式是社区成员共享的内在化心理模式，它影响着行为。[59] 因此，如果一夫一妻制和父亲积极参与育儿是文化规范，那么男性可能会遵循这些规范，即使它们可能与求偶努力策略的遗传倾向相冲突。

让我们通过一个实例来阐释，在父职关怀方面，文化规范如何超越了遗传倾向。正如前文所讨论的，演化论预测雄性哺乳动物对后代的投资应与其父亲身份的确定程度成正比。我已经提供了支持这一预测的证据。然而，在此还存在一个显著的例外情况。

在纳米比亚北部，居住着一个以放牧为生的辛巴族群体，他们主要饲养牛和羊。在辛巴族文化中，已婚人士之间的非正式性关系是被文化规范所认可并受到保护的。因此，非配偶生育的比例高达48%，这并不令人意外。由此带来的结果是，许多男性抚养的孩子并非他们的亲生子女。对于这些孩子而言，这些男性在社会意义上是他们的父亲，即使他们并非生物学上的父亲。辛巴族的社会规范规定，偏爱亲生子女而不是非亲生子女是不可接受的，而男性大多遵守这些规范。例如，在这个以牛为主要财富形式的社会中，父亲们给非亲生子女的牛和给亲生子女的牛的数量一样多。年轻男性在迎娶新妻子时必须给女方家庭聘礼，通常也是以家畜的形式，而父亲们通常也会代表他们的儿子给出聘礼。父亲们为非亲生子女准备的聘礼与为亲生子女准备的聘礼一样多。

这些投资形式在社区中非常公开且高度可见，以至于如果父亲们违反了全力支持非亲生子女的社会规范，其他人一旦注意到，随之而来的很可能是声誉损害。尽管如此，有证据表明，父亲们实际上可能会在其他领域偏向对亲生子女的投资。例如，在这个社会中，孩子们经常寄养给近亲。辛巴族父亲更有可能将他们的非亲生子女寄养出去，这相当于减少了对他们的投资。[60]

由此可见，更普遍的观点是，社会规范可以激励父亲们为孩子提供照顾，即使这与演化所形成的以最大化繁殖成功为行为方式的遗传倾向相冲突。在现代世界的许多地区，社会规范都要求严格执行一夫一妻制，并伴随着相当多的父亲投资。追求求偶努力的策略通常在社会上是不被接受的。例如，高尔夫天才泰格·伍兹（Tiger Woods）在一系列婚外情被公之于众后，其名誉受损。然而，跨文化之间存在着显著的差异。例如，2013年的一项民意调查显示，只有少数法国公民同意"已婚人士有外遇是不可接受的"这一说法。相比之下，在美国有84%的人同意，而在土耳其则有94%的人同意。[61]

人类的行为，包括父性行为，既受到演化而来的遗传倾向的影响，也受到文化行为规范的影响。但为什么人类会有这样一种额外的继承系统来指导我们的行为呢？一些学者认为，人类文化规范的发展有助于抑制个体的自私行为，使群体成员之间能够更加高效地合作，进而使这些群体在与其他合作性较弱的人类群体竞争时占据优势。[62]这个过程被称为文化群体选择。

当孩子们在成长早期接触到社会规范时，这些规范会被内化并编码进大脑的神经网络中。因此，遵守社会规范通常感觉是正确的——这是我们的先天倾向。但有时，尤其是当这些规范与演化而来的遗传倾向相冲突时，人们可能会考虑违反这些规范。在这样做时，他们往往会感到内疚或羞愧，这会阻止他们实施违反规范的行为。其他人可能遵守社会规范是因为他们能够预见到不这样做会受到的惩罚。[63]还有一些人会遵循社会规范，尽管有相反的个人动机，但他们认为这样做在道德上是恰当的。我们体验内疚和羞愧的能力，设想行为的长期后果，进行道德推理，以及抑制先天的遗传倾向和冲动，这些都依赖于我们的前额叶皮质。[64]

大脑前额叶皮质是人类大脑最前端的新皮质区域，对于理解其功能，一种方法是观察前额叶皮质受损时的影响。1848年，美国铁路领班菲尼亚斯·盖奇（Phineas Gage）在一起爆炸事故中遭受严重脑损伤，一根铁棒穿透了他的头骨和大脑。这个案例值得注意的部分是，铁棒损伤了他的前额叶皮质，而非其他大脑区域。盖奇在事故中幸存，智力功能基本完好，但他的性格发生了剧烈变化，表现出冲动控制缺陷，如使用粗俗语言和对同伴缺乏尊重。事故前他在铁路公司备受尊敬，事故后公司拒绝重新雇用他，他变得无法完成计划，目光短浅，难以预见行为的长远后果。[65] 盖奇的案例中描述的缺陷与当代患者前额叶皮质相同区域受损时的缺陷非常相似。[66]

人类的前额叶皮质在大小上远远超过了其他灵长类动物的前额叶皮质。整个人脑大约是人类灵长类亲缘黑猩猩、猩猩和大猩猩的大脑的 3 倍大。虽然，人脑的某些部分甚至超过它们 3 倍大，但其他部分则小于 3 倍。在灰质方面，人类的初级视皮质仅比黑猩猩的初级视皮质大 1.9 倍；然而，人类的前额叶皮质却比黑猩猩的前额叶皮质大 4.5 倍。人类的前额叶白质更是异常突出，其体积是黑猩猩的 6 倍以上。[67] 人类的前额叶皮质也比其他灵长类动物的前额叶皮质更加卷曲，有更多沟回。[68] 这与显著的白质扩张一起表明，人类的前额叶皮质与大脑其他部分的连接更多，并且可能与其他物种的前额叶皮质相比，整合了更多的信息。显然，人类的前额叶皮质是特殊的，这正是我们能够从人类独特的第二继承系统——我们的文化中获益的部分原因。[69] 其他灵长类动物虽也具备一种基础的文化形态，但这种文化不会像人类文化那样代际传承和发展，也不包含需要被普遍遵循的社会行为规范。[70]

除了上一章详细讨论过的亲代行为的经典大脑回路之外，成为一个好父亲还取决于一个功能良好的前额叶皮质。它使男性能够遵循社会规范，对他们的配偶和子女履行承诺，并避免可能危害家庭的性行为。然而，正如其他所有事物一样，个体前额叶皮质的功能存在差异，因此他们在抑制冲动和自私行为方面的能力也各不相同。以我的一位体重超标的朋友为例，他通过自我改变，成功转变为一个健康、拥有运动员般身材的人，并且已经维持这种体型多年。当我询问他是如何做到的，他告诉我他现在每天不再吃早餐和午餐，只吃一顿丰盛的晚餐。我连错过一顿饭都觉得困难，因此他的毅力让我感到惊讶。我常开玩笑说，他可能是我认识的人中拥有最大前额叶皮质的人。

那么，有没有什么方法可以增强前额叶皮质的功能呢？我们所知道的更多是什么会削弱它的功能。你可能不会惊讶，酒精会抑制前额叶皮质

的活动，因为许多人在酒精的影响下会做出不明智的决定。[71]儿童遭受虐待也可能会干扰前额叶皮质的正常发育，从而导致情绪调节和冲动控制的缺陷。[72]

跨文化差异

人类学是一门迅速发展的学科，但其传统的核心之一始终是致力于描述人类文化多样性。由此可推论，我们不能仅基于对现代、西方、高收入社会中人们的生活的研究，就对人性做出泛化。要正确理解任何人类现象，我们必须在广泛的文化背景下对其进行描述，从而确定其变异程度或一致性。2010年，哈佛大学的人类学家约瑟夫·亨里奇（Joseph Henrich）及其同事指出，心理学实验的所有参与者中有超过90%来自仅占世界人口12%的国家——这难以构成一个代表全人类的样本。[73]此外，亨里奇在他最近的著作《世界上最怪异的人》（*The Weirdest People in the World*）中强调，受过教育的西方人在许多方面都相当特殊，这种特殊性源于塑造他们的独特历史背景。[74]亨里奇和同事设计了一个巧妙的缩写词来描述这些人：WEIRD，代表西方的（Western）、受过教育的（Educated）、工业化的（Industrialized）、富有的（Rich）和民主的（Democratic）。这个缩写词可能适用于阅读这本书的大多数人。在心理学等学科中，确实需要更多来自非WEIRD社会的数据证据，这一直是人类学研究的重点。然而，一些现代人类学家指出，大多数关于非WEIRD人群的研究都是由WEIRD人类学家开展的，这可能会导致对非WEIRD人群的描述存在偏见，甚至可能将他们自己的文化特征强加给世界其他地区的人。这些学者强调了一个重要观点，即我们应该培养本土学者的发展，让他们研究自己的民族，从而提供不同的视角。[75]同时，我们也能从外部人士那里学习到关于我们自己文化的一些知识，他们可能会注意到我们所习以为常的事物。这一点在我读研究生时读到的一篇奇文《Nacirema人的身体仪式》（*Body Ritual among the Nacirema*）中得到了体现。[76]Nacirema是指一个假想的北美族群，他们居住在加拿大克里族、墨西哥的亚基族和塔拉乌马拉族以及安的列斯群岛的加勒比族和阿拉瓦克族之间的地带。这个族群拥有内置于墙中的家用神龛，神龛中装有在私人和秘密仪式中使用的护身符和神奇药水，这些仪式旨在避免虚弱和疾病。文章的巧妙之处在于，Nacirema 是美国这个词（American）的反向拼写，大多数美国读者只有在意识到这一点时，才会意识到他们自己的文化正在被描述，而那些"家庭神龛"实际上是指他们的浴室。因此，我们最好从内外两个方面审视文化，同时始终努力觉察我们的偏见和立场。在对人类社会和文化中的父亲角色进行研究时，读者应该意识到近期对人类学研究提出的这些担忧。

跨文化证据表明，在人类社会中，父亲在提供资源方面的角色是相当一致的，而他们参与直接照料的程度则差别较大。

在工业革命之前，大多数人类社会采用以下一种或多种生存方式：狩猎采集、游牧（放牧）、园艺或农业。现在一些人类社会仍然采用这些生存方式，并且在这些小规模社会向工业社会或后工业社会过渡之前，人类学家就已经对它们进行了描述。

人类学家通常会在一段时间内与特定群体共同生活数年，期间他们会记笔记、进行音视频记录，有时还会进行定量测量，最终撰写出对该文化的详尽描述，这一过程被称为民族志研究。人类学家已经构建了一个庞大且极具价值的民族志数据库，该数据库能够提供关于人类社会的各种信息。其中一个著名的民族志样本是标准跨文化样本，它涵盖了来自世界各地的 186 个人口社会。利用这一数据库，有研究表明，在非工业社会中，父亲与婴儿的亲密程度在狩猎采集社会中最高，在游牧（放牧）社会中最低。[77]

狩猎采集社会尤其值得关注，因为我们的祖先在人类演化的大部分时间里都是以狩猎采集者的身份生活。尽管现代狩猎采集者的生活方式无疑随着时间的推移而发生了变化，但也可能有一些元素与我们祖先所经历的相似。因此，狩猎采集社会中的父亲可能为我们提供了关于人类演化过程中父亲角色的许多信息。在狩猎采集社会中，父亲通常会抱婴儿，但远不

如母亲频繁。父亲抱婴儿的百分比通常从博茨瓦纳昆桑人的大约 2% 到坦桑尼亚哈扎人的大约 7% 不等。相比之下，哈扎人的母亲有 69% 的时间都在抱婴儿。[78]

在狩猎采集社会中，父亲与婴儿的亲密程度以及父亲的参与度是一个特别引人注目的现象。以中非的阿卡俾格米人为例，他们的父亲在照顾孩子方面的参与度超过了任何已知社会的父亲。[79]人类学家巴里·休莱特（Barry Hewlett）撰写了一本关于阿卡俾格米人父职的杰出民族志，书名恰当地命名为《亲密的父亲》（Intimate Fathers）。阿卡俾格米人的案例值得深入探讨，并非因为他们的父职代表了我们演化的历史——实际上，有充分的理由认为，特定的历史影响显著改变了阿卡俾格米人的家庭生活——而是因为它们展示了人类在父职方面的潜力。我提供了一个例子，说明在适宜的环境下，父亲可以参与到什么程度。

阿卡俾格米人依赖狩猎采集为生，主要食物来源为猎捕的动物（包括小羚羊、野猪、猴子和大象），并与邻近的农业社会（恩甘杜人）进行贸易以补充食物。平均而言，阿卡俾格米人母亲一生中会生育六个孩子，大约每三年半生育一次。婴儿会被哺乳直到母亲再次怀孕。尽管生育率很高，但婴儿死亡率也高达 20%。青少年的死亡率同样很高：只有 55% 的孩子能活到 15 岁。[80]这意味着父母在一生中预期会失去 2~3 个孩子。大多数男性实行一夫一妻制，但允许一夫多妻，17% 的男性有不止一个妻子。阿卡俾格米人经常使用网来狩猎：通常是男性将猎物驱赶到在一旁等待的女性那里，她们用网捕捉并杀死动物。夫妻在网猎中的合作培养了夫妻间的亲密感。

阿卡俾格米人的婴儿在社会中总是被人抱在怀里（该社会没有摇篮或婴儿车），并且这种抱持涉及皮肤对皮肤的接触，已知这种接触会刺激催产素的释放。该社会中的父亲比其他狩猎采集社会的父亲更频繁地抱婴儿，占到了 22% 的时间，而普通狩猎采集社会的父亲抱婴儿的时间大约只占 5%。[81]这预示着一种可能性，即阿卡俾格米人父亲可能拥有较高的催产素水平，这促进了父亲与婴儿之间的亲密关系。他们通常也生活在与他人近距离接触的社会环境中，并且有很高的身体接触率，这也被认为可以增加催产素水平。[82] 该社会中的父亲经常在母亲忙于收集柴火、准备餐食或网猎时抱婴儿。在抱婴儿时，他们比母亲或其他照顾者更有可能拥抱和亲吻婴儿。阿卡俾格米人父亲不仅在白天的大部分时间里与婴儿保持密切接触，夫妇通常还与婴儿同睡，这在晚上又提供了大约九个小时的额外密切接触。与许多其他社会的父亲不同，阿卡俾格米人父亲似乎并不是孩子们的游戏伙伴。[83] 相反，这个角色通常由年长的孩子来填补。

巴里·休莱特在其研究中提出了一些可能解释阿卡俾格米人父亲为何如此深度参与儿童照顾的因素。这些因素包括战争或暴力的缺失、女性对生计的重大贡献以及高度的父亲身份确定性。此外，阿卡俾格米人中几乎没有男性可以去垄断的资源，因此他们不太可能将时间和精力投入到争夺或控制资源上，从而有更多的时间和精力投入到儿童照顾中。然而，这些因素并没有显著区分阿卡俾格米人与其他狩猎采集群体，因此无法完全解释他们极高的父亲参与度。最终，休莱特得出结论，网猎是关键因素，因为它要求夫妇花费大量时间相互合作，这培养了他们之间的强烈联结。他们实际上是一个团队，并且彼此依赖以成功进行网猎。因此，父亲们不仅有空，而且非常愿意提供照顾，因为他们对孩子的母亲有感情。相比之下，在夫妻相处时间较少且婚姻纽带可能较弱的社会中，丈夫在儿童照顾方面的参与度就较低。[84]

阿卡俾格米人父亲不仅对伴侣有着深厚的感情，他们对婴儿也有着强烈的依恋。他们以温暖和充满爱心的方式照顾婴儿，享受与婴儿共度的时光。休莱特认为，这不仅仅归因于他们与婴儿的互动方式，而是因为他们与婴儿共度了如此多的时光，并在如此多的不同情境中相处。在许多现代发达社会中，我们强调要尽可能多地与孩子保持互动，并强调高度响应的重要性，这是因为，尤其作为父亲，我们与孩子相处的时间有限。对阿卡俾格米人的研究提出了另一种可能增进父子依恋的方式：频繁地与孩子相处，从而建立起深刻的了解和亲密关系。

最后，休莱特考虑了为什么一些阿卡俾格米人父亲比其他阿卡俾格米人父亲更多地参与到育儿中。休莱特在研究中发现，阿卡俾格米人中那些更多参与育儿的父亲往往选择一夫一妻制（而不是一夫多妻制），并且通常社会地位相对较低。这里所说的社会地位，是通过一个男人拥有的兄弟数量来衡量的。女性普遍更倾向于嫁给兄弟较多的男性，因为兄弟们会作为一个经济单元一起工作，较大的单元在提供资源方面更可靠。而那些地位较低、没有兄弟的男性只能通过展示他们更愿意帮助照顾婴儿来吸引和留住女性伴侣。从生活史理论的角度来看，父性照料可能是这些地位较低的男性的最佳生殖策略，他们几乎没有机会提高自己的社会地位或成为一夫多妻者。

* * *

在非工业社会中，父亲和婴儿关系谱系的另一端是许多游牧或放牧社会。在这些社会中，父亲常常扮演令人敬畏和尊敬的纪律执行者角色。以北阿拉伯沙漠的鲁瓦拉贝都因人为例，他们在 1913 年被民族志学者阿洛伊斯·穆齐尔（Alois Musil）所描述。贝都因人是经常处于战争状态的骆驼牧民，他们实行一夫多妻制。玛丽·卡茨（Mary Katz）和麦尔文·康纳（Melvin Konner）总结了贝都因文化中父亲的角色。[85] 父亲在身体和情感上都与孩子保持距离，他们大部分时间都与家人分开在不同的房间，七岁以下的孩子很少与他们交谈。七岁以后，父亲开始教导儿子如何射击和进行突袭，使用严厉的体罚（例如，用刀切割或刺伤）来管教儿子。

在当代的游牧社会中，肯尼亚的基普西吉人提供了一个现代的例子，他们传统上以放牧牛群和种植作物为生。一项比较美国和基普西吉父亲角色的研究发现，美国中上阶层的父亲为婴儿和幼儿提供了 13%~17% 的直接照料，而基普西吉父亲在孩子生命的前四年里从未喂过饭、给婴儿穿衣、洗澡或将婴儿抱出屋外。他们的角色更多被视为经济提供者和纪律执行者。基普西吉的文化模式支持这种不参与照顾婴儿的行为，他们认为婴儿可能会被父亲注视的力量所伤害，而父亲的男性气质可能因婴儿的脏污而受到损害。[86] 这在第三章讨论的证据中显得特别有趣，即与婴儿的密切接触会降低睾酮水平，而人们常常将这种激素与男性气质联系在一起。

在类似的游牧社会中，牲畜不仅是食物的来源，也是财富的主要来源，而这种财富是由男性控制的。为了结婚，年轻男性必须给新娘的家庭牛，而父亲通常会提供牛给儿子们，以便他们能够结婚。我们在之前提到的阿卡俾格米人的案例中也看到了这一点。因此，尽管游牧社会的父亲在直接育儿方面的参与度较低，但他们在间接形式的父性照料方面却非常投入。

除了生计方式，还有其他一些变量也有助于解释为什么在某些社会中父亲更多地参与育儿，而在其他社会中父亲的参与度较低。[87] 例如，父亲在战争频繁且参与军事活动的社会中往往在育儿方面的参与度较低，与孩子保持更多的身体和情感距离。我们在第一章讨论了父亲缺席与儿子攻击性行为增加之间的关联。因此，父亲与儿子保持身体和情感距离的社会规范可能是这些社会培养战士的文化机制之一。[88] 或者，父亲可能因为担心在战斗中丧生，所以刻意与孩子保持情感距离，这样孩子在他们去世时就不会那么痛苦。

一夫多妻制，即一名男性拥有多名妻子的现象，与较低的父亲参与度相关联。尽管阅读这本书的大多数人生活在不实行一夫多妻制的社会中，但在人类学记录的许多人类社会中，一夫多妻制是被允许的，尽管大多数男性并未实现。实行一夫多妻制的男性更多地将精力投入到求偶努力和资源供给上，即获取地位和资源以吸引多个女性伴侣，并在经济上支持他们的孩子，而非提供直接的父性照料。

在不同文化背景下，父亲参与度较高的社会往往与一夫一妻制和没有战争相关。在母亲更多地通过生计活动提供供养的社会中，父亲们往往更加积极地参与育儿。例如，在狩猎采集社会里，母亲们为其群体提供了大量热量，在某些情况下甚至是大部分热量，当男性和女性在获取生活资源方面贡献大致相等时，父亲们在这些社会中往往也更多地参与育儿活动。[89]

父亲的育儿参与度也受到其他异亲的可用性的影响。如第二章讨论的，父亲似乎会根据异亲提供的支持来调整自己的投入。通常，当其他人做得少时，父亲会做得更多，反之亦然。在阿卡俾格米人中，当他们与自己的家庭（父系）同住，母亲一方的亲戚无法提供帮助时，父亲在婴儿护理中的参与度要远高于与母亲家庭（母系）同住时的参与度。[90] 同样，在阿卡俾格米的北部邻居博菲狩猎采集者社群中，当年长的女性亲戚不能参与照料时，父亲与婴儿的身体接触更多。[91] 另一个例子是，玻利维亚低地的提斯曼人父亲，如果他们有年长的女儿可以提供照顾，他们对婴儿和幼儿的直接照料就会减少。[92] 因此，在异亲缺乏时，父亲们往往需要做更多的工作。

虽然以上这些预测因素主要来自对小型非工业社会的研究，但它们也能帮助我们理解为什么在现代高收入社会中，父亲越来越多地参与到育儿之中。在这些社会中，人们采取一夫一妻制，战争并不常见，母亲越来越多地通过外出工作为家庭提供经济支持，而职业抱负常常需要夫妇俩远离大家庭，导致潜在的异亲照顾者数量减少。所有这些因素都可能增加父亲的育儿参与度。

跨文化研究中还发现，父性行为的差异不仅仅体现在育儿参与度上。在某些社会中，父性行为的性质与我们普遍预设的截然不同。例如，在一些南美文化中，女性与丈夫以外的一个或多个男性发生性关系被视为常态。按照常理，这似乎是减少父亲投资的因素。也就是说，由于男性缺乏父亲身份确定性，他们本应不愿意投资抚养妻子所生的孩子。然而，这里的文化往往是男性入赘女方家庭，父权制较弱。作为后果，演变出的文化模式往往鼓励多个男性投资于她的孩子来使母亲受益。与母亲发生性关系的每个男性都被认为是孩子的"父亲"，这是一种"可分割父权"的信念，即每个男性的精子被认为有助于胎儿的成长。实际上，这种文化系统使男性相信他们都是生物学上的父亲，因此他们都倾向于投资这个孩子。母亲和孩子似乎也可以从这种意识形态中受益，因为数据显示，有多个父亲的孩子更有可能活到十五岁，这可能是因为父亲们提供了更多的食物。[93] 尽管如此，这种文化意识形态仍可能与演化的遗传倾向相冲突，因为一些学者指出，在这些社会中，男性的嫉妒心理并非不存在。[94]

在非工业社会中，父亲还在教育孩子方面扮演着重要角色，尤其是教授男孩在社会中获得成功所需的技能。然而，在现代民族国家，父亲作为教育者的角色已经大大减弱，因为孩子们的大部分教育主要由学校负责，而且我们中很少有人会根据自己的职业选择来培养自己的孩子。[95] 两万年前，我们可能会教我们的儿子如何狩猎、捕鱼、寻找蜂蜜和制作工具。如今，他们在学校接受标准化课程的教育，而且很多时候，我们的孩子反而在教我们如何使用最新的在线应用程序。

这并不是说现代父亲不再是孩子重要的教育者。实际上，在第一章中，我探讨了他们在教导孩子行为规范、价值观和情绪调节技能方面的作用。而且，时至今日许多父亲仍在传授给孩子们那些在文化上受到重视的技能，比如如何参与各种体育运动。多年来，我指导我的儿子打棒球。我记得有一个特别的时刻，那并不是在赢得一场重要比赛之后，也不是在我的儿子有英勇表现之后，更不是在相反的情况下。那是一个简单的时刻，我们的球队在训练中进行对抗赛。夕阳在我们身后落下，我感到它的暖意洒在我的肩上。修剪整齐的球场在晚霞中显得格外美丽。我们五位教练从球员席和内场边线上观望。孩子们知道他们该做什么。我们已经和他们一起训练了几周，现在他们都站在自己的位置上，对自己的职责充满信心。一切都在按计划进行。没有人在说话，也不需要说话。四周一片宁静。孩子们在打球，但时间似乎慢了下来。没有人想去其他地方。这真是一个梦幻般的时刻。当我看着这如画的景象时，我意识到在我们的社会中，很少有机会看到一群成年男子共同向一群男孩传授某种技艺。对我们教练来说，那一刻的满足感和宁静感部分来自我们成功地将我们文化中一个宝贵的部分传递给了我们的孩子："这是我们小时候喜欢的游戏，它教会了我们很多，现在你将能够以某种方式体验我们曾经经历过的东西，我们将通过你继续生活。"因此，如今父亲仍然在与孩子进行社交互动和教育孩子，但可能没有过去那么频繁或深入。

* * *

当我们从非工业的小型社会转向探讨现代国家中的父职照顾时，我有所犹豫，因为这些国家并非同质化的社会，其中所做的概括并不适用于所有子群体或个体。相反，国家由不同阶级、宗教、种族、种姓和亚文化的人们构成。尽管如此，研究者们还是对这些国家的父亲角色提出了谨慎的概括，并能理解这些概括并不适用于所有人。

传统父亲与现代父亲

一项针对现代国家中父亲角色的调查揭示了不同国家间对理想化、传统父亲特质的惊人一致性。与普遍认为的温情和抚育形象不同，许多国家中的传统父亲角色是一个严肃、权威，以及在情感上保持距离的供养者。

例如，中国传统的父亲形象深受古代儒家哲学的影响，该哲学强调父亲是家庭无可争议的领导者。父亲被鼓励成为严格的教育者和孩子们的榜样，而非玩伴或照顾者。[96]

尽管受印度教而非儒家思想的影响，印度的传统父亲与中国的传统父亲在角色上有许多相似之处。在这些文化中，父亲被视为家庭无可争议的领导者，是家庭的经济支柱和权威人物，但不是日常的照顾者。虽然他们内心往往对自己的孩子怀有深厚的感情，但印度的传统父亲与孩子保持着情感上的距离，并不公开向孩子表达温暖。值得注意的是，祖父通常会向他们的孙辈表达爱和感情，因此在印度家庭中，情感联结往往会跳过一代人。[97]

在巴西，葡萄牙殖民者引入了一种父权制的模式，这种模式后来被巴西原住民采纳。父亲是家庭无可争议的头领和主人，也是家庭的经济支柱和在道德与经济问题上的家庭决策者。[98]

在苏联时期，俄罗斯的农民父亲与七岁以下儿童相处的时间很少。当他们的儿子长到七岁时，父亲会开始提供道德和职业培训，包括农业和贸易技能。上层阶级的父亲通常对孩子严格且情感上保持距离，这是我们反复听到的主题。在苏联时期，这一主题持续存在。许多孩子在没有父亲的情况下长大，这意味着许多男孩没有榜样来教会他们如何成为父亲。当父亲在家庭中时，他们往往对孩子的照顾责任很低，祖父母通常比父亲花更多时间照顾孩子。

在不同国家中，现代父亲的角色正在发生显著变化，他们正从传统的、权威型的父亲转变为更加温暖和积极参与育儿的父亲。例如，在美国，1965—2016 年，父亲们在儿童照料上花费的时间每周增加了三倍以上。[99] 许多学者提出，西方社会中的父亲在意识形态上正向更关怀、更注重养育的方向转变，这种转变强调的是照顾、父子关系质量、积极情感和性别平等，而不是男性的支配地位。[100] 在不同程度上，中国、印度和埃及等国家也出现了类似的趋势，这似乎是一个近乎全球的现象。

社会政治与经济影响

在现代国家中，经济状况或社会政治因素常常对父亲参与育儿这件事构成挑战。例如，为了履行养家糊口者的角色，世界各地的许多父亲被迫成为迁徙劳动力，这使他们无法与自己的孩子生活在一起。在中国，许多生活在农村的父亲必须迁移到城市工作，他们通常带着妻子一起，留下孩子由祖父母抚养，这些家庭被称为"隔代家庭"。[101] 同样，在现代埃及，许多父亲被迫迁移到产油的海湾国家，这使父亲缺席孩子的成长成为该国普遍且日益严重的问题。在埃及，研究表明父亲缺席与孩子的攻击性行为和违法行为的增加以及学业成就水平的下降有关。[102] 另一个例子是，南非于 1960—1994 年的种族隔离政策要求黑人家庭居住在农村地区，而主要的工作机会在城市。这迫使南非的黑人父亲作为劳工迁移到城市地区，几乎不可能同时与孩子生活在一起。尽管种族隔离已经结束，但是男性劳动力迁移仍在继续。在 2001 年的一项研究中，南非只有 12% 的孩子与父亲同住，但有一半的孩子在一年内可以从父亲那里得到经济支持。[103]

苏联解体后，俄罗斯向资本主义和市场经济转型，这给男性带来了更大的压力，他们需要为家庭提供更多支持。资本主义经济要求许多父亲

工作更长时间，许多父亲则不得不离家外出务工，从而履行他们作为养家糊口者的责任。因此，即使俄罗斯父亲想要参与到家庭中，也面临着相当大的障碍。[104]

在20世纪90年代中期苏联解体后，俄罗斯男性面临着令人震惊的死亡率，这些死亡原因包括酒精中毒、暴力、事故和心血管疾病，这些情况可能是因向市场经济转型带来的心理压力加剧造成的。当时俄罗斯男性的平均预期寿命非常低，仅为57岁。[105]俄罗斯人的酒精依赖部分是由于其酒文化，这是男性友谊的重要组成部分。显然，酒精依赖与敏感的父性照料并不相容。此外，理论预测，像俄罗斯这样的高死亡率环境会导致更快的生活史策略和较少的父亲投资，这可能是当代俄罗斯父亲参与度低的部分解释。与快速生活史策略的观念一致，20世纪90年代俄罗斯的青少年怀孕率在发达国家中是最高的。为此，俄罗斯政府后来实施了一系列的酒精和烟草控制政策，这可能是近年来男性死亡率显著下降和男性预期寿命增加的原因。现在，俄罗斯男性在出生时的预期寿命已增加，青少年怀孕率也相应下降。这可能对未来一代的父亲投资是个好兆头。然而，由于战争，男性死亡率的增加可能会抵消这些收益，这无疑会导致更多的儿童在没有父亲的环境中成长。

在美国以及许多其他高收入国家，外出工作的母亲的比例显著增加，以至于现在大多数拥有18岁以下子女的美国母亲都在外做全职工作。[106]鉴于夫妻共同承担养家糊口的责任，当前美国文化中的父职模式倾向于认为儿童照顾也应男女共同分担。父亲被视为育儿过程中的合作伙伴，夫妻共同协商如何一同抚养孩子。实际上，许多美国父亲投入大量时间照顾孩子，包括喂食、洗澡、穿衣和换尿布。尽管如此，平均而言，母亲与孩子共度的时光仍然多于父亲。美国的父亲也帮助孩子们做家庭作业。除此之外，父亲较多与孩子一同玩耍，尤其是参与打闹类的活动。[107]许多美国父亲还指导或训练他们的孩子参与体育活动，这可能有助于帮助他们在一个竞争激烈的社会中做必要的生活准备。

在我对亚特兰大地区120位美国父亲进行的访谈中，很明显他们中的许多人仍然相信，他们是最应该为家庭的经济福祉负责的人。许多人报告说，围绕这一责任会感到显著的压力，这可能是由于新文化模式期待父亲为孩子也提供更多的直接照料。许多人还报告说，在努力履行照顾者和养家糊口者的角色时，难以平衡工作和家庭之间的关系。美国父亲报告说，在过去的几十年里，工作和家庭之间的压力有所增加，超过一半的人表示，平衡工作和家庭是一个挑战。[108] 在澳大利亚，父亲们在工作与家庭平衡方面的挣扎也很明显，这种情况可能普遍存在于那些男性需要在积极参与直接育儿的同时，还需继续担负起养家糊口责任的社会中。[109]

扩展式父职

在一些国家，父亲的角色偏离了世界上许多地方常见的核心家庭模式。以南非为例，尽管父亲由于劳动力迁移而常常在育儿方面缺席，但许多孩子是由非亲生父亲抚养长大的，许多父亲也对非亲生子女负有责任。在这种文化背景下，男性被期望参与一种"扩展式"的父亲角色。以下是一篇由南非男孩撰写的文章，阐释了这一现象。[110]

我今年17岁，我从未见过我的亲生父亲，母亲也在我4岁时去世了。是姐姐和姐夫把我抚养成人。他们的小孩都比我小。我称他们为母亲和父亲，因为他们就是我的父母。父亲对我来说非常重要。当我无家可归时，他让我住进了他的家。他送我上学，参加家长会，提醒我做作业，要我好好学习。当我难过时，他会讲笑话，只为看到我的笑容。他给我们洗衣服，有时还为我们做饭。他喜欢和我们（我和妹妹）聊生活和未来。他总是说他希望我们能和他的两个儿子一样。他希望我们成长，接受教育，负责任。有一天，他告诉我，他想看到我从比勒陀利亚大学毕业。他并不富有，但他愿意和我们以及他的孩子们分享那一点点。他对我们和他的儿子没有任何区别。每当我行为失当时，他便会像任何父母那样表现出不满，引导我回到自己作为孩子和家中长子的角色。有时我会想，我做了什么

才配得上像他这样的父亲。他这个年纪的大多数人还在街头像孩子一样游荡，但他选择成为我和 14 岁的顽皮妹妹这两个孤儿的父亲。即使在这些年里我顽皮捣蛋，他一直在我身边。他让我意识到，不仅仅是你的亲生父母才能抚养你、送你上学且无条件地爱你。

我称他为我的父亲。

与扩展式父职密切相关的是社会性父职，其中非生物学父亲为孩子们提供重要的养育、道德指导和情感支持。这在美国的非裔美国人社区非常普遍，社会父亲包括年长男性的扩展家庭成员、教父、牧师和教练等。[111]

婚姻与离婚的变化

在许多高收入国家，越来越多的人在未婚的情况下生育孩子，同时更多的已婚夫妇选择离婚或分居。这一趋势在美国尤为明显，这导致美国成为世界上单亲家庭比例最高的国家。截至 2018 年，几乎四分之一的 18 岁以下美国儿童生活在只有一位家长且没有其他成年人的家庭中。[112] 这些家庭大多为单亲母亲家庭，这意味着越来越多的美国父亲并不与自己的孩子同住。其他高收入国家也出现了类似的趋势。[113]

* * *

除了文化因素，最后一个能够塑造父性行为的重要因素是向新手父亲传达父亲参与育儿的重要性。

父职干预项目

针对提升父亲在育儿方面的参与度，研究人员已开发出一系列父职干预项目。这些项目的有效性各异，[114] 包含视频反馈的项目在提升积极育儿行为方面显示出特别的有效性。在这类项目中，研究人员录制父母与孩子的互动视频，并与父母一同观看这些视频。其中一个此类项目是旨在促进积极育儿和敏感管教的视频反馈干预项目（VIPP-SD）。该项目旨在实现两个目标：首先，提高父母在与孩子互动中的敏感性，因为父母的敏感性能够预测安全的亲子依恋，进而预测孩子更高的社交能力和更少的行为问题；其次，帮助父母实施有效的管教策略，这些策略包括对积极行为予以奖励，同时对规则和限制进行清晰解释和严格执行。VIPP-SD 通常包含六次访问，通过多项设计精良的评估研究，该干预项目已被证实能持续提升父母的敏感性和孩子的依恋安全性。这些项目大多与母亲合作进行，但研究人员也开始评估该项目在父亲中的应用效果。[115]

父职干预项目面临的主要挑战之一是如何让父亲自愿参与并持续保持参与度。[116]部分项目在这方面取得了成功，并且在改善父亲育儿成效方面也显示出了积极成果。"父亲倾听孩子心声"项目便是成功案例之一，旨在帮助父亲培养学龄前儿童的情商。项目中，父亲们学习如何注意、回应、感同身受并反思孩子的情感，实际上，父亲在学习如何成为孩子的情绪教练。鉴于大量证据显示父亲的积极参与与孩子情感调节技能的提升密切相关，因此这一项目显得尤为明智。该项目包括七次每周两小时的会议，以及项目结束八周后的两小时加强会议。活动内容包括观看情绪教练和情绪忽视的视频、实践应用练习、角色扮演和小组讨论。

在一项研究中，共有 162 位澳大利亚父亲被随机分配至干预组和对照组。值得注意的是，仅有一位父亲退出了该项目。六个月后，与对照组父亲相比，完成项目学习的父亲们报告称，他们在与孩子互动的过程中更多地运用同理心和鼓励性表达。与对照组父亲相比，他们还报告称，自己的孩子的情感和行为问题有所减轻。[117]尽管这些结果令人鼓舞，但它们可能受到期望效应的影响，即研究的参与者可能会基于预期的结果而有意无意地调整他们的回答。显然，父亲们知道他们被期望在同理心和表达鼓励方面有所改善，他们可能会有意无意地朝那个方向做出他们的回答。后续研究应当通过直接观察父亲与孩子之间的实际互动来对项目效果进行更深入的评估，从而确认父亲的行为是否有所改变，而不是单纯依赖父亲自身的报告。

另一个项目正是采用了这种方法。"父亲支持学前成功"是一个社区家长教育项目，它以共同阅读书籍作为父亲练习育儿技能的工具。该项目包含八次小组会议，每周一次、每次 90 分钟。在这些会议中，父亲们观看夸张的父子阅读互动中的错误育儿视频片段，随后分成小组讨论这些错误，并集思广益制定纠正策略。父亲们还需要在课后练习对话式阅读，即使用提示和反馈让孩子成为积极的讲故事者。

一项研究评估了该项目的成效，参与者主要是在美国城市社区招募的 126 名低收入的西班牙裔父亲。这些父亲被随机分配到干预组或没有接受干预的对照组。这项干预成功地吸引了父亲们的参与，他们出席了 79% 的小组会议。接受干预的父亲们不仅在自我报告的育儿行为上有所改善，而且实验者所观察到的育儿行为也有所提高。具体来说，他们对孩子的批评减少了，对孩子的表扬和关爱增加了。被随机分配到干预组的父亲们还报告说，他们孩子的行为问题减少了。此外，干预组的孩子们在语言发展上也显示出了更大的进步。该项目的一个优点是，干预主要依赖于父亲们之间的相互讨论，而非由高度训练的专家以自上而下的方式指导或培训参与者。这种方法提高了干预措施对父亲的吸引力，并增强了他们的参与度。同时，由于引导者无须是受过高度训练的专业人士，这让更多引导者群体可以加入进来，进而扩大了项目的普及和实施范围。[118]

有理由相信，从孕前阶段就开始的父职干预介入可能与孩子出生后开始的干预介入同样有效，甚至更有效。一项研究显示，准爸爸们在与仿真婴儿互动时表现出越多的敏感性，他们在自己的孩子出生后也会更加敏感。[119] 目前，一些项目已经开始针对准爸爸设计干预活动。一个团体教育介入项目针对的是首次成为父母的夫妇，旨在增强父亲对其角色的认识，提升技能和加强承诺；提升母亲对父亲参与的支持和期望；促进夫妻之间的共同育儿团队合作。项目从孕期的第四个月至第六个月开始，一直到产后五个月，期间一共举行八次会议，内容涵盖迷你讲座、小组讨论、录像分析、技能演示、角色扮演和运用新父母角色模型。一项研究将 165 对首次成为父母的夫妇随机分配到干预组或对照组，并观察父亲与婴儿的玩耍互动。研究的流失率仅为 15%。干预被证明可以增加父亲的温情、积极情绪和父子同步性，同时减少父亲的侵扰行为。此外，它还增加了父亲在工作日育儿的可及性。[120]

荷兰的一个研究团队开发了一项名为"产前视频反馈促进积极育儿"的干预项目，该项目包括三次产前会议，在这些会议中，父亲们使用超声波成像与他们的胎儿互动，研究人员试图培养父亲的敏感回应和同理心。例如，研究人员可能会说："当你开始说话时，你的宝宝停止了动作。也许他在听。在这个年龄，他当然能够听到并认出你的声音。"[121] 这项干预最近已被证明可以增加父亲的敏感性。[122]

* * *

在本章中，我们探讨了众多影响父亲参与育儿的社会规范和环境因素，这些因素在图 6-1 中得到了汇总，并结合了第三章至第五章中所讨论的生物学因素的影响。在下列情况下，预期父亲们将更积极地投身于育儿活动：

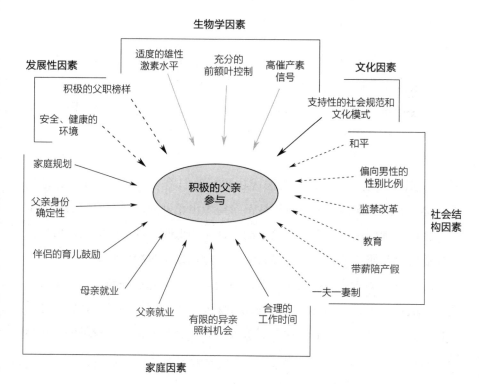

图 6-1　环境和生物学因素对父亲育儿参与度的影响

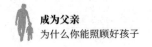

- 成长于一个安全、健康的环境中。
- 拥有积极参与育儿的父亲作为榜样。
- 有计划地迎来自己期望中的孩子。
- 对自己的父亲身份有较高的确定性。
- 被提供并接受带薪的陪产假。
- 得到伴侣的鼓励和支持以参与到育儿中。
- 有工作且工作时间合理。
- 未被监禁。
- 所处的人群中男性数量多于女性。
- 实行一夫一妻制。
- 伴侣也就业工作。
- 可用的异亲较少。
- 没有卷入战争。
- 拥有促进父亲参与的文化模式。

基于这些观察，我们可以提出一些明确的策略建议，从而增强父亲参与育儿的程度，这为本章节画上了一个适宜的句点。

1. 通过减少枪支暴力等措施努力使低收入社区变得更安全，同时，通过帮助社区获得高质量、经济实惠的医疗服务的机会，进而提升社区的健康水平。

2. 遗憾的是，当父亲们无法成功履行他们养家糊口的责任时，他们往往会从家庭中撤出。大多数男性都希望做出正确的选择，他们渴望有工作，并履行他们在经济上供养孩子的责任。为低收入社区的父亲提供更多的就业机会和职业培训，有望提高父亲在育儿方面的参与度。

3. 在那些尚未实施带薪陪产假政策的国家，引入这一制度无疑是一个明智的决策。当父亲们的收入得到充分保障，企业积极倡导并确保男性员工休陪产假不会对他们的职业发展造成不利影响时，他们更有可能选择休陪产假。

4. 对那些愿意承担抚养子女责任的非暴力犯罪父亲，考虑减轻或取消其监禁处罚。

5. 避免战争。处于战争的社会往往有情感疏远的父亲，并且许多孩子会在战争中失去父亲。

6. 在不同层面上提供教育至关重要。首先，我们可以着手教育男孩和年轻男性，让他们认识到父亲角色对儿童成长的重要性，这一教育应在高中阶段进行，即在他们可能成为父亲之前。我最近在亚特兰大一所公立高中，对几个班级进行了关于父职的讲座，这所学校有很高比例来自低收入家庭的学生。起初我不确定这些内容会对高中生产生影响，但我在讲座后发放了一份保密调查问卷，其中一名学生这样写道："我觉得这次讲座很有趣，因为我对成为父亲感兴趣，并计划在某个时间点成为父亲。现在我对这些事实感到更有信心，也更清楚自己该期待什么。"与父职教育同步，我们还应该教育青少年男性和女性关于家庭规划的知识，以及有意识地建立家庭的重要性。对女孩和年轻女性进行教育同样至关重要，这可以推迟生育年龄，降低青少年怀孕的可能性，因为青少年怀孕与父亲角色的缺失有密切关系。最后，我们应努力通过父职教育和干预项目来提高父性照料的质量，如前所述。

投资于父亲，就是投资于我们孩子们未来的心理健康和幸福，进而也是投资于一个和谐且功能完善的社会。无论是出于实际还是人道主义的原因，这都是一项有意义的投资，并且可能会带来丰厚的回报。

弗雷德里克·道格拉斯（Frederick Douglass）曾说："培养强大的孩子比修复破碎的成人更容易。"但我们也不要放弃那些已经破碎的成人。他们中的许多人是父亲，我们需要好父亲来帮助培养那些强大的孩子。

第七章

结　语

————

　　如果我有十分钟的时间，与一群未来将成为父亲的年轻男性探讨父职，我会说什么？

　　我想我会从人类作为哺乳动物说起。虽然大多数哺乳动物的父亲并不参与抚养幼崽，但在人类演化的过程中，一些特别的变化赋予了男性参与抚养后代的倾向和能力。父性关怀可能在人类中演化出来，因为它为祖先的孩子提供了额外的热量，这些热量对于构建一个庞大的灵长类动物大脑至关重要，同时也使母亲能够更早地断奶，并以更快的速度生育。演化不仅赋予了男性供养孩子的能力，还赋予了他们背负、喂养、清洁、呵护和与孩子玩耍的潜力。人类是合作养育者，父亲通常是协助母亲抚养孩子的照护团队的一员。特别是在异亲稀缺的情况下，父亲往往更积极地参与育儿。我会强调，当夫妇生活在与大家庭分离的孤立的核心家庭中，缺乏合作抚养者时，他们的育儿工作变得尤为关键。

　　接着，我会告诉他们，有很多证据表明，父亲对孩子的发展至关重要，尤其是在我们这样拥有许多孤立的核心家庭的西方高收入社会。如果他们作为父亲是温暖的、有教养的、敏感的和反应迅捷的，并且设定并执行适当的限制，他们的孩子往往会表现得最好。有这样父亲的儿童往往心理更健康，行为问题更少，学业成绩更好，朋友也更多。好父亲帮助孩子学会如何应对愤怒和焦虑等负面情绪，并通过让他们接触新奇和不可预测的事物，帮助他们学会接受而非惧怕或回避这些经历，从而帮孩子们准备好面对家庭之外的世界。

接着，我会告诉他们，演化调节了他们的生理机能，使用了最初可能是为了支持母性关怀而演化出来的大脑回路，为他们做好了育儿的准备。这意味着，成为一位好父亲不仅是社会和文化上的期待，也是我们作为人类天性的一部分。

许多男性追求高水平的睾酮，但这种激素其实是把双刃剑。睾酮能够激发追求伴侣和社会地位的动力，也能在需要剧烈的有氧运动或肌肉活动以支持父亲提供物质资源方面发挥作用。然而，它也可能干扰父亲对婴儿的敏感和呵护，分散维系生存的能量，抑制免疫系统，甚至加速衰老。因此，当男性成为父亲并参与育儿时，他们的睾酮水平自然会有所下降，这并非坏事，而是人类生命周期中的一个自然而重要的环节。

接下来，我会向他们介绍催产素。虽然许多人认为这是母亲的主要激素，但它实际上也支持父亲与婴儿之间的亲子关系，并且可以通过与婴儿的皮肤接触来激发。催产素不仅帮助父亲与婴儿建立联结，也促进了与伴侣之间的纽带。当他们对孩子展现出温暖和呵护时，可能也在塑造孩子催产素系统的发育，使孩子长大后更倾向于对他们的伴侣和孩子表现出同样的关怀。

催产素还会作用于大脑中与奖励和动机相关的特定回路，使父亲发现照顾婴儿是值得的，激发他们照顾婴儿的意愿。它还会影响其他大脑回路，帮助父亲与婴儿产生共鸣。我要强调的是，他们较大的前额叶皮质将帮助他们在婴儿哭泣不止时控制自己的挫败感，并且在面对其他可能导致偏离家庭承诺的诱惑时保持忠诚。

我会建议他们在找到合适的伴侣，并且双方都准备好，愿意积极投身于育儿时，再慎重地考虑建立家庭。我也会鼓励他们在不影响家庭经济供给的前提下尽量休陪产假。这不仅能减轻伴侣在艰难时期的压力，也有助于与婴儿建立联结，为将来的亲子关系和育儿参与打下基础。同时，我要告诉他们，尽管为家庭的经济做出贡献很重要，但应尽量避免让工作占据全部生活，以至于忽略了直接的育儿参与。当然，如果为了养家糊口必须

这样做，那么这种牺牲是值得尊敬和钦佩的。

最后，我想告诉他们，尽管他们能为孩子们做很多事，但这不仅仅是单向的付出——孩子们也能为他们带来很多。

那么，孩子们究竟能为父亲带来什么呢？

我的博士导师曾说："生育成功来之不易。"这句话听起来或许有些幽默，但很快你就会意识到它背后的深刻含义。养育孩子是一项充满挑战的任务，需要父母付出巨大的努力。在我与亚特兰大地区的父亲们的对话中，他们最常提到的挑战包括与育儿相关的经济压力、工作与家庭的冲突、伴侣间亲密度的减少，以及婴儿时期睡眠不足的问题。

但我交流过的大多数父亲都表示，这些挑战所带来的回报远远超过了挑战本身。那么，这些回报究竟是什么呢？

首先，拥有孩子与寿命的延长有关。一项瑞典的研究表明，至少有一个孩子的 60 岁男性比没有孩子的男性预期寿命多两年。女性也受益，尽管不那么显著（寿命延长了一年半）。随着男性年龄的增长，孩子对他们的积极影响也在增加，一种可能的解释是年迈的父母能够从成年子女那里获得支持——包括社交、情感和实际帮助，这些支持有助于改善他们的健康和延长寿命。[1]

此外，拥有孩子甚至可能导致生理变化，减缓衰老的速度。最近一项引人注目的研究表明，拥有孩子与记忆力提升和晚年时"更年轻"的大脑状态有关。随着年龄的增长，人的大脑解剖结构会经历可预测的变化，但有些人的大脑衰老得更快或更慢。平均来看，有两三个孩子的男性和女性与没有孩子的人相比，他们的"大脑年龄"更低。[2]这种情况在母亲和父亲身上都有发生，因此不太可能仅是由于母亲在怀孕期间经历的激素变化所致。相反，可能是伴随育儿而来的心理刺激对这些神经的保护起到了效果。很可能还有其他形式的心理刺激可以减缓大脑衰老，但育儿应该是其中之一。

这一发现对我们许多人来说都是违反直觉的，因为我们发现育儿有时会带来压力，并直觉地认为压力通常会加速大脑衰老。例如，我们很难相信，因为一个哭闹的婴儿我们每晚只睡两个小时，这会延长寿命。理解这一点的关键在于，尽管育儿有时具有挑战性和压力，但它通常也会给你的生活增添意义和目的。[3] 意义和目的与衰老有什么关系？这可能比我们想象的要多。例如，事实证明，生活的意义感已被揭示可以保护中年晚期的成年人免受认知衰退的影响。[4]

但在我与父亲们的访谈中，他们并没有谈论健康的益处或寿命，相反，他们主要谈论的是孩子带给他们的感受。[5] 许多父亲描述了被他们的孩子所爱是多么令人满足。当你的孩子在门口跑来迎接你，或者不由自主地说"爸爸，我爱你"——嗯，生活中很少有事情能比这更好的了。一位我采访的 37 岁医生，也是三个孩子的父亲，他这样说："当你打开门，他们跑过来拥抱你，那种感觉是我这辈子遇到的任何事都没法比的。"另一位父亲私下说："我不是世界上最好的爸爸，但我的孩子们仍然爱我，这感觉很好。"

有些父亲甚至被孩子们的魅力所倾倒。一位 56 岁的两个孩子的父亲，也是一名注册会计师，对于他五岁的女儿这样说："当她微笑时，你知道，对我来说，这就是整个世界。"我也有一个五岁的女儿，我经常想，她绝对是自然选择完美的杰作，让我不得不爱她。她的长相、举止、言谈都让我觉得很可爱。作为一个科学家，我不禁怀疑，即使是演化论，是否也能设计出一个让我更有动力去呵护的人。她对我的掌控力是惊人的。比如，她喜欢玩她的芭比梦想屋，而那对我来说可能是我最不喜欢的活动之一。然而，当她邀请我和她一起玩时，我无法拒绝。事实上，我已经尽职尽责地把芭比所有的姐妹的名字都记在了心里。

很多父亲把孩子们看作是自己生命的延续，通过孩子去体验快乐。记得我父亲以前常带我和兄弟们去钓鱼，但他自己总是钓不到，因为他忙着帮我们解决各种问题。那时候，我担心父亲没享受到钓鱼的乐趣。但现在我明白了，他是在通过我们体验那份乐趣。

把孩子看作自己的延伸，也让人有了一种永恒之感——你的生命将通过孩子们延续到未来。一位 31 岁的父亲，有两个小孩，他说："有了孩子，感觉就像我重生了一样，仿佛我重生了两次。"最近，我女儿问我为什么我们必须死，为什么不能永生。这是个复杂的问题。我告诉她，其实我们并没有真正死去，我们只是把基因传递给了下一代，我已经这样做了两次，她和她的哥哥就是我的新生命。我想她可能在想："下次还是去问妈妈吧，妈妈可能会给出更理性的答案。"尽管如此，我们通过孩子延续生命的感觉是有道理的。

有些父亲甚至觉得，拥有孩子给了他们重新开始生活、修正过去错误的机会。一位有两个小孩的博士生父亲告诉我："你确实可以通过孩子们间接体验生活，孩子们就像一张白纸……他们真的有可能成为宇航员、成为总统，你只需要引导他们。这是多么美妙的事情。想想你自己犯过的所有错误……他们真的可以成长为非常优秀的人。"另一位父亲更直接地说，他发现"帮助我的孩子们做出比我更好的选择"是有价值的。有些男性甚至将父职视为通过孩子实现更大成就的途径："我希望我的孩子比我更优秀，做更大的事情，做得更好，完成更多我没有完成的目标，因为那会让我作为父亲感到骄傲。"确实，很多父亲认为这样的成就是特别令人满足的。比如，一位有三个孩子、37 岁的父亲这样说："看到他们完成了他们努力追求并真正想要做的事情，那些是最好的感觉，是你能看到的最好的回报。"

很多父亲乐于向孩子们传授技能、知识和价值观。当我们觉得在生活中学到了一些东西，能够帮助他们时，也愿意把这些教给孩子们。一个有三个孩子、29 岁的父亲说："我想把我在各种不同情境下学到的所有东西的钥匙都交给他们……所以我觉得自己有很多可以教他们的。"

许多父亲还提到，见证孩子成长的奇迹是另一种回报——一个单细胞的受精卵如何最终发展成为能够走路、说话、思考和爱的人。看着孩子们达到成长的里程碑，尤其让人感到满足。一个有两个孩子的 44 岁父亲告诉我："只是看着他们成长，这是你能见到的最美丽的事情。当他们迈出第一步，长出第一颗牙齿，说出第一个词……哎呀，这真的让你的心变得宽广。"另一个有两个孩子的 40 岁父亲说："对我来说，看到这些小婴儿……突然他们能睁开眼睛四处看，能集中注意力，隔天他们能微笑，再隔天他们能自己坐起来……看着他们生命最初的十八个月，真的非常神奇。"

但当我询问男性关于父职的回报时，最普遍和一致的主题是，它为他们的生活增添了目标和意义。一位育有幼子的博士生对我说："成为一名父亲……给了我另一种目标感……如果一切都崩溃了……我能提供并保持他的快乐，我就会感到满足。"同样，一个三个月大婴儿的父亲说："在我的妻子怀孕之前，我一直在进行这场哲学辩论，认为在这个星球、这个宇宙的宏大计划中，生活是没有意义的……但自从我有了女儿之后，我的一切都是为了这个孩子，她对我来说意味着一切，这是一个坚实的意义。你不能将其抛诸脑后。这太疯狂了。我从未想过会有什么如此重要。"

有时，当我们在生活中找到意义和目标时，它可以激励我们提升自己。我采访的一位 35 岁的父亲告诉我："我感觉自从成为一名父亲后，我变成了一个更好的人……你肯定会在采取行动之前考虑，你知道你的行动将如何影响你的孩子。"另一位告诉我，他过去经常聚会，也有很多诉讼缠着他，但成为父亲"给了我一个停止所有废话，整理生活的理由"。他继续说："我有一些逮捕令……我不能再回避了……最终去了法庭，把所有事情都安排好了……所以现在，我回来了，合法了，我拿回了驾照，一切都好了。"

在我们的访谈中，一些父亲流下了眼泪，他们告诉我，分享他们作为父亲的经历对他们来说有多么治愈。那些故事深深地触动了我。其中有一位多年前从中国移民过来的父亲，他现在在美国担任研究科学家，有一个 15 岁的女儿和一个 9 岁的儿子，他告诉我，尽管他在美国多年，但并不感到快乐，直到发生了一件奇妙的事情：他的孩子出生了。我注意到他开始有些哽咽，眼泪在他的眼眶里打转。他停顿了几秒钟，然后终于看着我说："我不相信任何宗教，但一个朋友的话……他说拥有孩子是一种祈祷……来自……"他没能说完这句话。于是我补充道："来自命运？"他点了点头。

参考文献

前　言

1.　"THIS Is Dad of the Year," *Daily Mail*, March 10, 2014, https://www.dailymail.co.uk/news/article-2577520/The-devoted-Chinese-father-carries-son-18-MILES-school-day-Sichuan-province.html.

2.　J. C. Mitani, D. P. Watts, and S. J. Amsler, "Lethal Intergroup Aggression Leads to Territorial Expansion in Wild Chimpanzees," *Current Biology* 20, no. 12（2010）, https://doi.org/10.1016/j.cub.2010.04.021; R. W. Wrangham and L. Glowacki, "Intergroup Aggression in Chimpanzees and War in Nomadic Hunter-Gatherers Evaluating the Chimpanzee Model," *Human Nature* 23, no. 1（2012）, https://doi.org/10.1007/s12110-012-9132-1; F. B. M. de Waal, "A Century of Getting to Know the Chimpanzee," *Nature* 437, no. 7055（2005）, https://doi.org/10.1038/nature03999.

3.　A. E. Lowe, C. Hobaiter,and N. E. Newton-Fisher, "Countering Infanticide: Chimpanzee Mothers Are Sensitive to the Relative Risks Posed by Males on Differing Rank Trajectories," *American Journal of Physical Anthropology* 168, no. 1（2019）, https://doi.org/10.1002/ajpa.23723.

4.　Martin N. Muller, Richard W. Wrangham, and David R. Pilbeam, eds., *Chimpanzees and Human Evolution*（Cambridge, MA: Belknap Press of Harvard University Press, 2017）.

5.　Sarah Blaffer Hrdy, *Mothers and Others*（Cambridge, MA: Harvard University Press, 2009）.

6.　A. P. Moller, "The Evolution of Monogamy: Mating Relationships, Parental Care, and Sexual Selection," in *Monogamy: Mating Strategies and Partnerships in Birds, Humans, and Other Mammals*, ed. U. H. Reichard and C. Boesch（Cambridge: Cambridge University Press, 2003）.

7.　Moller, "The Evolution of Monogam"; R. Woodroffe and A. Vincent, "Mother's Little Helpers: Patterns of Male Care in Mammals," *Trends in Ecology and Evolution* 9, no. 8（1994）, https://doi.org/0169-5347（94）90033-7.

8.　H. S. Kaplan, P. L. Hooper, and M. Gurven, "The Evolutionary and Ecological Roots of Human Social Organization," *Philosophical Transactions of the Royal Society B: Biological Sciences* 364, no. 1533（2009）, https://doi.org/10.1098/rstb.2009.0115; F. W. Marlowe, "Paternal Investment and the Human Mating System," *Behavioural Processes* 51, no. 1–3（2000）, https://doi.org/10.1016/S0376–6357（00）00118–2.

9.　Hrdy, *Mothers and Others*.

226

10. Barry S. Hewlett, *Intimate Fathers: The Nature and Context of Aka Pygmy Paternal Infant Care* (Ann Arbor: University of Michigan, 1991).

11. R. L. Coles, "Single-Father Families: A Review of the Literature," *Journal of Family Theory and Review* 7, no. 2 (2015), https://doi.org/10.1111/jftr.1206; S. Golombok et al., "Adoptive Gay Father Families: Parent–Child Relationships and Children's Psychological Adjustment," *Child Development* 85, no. 2 (014), https://doi.org/10.1111/cdev.12155.

12. R. Sear and R. Mace, "Who Keeps Children Alive? A Review of the Effects of Kin on Child Survival," *Evolution and Human Behavior* 29, no. 1 (2008), https://doi.org/10.1016/j.evolhumbehav.2007.10.001.

13. J. A. Gaudino, B. Jenkins, and R. W. Rochat, "No Fathers' Names: A Risk Factor for Infant Mortality in the State of Georgia, USA," *Social Science and Medicine* 48, no. 2 (1999), https://doi.org/10.1016/S0277–9536 (98) 00342–6.

14. N.J. Cabrera et al., "Fatherhood in the Twenty-First Century," *Child Development* 71, no. 1 (2000), https://doi.org/0.1111/1467–8624.00126; A. Sarkadi et al., "Fathers' Involvement and Children's Developmental Outcomes: A Systematic Review of Longitudinal Studies," *Acta Paediatrica* 97, no. 2 (2008), https://doi.org/10.1111/j.1651–2227.2007.00572.x.

15. Daniel Paquette, "Theorizing the Father–Child Relationship: Mechanisms and Developmental Outcomes," *Human Development* 47 (2004), https://doi.org/10.1159/000078723; G. L. Brown et al., "Associations between Father Involvement and Father–Child Attachment Security: Variations Based on Timing and Type of Involvement," *Journal of Family Psychology* 32, no. 8 (2018), https://doi.org/10.1037 /fam0000472.

16. I. Alger et al., "Paternal Provisioning Results from Ecological Change," *Proceedings of the National Academy of Sciences* 117, no. 20 (2020), https://doi.org/10.1073 /pnas.1917166117.

17. S. Gavrilets, "Human Origins and the Transition from Promiscuity to Pair Bonding," *Proceedings of the National Academy of Sciences* 109, no. 25 (2012), https:// doi.org/10.1073/pnas.1200717109.

18. C. Helfrecht et al., "Life History and Socioecology of Infancy," *American Journal of Physical Anthropology* 173, no. 4 (2020), https://doi.org/10.1002/ajpa.24145.

19. K. L. Kramer, "Cooperative Breeding and Its Significance to the Demographic Success of Humans," *Annual Review of Anthropology* 39 (2010), https://doi.org/10. 1146/annurev. anthro.012809.105054; H. Kaplan et al., "A Theory of Human Life History Evolution: Diet, Intelligence, and Longevity," *Evolutionary Anthropology* 9, no. 4 (2000); K. Hawkes et al., "Grandmothering, Menopause, and the Evolution of Human Life Histories," *Proceedings of the National Academy of Sciences* 95, no. 3 (1998), https://doi.org/10.1073/pnas.95.3.1336, https://www.ncbi. nlm.nih.gov/pub med/9448332.

20. L. T. Gettler, "Applying Socioendocrinology to Evolutionary Models: Fatherhood and Physiology," *Evolutionary Anthropology* 23, no. 4 (2014), https://doi.org/10.1002 /evan.21412; J. K. Rilling and J. S. Mascaro, "The Neurobiology of Fatherhood," *Current Opinion in Psychology* 15 (2017), https://doi.org/10.1016/j.copsyc.2017.02.013.

21. L. T. Gettler et al., "Longitudinal Evidence That Fatherhood Decreases Testosterone in Human Males," *Proceedings of the National Academy of Sciences* 108, no. 39 (2011), https://doi.

org/10.1073/pnas.110540310; M. N. Muller et al., "Testosterone and Paternal Care in East African Foragers and Pastoralists," *Philosophical Transactions of the Royal Society B: Biological Sciences* 276, no. 1655, https://doi.org/10.1098 /rspb.2008.1028; Peter B. Gray and Kermyt G. Anderson, *Fatherhood: Evolution and Human Paternal Behavior* (Cambridge, MA: Harvard University Press, 2010) .

22. J. S. Mascaro, P. D. Hackett, and J. K. Rilling, "Differential Neural Responses to Child and Sexual Stimuli in Human Fathers and Non-Fathers and Their Hormonal Correlates," *Psychoneuroendocrinology* 46 (2014) , https://doi.org/10.1016/j.psyneuen.2014.04.014; Rilling and Mascaro, "The Neurobiology of Fatherhood" ; O. Weisman, O. Zagoory-Sharon, and R. Feldman, "Oxytocin Administration, Salivary Testoster- one, and Father-Infant Social Behavior," *Progress in Neuro-Psychopharmacology and Biological Psychiatry* 49 (2014) , https://doi.org/10.1016/j.pnpbp.2013.11.006.

23. Michael Numan, *The Parental Brain: Mechanism, Development and Evolution* (New York: Oxford University Press, 2020) ; R. Feldman, K. Braun, and F. A. Champagne, "The Neural Mechanisms and Consequences of Paternal Caregiving," *Nature Reviews Neuroscience* 20, no. 4 (2019) , https://doi.org/10.1038/s41583-019-0124-6.

24. Rilling and Mascaro, "The Neurobiology of Fatherhood."

25. P. Kim et al., "Neural Plasticity in Fathers of Human Infants," *Society for Neuroscience* 9, no. 5 (2014) , https://doi.org/10.1080/17470919.2014.933713.

第一章

1. Henry Murray, *Analysis of the Personality of Adolff Hitler* (Washington, DC: US Office of Strategic Services, 1943) .

2. Bullock, *Hitler and Stalin.*

3. Joseph Bucklin Bishop, *Theodore Roosevelt and His Time Shown in His Own Letters* (New York: Scribner's, 1920) .

4. Kim Hill and Magdalena Hurtado, *Ache Life History: The Ecology and Demography of a Foraging People* (London: Routledge, 1996) ; K. Hill, "Altruistic Cooperation during Foraging by the Ache, and the Evolved Human Predisposition to Cooperate," *Human Nature* 13, no. 1 (2002) , https://doi.org/10.1007/s12110-002-1016-3.

5. R. Sear and R. Mace, "Who Keeps Children Alive? A Review of the Effects of Kin on Child Survival," *Evolution and Human Behavior* 29, no. 1 (2008) : 1–18. https://doi.org/10.1016/j.evolhumbehav.2007.10.001.

6. J. A. Gaudino Jr., B. Jenkins, and R. W. Rochat, "No Fathers' Names: A Risk Factor for Infant Mortality in the State of Georgia, USA," *Social Science and Medicine* 48, no. 2 (1999) , https://doi.org/10.1016/s0277-9536 (98) 00342-6.

7. A. H. Boyette, S. Lew-Levy, and L. T. Gettler, "Dimensions of Fatherhood in a Congo Basin Village: A Multimethod Analysis of Intracultural Variation in Men's Parenting and Its Relevance for Child Health," *Current Anthropology* 59, no. 6 (2018) , https://doi.org/10.1086/700717.

8. J. Winking and J. Koster, "The Fitness Effects of Men's Family Investments: A Test of Three

Pathways in a Single Population," *Human Nature* 26, no. 3（2015）, https://doi.org/10.1007/s12110-015-9237-4.

9. K. Schmeer, "Father Absence due to Migration and Child Illness in Rural Mexico," *Social Science and Medicine* 69, no. 8（2009）, https://doi.org/10.1016/j.socscimed.2009.07.030.

10. Michael E. Lamb, ed., *The Role of the Father in Child Development*, 5th ed.（Hoboken, NJ: Wiley, 2010）.

11. "Obama Father's Day Speech." 2008, https://www.c-span.org/video/?205980-1 /obama-fathers-day-speech.

12. Wendy Sigle-Rushton and Sara McLanahan, "Father Absence and Child Wellbeing: A Critical Review," in *The Future of the Family*, ed. D. P. Moynihan, L. Rainwater, and T. Smeeding（New York: Russell Sage Foundation, 2004）.

13. J. Belsky and M. H. van IJzendoorn, "Genetic Differential Susceptibility to the Effects of Parenting," *Current Opinion in Psychology* 15（2017）, https://doi.org/10.1016/j.copsyc.2017.02.021.

14. W. Thomas Boyce, *The Orchid and the Dandelion: Why Some Children Struggle and How All Can Thrive*（New York: Knopf, 2019）.

15. Charlotte Patterson, "Parents' Sexual Orientation and Children's Development," *Child Development Perspectives* 11, no. 1（2016）.

16. "My Life as an NBA Superstar Single Dad," 2011, https://www.allprodad.com /my-life-as-an-nba-superstar-single-dad/.

17. Patterson, "Parents' Sexual Orientation."

18. B. MacFarlan Hewlett, "Fathers' Roles in Hunter-Gatherers and Other Small-Scale Cultures," in *The Role ofthe Father in Child Development*, ed. M. E. Lamb（Hoboken, NJ: Wiley, 2010）.

19. S. McLanahan, L. Tach, and D. Schneider, "The Causal Effects of Father Absence," *Annual Review of Sociology* 39（2013）, https://doi.org/10.1146/annurev-soc-071312-145704.

20. R. Jia et al., "Effects of Neonatal Paternal Deprivation or Early Deprivation on Anxiety and Social Behaviors of the Adults in Mandarin Voles," *Behavioural Processes* 82, no. 3（2009）, https://doi.org/10.1016/j.beproc.2009.07.006.

21. R. Jia et al., "Neonatal Paternal Deprivation or Early Deprivation Reduces Adult Parental Behavior and Central Estrogen Receptor Alpha Expression in Mandarin voles（*Microtus mandarinus*）," *Behavioural Brain Research* 224, no. 2（2011）, https://doi.org/10.1016/j.bbr.2011.05.042; P. Yu et al., "Early Social Deprivation Impairs Pair Bonding and Alters Serum Corticosterone and the NAcc Dopamine System in Mandarin Voles," *Psychoneuroendocrinology* 38, no. 12（2013）, https://doi.org/10.1016/j.psyneuen.2013.09.012.

22. Biography.com and Tyler Piccotti, "Oprah Winfrey," last updated February 4, 2024, https://www.biography.com/movies-tv/oprah-winfrey.

23. Richard B. Lee and Richard Daly, eds., *The Cambridge Encyclopedia of Hunters and Gatherers*（Cambridge: Cambridge University Press, 2004）.

24. F. W. Marlowe, "A Critical Period for Provisioning by Hadza Men—Implications for Pair Bonding," *Evolution and Human Behavior* 24, no. 3（2003）, https://doi.org/10.1016/S1090–5138

（03）00014-X.

25. P. R. Amato and J. G. Gilbreth, "Nonresident Fathers and Children's Well-Being: A Meta-Analysis," *Journal of Marriage and the Family* 61, no. 3（1999）, https://doi.org /10.2307/353560.

26. M. D. S. Ainsworth, S. M. Bell, and D. J. Stayton, "Infant-Mother Attachment and Social Development," in *The Introduction of the Child into a Social World*, ed. M. P. Richards （Cambridge: Cambridge University Press, 1974）; N. Lucassen etal., "The Association between Paternal Sensitivity and Infant-Father Attachment Security: A Meta-Analysis of Three Decades of Research," *Journal of Family Psychology* 25, no. 6（2011）, https://doi.org/10.1037/a0025855; Kenna E. Ranson and Liana J. Urichuk, "The Effect of Parent–Child Attachment Relationships on Child Biopsychosocial Outcomes: A Review," *Early Child Development and Care* 178, no. 2 （2008）, https:// doi.org/10.1080/03004430600685282; Geoffrey L. Brown and Hasan Alp Aytuglu, "Father–Child Attachment Relationships," in *Handbook of Fathers and Child Development*, ed. H. E. Fitzgerald, K. von Klitzing, N. Cabrera,J. Scarano de Mendonça, and Th. Skjøthaug（Berlin: Springer, 2020）.

27. Amber Paulk and Ryan Zayac, "Attachment Style as a Predictor of Risky Sexual Behavior in Adolesents," *Journal of Social Sciences* 9, no. 2（2013）.

28. Karin Grossman et al., "The Uniqueness of the Child-Father Attachment Relationship: Fathers' Sensitive and Challenging Play as a Pivotal Variable in a 16-Year Longitudinal Study" *Social Development* 11, no. 3（2002）.

29. A. Vakrat, Y. Apter-Levy, and R. Feldman, "Sensitive Fathering Buffers the Effects of Chronic Maternal Depression on Child Psychopathology," *Child Psychiatry and Human Development* （2018）, https://doi.org/10.1007/s10578-018-0795-7.

30. D. Baumrind, "Authoritarian vs. Authoritative Parental Control," *Adolescence* 3, no. 11（1968）; L. Steinberg, I. Blatt-Eisengart, and E. Cauffman, "Patterns of Competence and Adjustment among Adolescents from Authoritative, Authoritarian, Indulgent, and Neglectful Homes: A Replication in a Sample of Serious Juvenile Offenders," *Journal of Research on Adolescence* 16, no. 1（2006）, https://doi.org/10.1111/j.1532–7795.2006.00119.x; S. D. Lamborn et al., "Patterns of Competence and Adjustment among Adolescents from Authoritative, Authoritarian, Indulgent, and Neglectful Families," *Child Development* 62, no. 5（1991）, https://doi.org/10.1111/j.1467–8624.1991. tb01588.x; K. Luyckx et al., "Parenting and Trajectories of Children's Maladaptive Behaviors: A 12-Year Prospective Community Study," *Journal of Clinical Child and Adolescent Psychology* 40, no. 3（2011）, https://doi.org /93701620910.1080/15374416.2011.5634701.

31. Paquette, "Theorizing the Father–Child Relationship"; Daniel Paquette, Carole Gagnon, and Julio Macario de Medeiros, "Fathers and the Activation Relationship," in *Handbook of Fathers and Child Development*, ed. H. E. Fitzgerald, K. von Klitzing, N. Cabrera, N., J.Scarano de Mendonça, and Th. Skjøthaug（Berlin: Springer, 2020）.

32. E. L. Moller et al., "Associations between Maternal and Paternal Parenting Behaviors, Anxiety and Its Precursors in Early Childhood: A Meta-Analysis," *Clinical Psychology Review* 45（2016）, https://doi.org/10.1016/j.cpr.2016.03.002.

33. M. Majdandzic et al., "Fathers' Challenging Parenting Behavior Prevents Social Anxiety

Development in Their 4-Year-Old Children: A Longitudinal Observational Study," *Journal of Abnormal Child Psychology* 42, no. 2（2014）, https://doi.org/10.1007 /s10802-013-9774-4.

34. Paquetteetal., "Fathers and the Activation Relationship."

35. Paquetteetal., "Fathers and the Activation Relationship."

36. N. Islamiah et al., "The Role of Fathers in Children's Emotion Regulation Development: A Systematic Review," *Infant and Child Development* 32, no. 2（2023）, https://doi.org/10.1002/icd.2397.

37. A. Sarkadi, R. Kristiansson, F. Oberklaid, and S. Bremberg, "Fathers' Involvement and Children's Developmental Outcomes: A Systematic Review of Longitudinal Studies," *Acta Paediatrica* 97, no. （2008）: 153–158, https://doi.org/10.1111/j.1651-2227.2007.00572.x.

38. N. Vadenkiernan et al., "Household Family-Structure and Children's Aggressive- Behavior: A Longitudinal-Study of Urban Elementary-School Children," *Journal of Abnormal Child Psychology* 23, no. 5（1995）, https://doi.org/10.1007/Bf01447661.

39. K. M. Harris and J. K. Marmer, "Poverty, Paternal Involvement, and Adolescent Well-Being," *Journal of Family Issues* 17, no. 5（1996）, https://doi.org/10.1177/019251396017005003.

40. R. L. Coley and B. L. Medeiros, "Reciprocal Longitudinal Relations between Nonresident Father Involvement and Adolescent Delinquency," *Child Development* 78, no. 1（2007）, https://doi.org/10.1111/j.1467–8624.2007.00989.x.

41. E. Flouri and A. Buchanan, "Father Involvement in Childhood and Trouble with the Police in Adolescence—Findings from the 1958 British Cohort," *Journal of Interpersonal Violence* 17, no. 6（2002）, https://doi.org 10.1177/0886260502017006006.

42. M. Novak and H. Harlow, "Social Recovery of Monkeys Isolated for the First Year of Life," *Developmental Psychology* 11（1975）.

43. M. E. Lamb, "Father-Infant and Mother-Infant Interaction in 1st Year of Life," *Child Development* 48, no. 1（1977）, https://doi.org/10.2307/1128896.

44. N. S. Gordon et al., "Socially-Induced Brain 'Fertilization': Play Promotes Brain Derived Neurotrophic Factor Transcription in the Amygdala and Dorsolateral Frontal Cortex in Juvenile Rats," *Neuroscience Letter* 341, no. 1（2003）, https://doi.org/10.1016/s0304-3940（03）00158-7.

45. Jaak Panksepp, "Play, ADHD, and the Construction of the Social Brain: Should the First Class Each Day Be Recess?," *American Journal of Play* 1, no. 1（2008）.

46. Paquetteetal., "Fathers and the Activation Relationship."

47. Melvin J. Konner, *The Evolution of Childhood: Relationships, Emotion, Mind*（Cambridge, MA: Harvard University Press, 2010）.

48. K. Macdonald and R. D. Parke, "Bridging the Gap—Parent–Child Play Interaction and Peer Interactive Competence," *Child Development* 55, no. 4（1984）, https:// doi.org/10.2307/1129996.

49. Melvin Konner, "Hunter-Gatherer Infancy and Childhood," in *Hunter-Gatherer Childhoods*, ed. Barry S. Hewlett and Michael E. Lamb（London: Routledge, 2005）.

50. E. T. Gershoff and A. Grogan-Kaylor, "Spanking and Child Outcomes: Old Controversies and New Meta-Analyses," *Journal of Family Psychology* 30, no. 4（2016）, https://doi.org/10.1037/fam0000191.

51. G. T. Pace, S. J. Lee, and A. Grogan-Kaylor, "Spanking and Young Children's Socioemotional Development in Low- and Middle-Income Countries," *Child Abuse and Neglect* 88（2019）, https://doi.org/10.1016/j.chiabu.2018.11.003.

52. J. K. Rilling and C. Hadley, "A Mixed Methods Study of the Challenges and Rewards of Fatherhood in a Diverse Sample of U.S. Fathers," *Sage Open* 13, no. 3（2023）. https://doi.org/10.1177/21582440231193939.

53. James M. Herzog, *Father Hunger : Explorations with Adults and Children*（Hillsdale, NJ: Analytic Press, 2001）.

54. B. B. Whiting, "Sex Identity Conflict and Physical Violence—a Comparative- Study," *American Anthropologist* 67, no. 6（1965）, https://www.jstor.org/stable /668842.

55. C. R. Ember and M. Ember, "Father Absence and Male Aggression: A Re- Examination of the Comparative Evidence," *Ethos* 29, no. 3（2001）, https://doi.org/10.1525/eth.2001.29.3.296\.

56. G. J. Broude, "Protest Masculinity—a Further Look at the Causes and the Concept," *Ethos* 18, no. 1（1990）, https://doi.org/10.1525/eth.1990.18.1.02a00040\.

57. P. A. Graziano et al., "The Role of Emotion Regulation in Children's Early Academic Success," *Journal of School Psychology* 45, no. 1（2007）, https://doi.org/10.1016 /j.jsp.2006.09.002.

58. Macdonald and Parke, "Bridging the Gap."

59. B. J. Ellis et al., "Does Father Absence Place Daughters at Special Risk for Early Sexual Activity and Teenage Pregnancy?," *Child Development* 74, no. 3（2003）, https://doi.org/10.1111/1467–8624.00569.

60. W. L. Rostad, P. Silverman, and M. K. McDonald, "Daddy's Little Girl Goes to College: An Investigation of Females' Perceived Closeness with Fathers and Later Risky Behaviors," *Journal of American College Health* 62, no. 4（2014）, http://www.ncbi.nlm.nih.gov/pubmed/24527944.

61. J. Mendle, K. P. Harden, E. Turkheimer, C. A. Van Hulle, B. M. D'Onofrio, J. Brooks-Gunn, J. L. Rodgers, R. E. Emery, and B. B. Lahey, "Associations between Father Absence and Age of First Sexual Intercourse," *Child Development* 80, no. 5（2009）: 1463–1480. https://doi.org/10.1111/j.1467-8624.2009.01345.x.

62. M. L. Rowe, D. Coker, and B. A. Pan, "A Comparison of Fathers' and Mothers' Talk to Toddlers in Low-Income Families," *Social Development* 13, no. 2（2004）, https://doi.org/10.1111/j.1467–9507.2004.000267.x.

63. M. L. Rowe, K. A. Leech, and N. Cabrera, "Going Beyond Input Quantity: Wh- Questions Matter for Toddlers' Language and Cognitive Development," *Cognitive Science* 41（2017）, https://doi.org/10.1111/cogs.12349.

64. N. Pancsofar and L. Vernon-Feagans, "Mother and Father Language Input to Young Children: Contributions to Later Language Development," *Journal of Applied Developmental Psychology* 27, no. 6（2006）, https://doi.org/10.1016/j.appdev.2006.08.003.

65. D. Nettle, "Why Do Some Dads Get More Involved Than Others? Evidence from a Large British Cohort," *Evolution and Human Behavior* 29, no. 6（2008）: 416–423, https://doi.org/10.1016/j.evolhumbehav.2008.06.002.

66. Peter Gray and Alyssa Crittenden, "Father Darwin: Effects of Children on Men, Viewed

from an Evolutionary Perspective," *Fathering* 12, no. 2（2014）, https://psycnet.apa.org/record/2014-35882-002.

67. Konner, "Hunter-Gatherer Infancy and Childhood."

68. Fisher Stevens, dir. *Beckham*. Docuseries. Los Gatos, CA: Netflix, 2023.

69. B. A. Scelza, "Fathers' Presence Speeds the Social and Reproductive Careers of Sons," *Current Anthropology* 51, no. 2（2010）, https://doi.org/10.1086/651051.

70. Lamb, *The Role of the Father in Child Development*.

71. Leonard Pitts, *Becoming Dad: Black Men and the Journey to Fatherhood*（Marietta, GA: Longstreet, Inc., 2006）.

72. Hewlett, "Fathers' Roles."

73. K. Hawkes, J. F. O'Connell, and N. G. B. Jones, "Hadza Women's Time Allocation, Offspring Provisioning, and the Evolution of Long Postmenopausal Life Spans," *Current Anthropology* 38, no. 4（1997）, https://doi.org/10.1086/204646.

74. E. O. Chung et al., "The Contribution of Grandmother Involvement to Child Growth and Development: An Observational Study in Rural Pakistan," *BMJ Global Health* 5, no. 8（2020）, https://doi.org/10.1136/bmjgh-2019-002181.

75. S. Schrijner and J. Smits, "Grandmothers and Children's Schooling in Sub- Saharan Africa," *Human Nature* 29, no. 1（2018）, https://doi.org/10.1007/s12110-017 -9306-y.

76. S. K. Pope et al., "Low-Birth-Weight Infants Born to Adolescent Mothers—Effects of Coresidency with Grandmother on Child-Development," *Journal of the American Medical Association* 269, no. 11（1993）, 1396–1400, https://doi.org/10.1001/jama.269.11.1396.

77. J. Jeong et al., "Paternal Stimulation and Early Child Development in Low- and Middle-Income Countries," *Pediatrics* 138, no. 4（Ot 2016）, https://doi.org/10.1542/ peds.2016–1357.

78. J. K. Choi and H. S. Pyun, "Nonresident Fathers' Financial Support, Informal Instrumental Support, Mothers' Parenting, and Child Development in Single-Mother Families with Low Income," *Journal of Family Issues* 35, no. 4（2014）, https:// doi.org/10.1177/0192513x13478403.

79. Amato and Gilbreth, "Nonresident Fathers and Children's Well-Being."

80. S. Golombok, L. Mellish, S. Jennings, P. Casey, F. Tasker, and M. E. Lamb, "Adoptive Gay Father Families: Parent–Child Relationships and Children's Psychological Adjustment," *Child Development* 85, no. 2（2014）: 456–468, https://doi.org/10.1111/cdev.12155.

81. Benjamin Graham Miller, Stephanie Kors, and Jenny Macfie, "No Differences? Meta-Analytic Comparisons of Psychological Adjustment in Children of Gay Fathers and Heterosexual Parents," *Psychology of Sexual Orientation and Gender Diversity* 4, no. 1（2017）, https://doi.org/10.1037/sgd0000203.

82. Lancet Public, "Single Fathers: Neglected, Growing, and Important," *Lancet Public Health* 3, no. 3（2018）: e100, https://doi.org/10.1016/S2468-2667（18）30032-X.

83. R. L. Coles, "Single-Father Families: A Review of the Literature," *Journal of Family Theory & Review* 7, no. 2（2015）: 144–166, https://doi.org/10.1111/jftr.12069.

84. T. J. Wade, S. Veldhuizen, and J. Cairney, "Prevalence of Psychiatric Disorder in Lone Fathers and Mothers: Examining the Intersection of Gender and Family Structure on Mental Health,"

Canadian Journal of Psychiatry–Revue Canadienne de Psychiatrie 56, no. 9（2011）, https://doi. org/10.1177/070674371105600908.

85. Leonard Pitts, *Becoming Dad: Black Men and the Journey to Fatherhood*（Marietta, GA: Longstreet, 2006）; Daniel Patrick Moynihan, *The Negro Family: The Case for National Action*（Washington, DC: US Department of Labor,1965）.

86. J. Jones and W. D. Mosher, "Fathers' Involvement with Their Children: United States, 2006–2010," *National Health Statistics Report*, no. 71（2013）, 1–21, https:// www.ncbi.nlm.nih.gov/pubmed/24467852.

87. C. Z. Ellerbe,J. B. Jones, and M. J. Carlson, "Race/Ethnic Differences in Nonresident Fathers' Involvement after a Nonmarital Birth," *Social Science Quarterly* 99, no. 3（2018）, 1158–1182, https://doi.org/10.1111/ssqu.12482.

88. Jones and Mosher, "Fathers' Involvement with Their Children."

89. J. F. Paulson and S. D. Bazemore, "Prenatal and Postpartum Depression in Fathers and Its Association with Maternal Depression: A Meta-Analysis," *JAMA* 303, no. 19（2010）, 1961–1969, https://doi.org/10.1001/jama.2010.605.

90. James F. Paulson, Kelsey T. Ellis, and Regina Alexander, "Paternal Prenatal Depression and Postpartum Depression," in *Handbook of Fathers and Child Development*, ed. H. E. Fitzgerald, K. von Klitzing, N. Cabrera,J., Scarano de Mendonça, and Th. Skjøthaug（Berlin: Springer, 2020）.

91. A. Viktorin et al., "Heritability of Perinatal Depression and Genetic Overlap with Nonperinatal Depression," *American Journal of Psychiatry* 173, no. 2（2016）, https:// doi.org/10.1176/appi. ajp.2015.15010085.

92. L. Gutierrez-Galve et al., "Paternal Depression in the Postnatal Period and Child Development: Mediators and Moderators," *Pediatrics* 135, no. 2（2015）: e339–447, https://doi.org/10.1542/peds.2014-2411.

93. Paulson etal., "Paternal Prenatal Depression."

94. Paulson etal., "Paternal Prenatal Depression."

95. Paulson etal., "Paternal Prenatal Depression."

96. Ellen Galinsky, Kerstin Aumann, and James T. Bond, *Times Are Changing*（Hillsborough, NJ: Families and Work Institute, 2011）, www.familiesandwork.org.

97. Kerstin Aumann, Ellen Galinsky, and Kenneth Matos, *The New Male Mystique*（Hillsborough, NJ: Families and Work Institute, 2011）, www.familiesandwork.org.

98. Paulson etal., "Paternal Prenatal Depression."

99. Paulson etal., "Paternal Prenatal Depression."

100. L. T. Gettler, T. W. McDade, A. B. Feranil, and C. W. Kuzawa, "Longitudinal Evidence That Fatherhood Decreases Testosterone in Human Males," *Proceedings of the National Academy of Sciences of the United States of America* 108, no. 39（2011）: 16194–16199, https://doi. org/10.1073/pnas.1105403108.

101. M. Ebingeretal., "Is There a Neuroendocrinological Rationale for Testosterone as a Therapeutic Option in Depression?," *Journal of Psychopharmacology* 23, no. 7（2009）, 841–853, https://doi. org/10.1177/0269881108092337.

102. Paulson etal., "Paternal Prenatal Depression."

103. R. G. Barr, "Preventing Abusive Head Trauma Resulting from a Failure of Normal Interaction between Infants and Their Caregivers," *Proceedings of the National Academy of Sciences* 109, Suppl. 2（2012）, https://doi.org/10.1073/pnas.1121267109.

104. Paulson etal., "Paternal Prenatal Depression."

105. K. C. Thomson et al., "Adolescent Antecedents of Maternal and Paternal Perinatal Depression: A 36-Year Prospective Cohort," *Psychological Medicine* 51, no. 12（2021）, https://doi.org/10.1017/S0033291720000902.

106. Gray and Anderson, *Fatherhood.*

107. William Marsiglio and Ramon Hinojosa, "Stepfathers' Lives," in *The Role of the Father in Child Development*（Hoboken, NJ: Wiley, 2010）.

108. Martin Daly and Margo Wilson, *Homicide*（New York: Aldine deGruyter, 1988）.

109. Gray and Anderson, *Fatherhood*; Marsiglio and Hinojosa, "Stepfathers' Lives."

110. M. V. Flinn and B. G. England, "Social Economics of Childhood Glucocorticoid Stress Response and Health," *American Journal of Physical Anthropology* 102, no. 1（1997）: 33–53, https://doi.org/10.1002/（SICI）1096-8644（199701）102:1<33::AID-AJPA4>3.0.CO;2-E.

111. Gray and Anderson, *Fatherhood.*

112. W. Marsiglio, "Paternal Engagement Activities with Minor Children," *Journal of Marriage and the Family* 53, no. 4（1991）, https://doi.org/10.2307/353001.

第二章

1. A. P. Moller, "The Evolution of Monogamy: Mating Relationships, Parental Care, and Sexual Selection," in *Monogamy: Mating Strategies and Partnerships in Birds, Humans, and Other Mammals*, edited by U. H. Reichard and C. Boesch, 29–41（Cambridge: Cambridge University Press, 2003）.

2. Trivers, Robert, "Parental Investment and Sexual Selection," in *Sexual Selection and the Descent of Man, 1871–1971*, edited by B. Campbell, 136–179（Chicago: Aldine, 1972）.

3. Timothy H. Clutton-Brock, *The Evolution of Parental Care*（Princeton, NJ: Princeton University Press, 1991）.

4. T. K. Wood, "Aggregation Behavior of *Umbonia crassicornis*（Homoptera: Membracidae）," *Canadian Entomologist* 106, no. 2（1974）, https://doi.org/10.4039/ Ent106169-2; T. K. Wood, "Biology and Presocial Behavior of *Platycotis vittata*（Homoptera: Membracidae）," *Annals of the Entomological Society of America* 69, no. 5（1976）, https://doi.org/10.1093/aesa/69.5.807.

5. M. Salomon,J. Schneider, and Y. Lubin, "Maternal Investment in a Spider with Suicidal Maternal Care, *Stegodyphus lineatus*（Araneae, Eresidae）," *Oikos* 109, no. 3（2005）, https://doi.org/10.1111/j.0030–1299.2005.13004.x.

6. Z. Q. Chen et al., "Prolonged Milk Provisioning in a Jumping Spider," *Science* 362, no. 6418（2018）, https://doi.org/10.1126/science.aat3692.

7. H. Sato, "Male Participation in Nest Building in the Dung Beetle *Scarabaeus catenatus*（Coleoptera: Scarabaeidae）: Mating Effort versus Paternal Effort," *Journal of Insect Behavior* 11, no. 6（1998）,

https://doi.org/10.1023/A:1020860010165.

8. R. L. Smith, "Brooding Behavior of a Male Water Bug *Belostoma flumineum* (Hemiptera: Belostomatidae) ," *Journal of the Kansas Entomological Society* 49 (1976) , https://www.jstor. org/stable/25082829.

9. S. Y. Ohba, N. Okuda, and S. Kudo, "Sexual Selection of Male Parental Care in Giant Water Bugs," *Royal Society Open Science* 3, no. 5 (2016) , https://doi.org/10.1098 /rsos.150720.

10. J. D. Reynolds, N. B. Goodwin, and R. P. Freckleton, "Evolutionary Transitions in Parental Care and Live Bearing in Vertebrates," *Philosophical Transactions of the Royal Society B: Biological Sciences* 357, no. 1419 (2002) , https://doi.org/10.1098/rstb.2001.0930.

11. Clutton-Brock, *Evolution of Parental Care*.

12. Clutton-Brock, *Evolution of Parental Care*.

13. J. J. A. Van Iersel, "An Analysis of the Parental Behaviour of the Male Three- Spined Stickleback (*Gasterosteus aculeatus L.*) ," *Behaviour Suppl.* 3 (1953) .

14. A. B. Wilson et al., "The Dynamics of Male Brooding, Mating Patterns, and Sex Roles in Pipefishes and Seahorses (family Syngnathidae) ," *Evolution* 57, no. 6 (2003) , https://doi.org/10.1111/ j.0014-3820.2003.tb00345.x; Sigal Balshine, "Patterns of Parental Care in Vertebrates," in *The Evolution of Parental Care*, ed. Nick J. Royle, Per T. Smiseth, and Mathias Kölliker (New York: Oxford University Press, 2012) .

15. Clutton-Brock, *Evolution of Parental Care*.

16. P. Weygoldt, "Evolution of Parental Care in Dart Poison Frogs (Amphibia, Anura, Dendrobatidae) ," *Zeitschrift Fur Zoologische Systematik Und Evolutions for schung* 25, no. 1 (1987) ; S. Limerick, "Courtship Behavior and Oviposition of the Poison- Arrow Frog Dendrobates-Pumilio," *Herpetologica* 36, no. 1 (1980) .

17. "Rhinoderma Darwinii. " Animal Diveristy Web, 2000, accessed January 30, 2024, https:// animaldiversity.org/accounts/Rhinoderma_darwinii/.

18. "Pouched Frog. " Australian Museum, https://australian.museum/learn/animals /frogs/pouched-frog/.

19. Richard Shine, "Parental Care in Reptiles," in *Biology of Reptilia*, ed. Carl Gans and Raymond B. Huey (New York: Alan R. Liss, 1987) .

20. Clutton-Brock, *The Evolution of Parental Care*.

21. Clutton-Brock, *The Evolution of Parental Care*.

22. A. P. Moller and J. J. Cuervo, "The Evolution of Paternity and Paternal Care in Birds," *Behavioral Ecology* 11, no. 5 (2000) , https://doi.org/10.1093/beheco/11.5.472.

23. M. R. Servedio, T. D. Price, and R. Lande, "Evolution of Displays within the Pair Bond," *Philosophical Transactions of the Royal Society B: Biological Sciences* 280, no. 1757 (2013) , https://doi.org/10.1098/rspb.2012.3020.

24. Clutton-Brock, *Evolution of Parental Care*.

25. A. M. Muldal, J. D. Moffatt, and R. J. Robertson, "Parental Care of Nestlings by Male Red-Winged Blackbirds," *Behavioral Ecology and Sociobiology* 19, no. 2 (1986) , https://doi.org/0.1007/ Bf00299945.

26. D. A. Christie, A Folch, F. Jutglar, and E. F. J. Garcia, "Southern Cassowary (*Casuarius casuarius*)," in *Handbook of the Birds of the World Alive*, ed. Elliott del Hoyo J, A. J. Sargatal, D. A.

Christie, and E. de Juan (Barcelona: Lynx Edicions, 2017).

27. L. A. Moore, "Population Ecology of the Southern Cassowary *Casuarius casuarius johnsonii*, Mission Beach North Queensland," *Journal of Ornithology* 148, no. 3 (2007), https://doi.org/10.1007/s10336-007-0137-1.

28. I. P. F. Owens, "Male-Only Care and Classical Polyandry in Birds: Phylogeny, Ecology and Sex Differences in Remating Opportunities," *Philosophical Transactions of the Royal Society B: Biological Sciences* 357, no. 1419 (2002a), https://doi.org/10.1098/rstb.2001.0929.

29. Sarah Blaffer Hrdy, *Mothers and Others* (Cambridge, MA: Harvard University Press, 2009).

30. Walter Koenig and Janis Dickinson, *Ecology and Evolution of Cooperatively Breeding Birds* (Cambridge: Cambridge University Press, 2004).

31. R. L. Mumme, "Do Helpers Increase Reproductive Success: An Experimental- Analysis in the Florida Scrub Jay," *Behavioral Ecology and Sociobiology* 31, no. 5 (1992); Glen Everett Woolfenden and John W. Fitzpatrick, *The Florida Scrub Jay: Demography of a Cooperatively Breeding Bird* (Princeton, NJ: Princeton University Press, 1985).

32. John Pickrell, "How the Earliest Mammals Thrived Alongside Dinosaurs," *Nature* 574 (2019), https://www.nature.com/articles/d41586-019-03170-7.

33. D. Lukas and T. Clutton-Brock, "Evolution of Social Monogamy in Primates Is Not Consistently Associated with Male Infanticide," *Proceedings of the National Academy of Sciences*. 111, no. 17 (2014), https://doi.org/10.1073/pnas.1401012111; C. Opie et al., "Male Infanticide Leads to Social Monogamy in Primates," *Proceedings of the National Academy of Sciences* 110, no. 33 (2013), https://doi.org/10.1073/pnas.1307903110.

34. R. Woodroffe and A. Vincent, "Mother's Little Helpers: Patterns of Male Care in Mammals," *Trends Ecol Evol* 9, no. 8 (1994): 294–297, https://doi.org/10.1016/0169-5347 (94) 90033-7.

35. D. J. Gubernick and T. Teferi, "Adaptive Significance of Male Parental Care in a Monogamous Mammal," *Philosophical Transactions of the Royal Society B: Biological Sciences* 267, no. 1439 (2000), https://doi.org/10.1098/rspb.2000.0979.

36. D. Dudley, "Paternal Behavior in the California Mouse, *Peromyscus californicus*," *Behavioral Biology* 11, no. 2 (1974), http://www.ncbi.nlm.nih.gov/pubmed/4847526.

37. Wenda Trevathan and James J. McKenna, "Evolutionary Environments of Human Birth and Infancy: Insights to Apply to Contemporary Life," *Children's Environments* 11, no. 2 (1994). https://www.jstor.org/stable/41514918.

38. J. S. Jones and K. E. Wynne-Edwards, "Paternal Hamsters Mechanically Assist the Delivery, Consume Amniotic Fluid and Placenta, Remove Fetal Membranes, and Provide Parental Care during the Birth Process," *Hormones and Behavior* 37, no. 2 (2000a), https://doi.org/10.1006/hbeh.1999.1563, http://www.ncbi.nlm.nih.gov /pubmed/10753581.

39. C. J. Burgin et al., "How Many Species of Mammals Are There?," *Journal of Mammalogy* 99, no. 1 (2018), https://doi.org/10.1093/jmammal/gyx147.

40. D. W. Macdonald et al., "Monogamy: Cause, Consequence, or Corollary of Success in Wild Canids?," *Frontiers in Ecology and Evolution* 7 (2019), https://doi.org/10.3389/fevo.2019.00341.

41. H. W. Y. Wright, "Paternal Den Attendance Is the Best Predictor of Offspring Survival in the Socially Monogamous Bat-Eared Fox," *Animal Behaviour* 71 (2006), https://doi.org/10.1016/

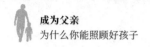

成为父亲
为什么你能照顾好孩子

j.anbehav.2005.03.043.

42. S. Dolotovskaya, C. Roos, and E. W. Heymann, "Genetic Monogamy and Mate Choice in a Pair-Living Primate," *Scientific Reports* 10, no. 1（2020）, https://doi.org /10.1038/s41598-020-77132-9.

43. C. T. Lambert, A. C. Sabol, and N. G. Solomon, "Genetic Monogamy in Socially Monogamous Mammals Is Primarily Predicted by Multiple Life History Factors: A Meta-Analysis," *Frontiers in Ecology and Evolution* 6（2018）, https://doi.org/10.3389 /fevo.2018.00139.

44. P.C. Wright, "Biparental Care in *Aotus trivirgatus* and *Callicebus moloch*," in *Female Primates: Studies by Women Primatologists*, ed. M. F. Small（New York: Alan R. Liss, 1984）; A. Spence-Aizenberg, A. Di Fiore, and E. Fernandez-Duque, "Social Monogamy, Male-Female Relationships, and Biparental Care in Wild Titi Monkeys（*Callicebus discolor*）," *Primates* 57, no. 1（2016）, https://doi.org/10.1007/s10329-015 -0489-8.

45. K. A. Hoffman et al., "Responses of Infant Titi Monkeys, Callicebus Moloch, to Removal of One or Both Parents—Evidence for Paternal Attachment," *Developmental Psychobiology* 28, no. 7（1995）, https://doi.org/10.1002/dev.420280705.

46. Hrdy, *Mothers and Others*.

47. W. Saltzman, L. J. Digby, and D. H. Abbott, "Reproductive Skew in Female Common Marmosets: What Can Proximate Mechanisms Tell Us about Ultimate Causes?," *Philosophical Transactions of the Royal Society B: Biological Sciences* 276, no. 1656（2009）, https://doi.org/10.1098/rspb.2008.1374.

48. J. Terborgh and A. W. Goldizen, "On the Mating System of the Cooperatively Breeding Saddle-Backed Tamarin（*Saguinus fuscicollis*）," *Behavioral Ecology and Sociobiology* 16, no. 4（1985）, https://doi.org/10.1007/Bf00295541; R. W. Sussman and P. A. Garber, "A New Interpretation of the Social-Organization and Mating System of the Callitrichidae," *International Journal of Primatology* 8, no. 1（1987）, https://doi.org/10.1007/Bf02737114.

49. T. E. Ziegler et al., "Pregnancy Weight Gain: Marmoset and Tamarin Dads Show It Too," *Biology Letters* 2, no. 2（2006）, https://doi.org/10.1098/rsbl.2005.0426.

50. K. Bales et al., "Effects of Allocare-Givers on Fitness of Infants and Parents in Callitrichid Primates," *Folia Primatologica* 71, no. 1–2（2000）, https://doi.org/10.1159 /000021728; P. A. Garber, "One for All and Breeding for One: Cooperation and Competition as a Tamarin Reproductive Strategy," *Evolutionary Anthropology* 5, no. 6（1997）. https://doi.org/10.1002/（SICI）1520-6505（1997）5:6<187::AID-EVAN1>3.0.CO; 2-A.

51. S. F. Lunn and A. S. McNeilly, "Failure of Lactation to Have a Consistent Effect on Interbirth Interval in the Common Marmoset, *Callithrix jacchus jacchus*," *Folia Primatologica* 37（1982）, https://doi.org/10.1159/000156023.

52. Garber, "One for All and Breeding for One."

53. R. I. M. Dunbar, "The Mating System of Callitrichid Primates 2; The Impact of Helpers," *Animal Behaviour* 50（1995）, https://doi.org/10.1016/0003–3472（95）80107–3.

54. J. A. French et al., "Social Monogamy in Nonhuman Primates: Phylogeny, Phenotype, and Physiology," *Journal of Sex Research* 55, no. 4–5（2018）, https://doi.org/10.1080/00224499.2017.

1339774.

55. S. B. Hrdy, "Male-Male Competition and Infanticide among the Langurs (*Presbytis entellus*) of Abu, Rajasthan," *Folia Primatologica* 22, no. 1 (1974) , https://doi.org/10.1159/000155616.

56. L. Swedell and T. Tesfaye, "Infant Mortality after Takeovers in Wild Ethiopian Hamadryas Baboons," *American Journal of Primatology* 60, no. 3 (2003) , https://doi.org/10.1002/ajp.10096; C. Borries et al., "Males as Infant Protectors in Hanuman langurs (*Presbytis entellus*) Living in Multimale Groups—Defence Pattern, Paternity and Sexual Behaviour," *Behavioral Ecology and Sociobiology* 46, no. 5 (1999) , https:// doi.org/10.1007/s002650050629.

57. Sarah Blaffer Hrdy, "Infanticide as a Primate Reproductive Strategy," *American Scientist* 65, no. 1 (1977) . https://www.jstor.org/stable/27847641.

58. Sarah Hrdy, "Infanticide among Animals: A Review, Classification and Examination of the Implications for the Reproductive Strategies of Females," *Ethology and Sociobiology* 1 (1979) , https://doi.org/10.1016/0162-3095 (79) 90004-9; Sarah Blaffer Hrdy, *Mother Nature* (New York: Ballantine Books, 1999) .

59. J. C. Buchan et al., "True Paternal Care in a Multi-Male Primate Society," *Nature* 425, no. 6954 (2003) ; C. Minge et al., "Patterns and Consequences of Male-Infant Relationships in Wild Assamese Macaques (*Macaca assamensis*) ," *International Journal of Primatology* 37, no. 3 (2016) , https://doi.org/10.1007/s10764-016-9904-2; D. Langos et al., "Does Male Care, Provided to Immature Individuals, Influence Immature Fitness in Rhesus Macaques?," *PloS One* 10, no. 9 (2015) , https://doi.org/10.1371/journal.pone.0137841.

60. L. A. Parr et al., "Visual Kin Recognition in Nonhuman Primates (*Pan troglodytes* and *Macaca mulatta*) Inbreeding Avoidance or Male Distinctiveness?," *Journal of Comparative Psychology* 124, no. 4 (2010) , https://doi.org/10.1037/a0020545.

61. Barbara B. Smuts, *Sex and Friendship in Baboons: With a New Preface* (Cambridge, MA: Harvard University Press, 1999) ; N. Menard et al., "Is Male-Infant Caretaking Related to Paternity and/or Mating Activities in Wild Barbary Macaques (*Macaca sylvanus*)?," *Comptes Rendu de l'Académie des Sciences III* 324, no. 7 (2001) , https://doi.org/10.1016/s0764-4469 (01) 01339-7.

62. L. Pozzi et al., "Primate Phylogenetic Relationships and Divergence Dates Inferred from Complete Mitochondrial Genomes," *Molecular Phylogenetics Evolution* 75 (2014) , https://doi.org/10.1016/j.ympev.2014.02.023.

63. S. Lappan, "Male Care of Infants in a Siamang (*Symphalangus syndactylus*) Population including Socially Monogamous and Polyandrous Groups," *Behavioral Ecology and Sociobiology* 62, no. 8 (2008) , https://doi.org/10.1007/s00265-008-0559-7.

64. U. Reichard, "Extra-Pair Copulations in Monogamous Wild White-Handed Gibbons (*Hylobateslar*) ," *Zeitschrift furSaugetierkunde/International Journal of Mammalian Biology* 60, no. 3 (1995) .

65. Pozzi etal., "Primate Phylogenetic Relationships."

66. S. S. Utami et al., "Male Bimaturism and Reproductive Success in Sumatran Orangutans," *Behavioral Ecology* 13, no. 5 (2002) , https://doi.org/10.1093/beheco/13.5.643.

67. I. Singleton and C. P. van Schaik, "The Social Organisation of a Population of Sumatran

Orangutans," *Folia Primatologica* 73, no. 1（2002）, https://doi.org/10.1159 /000060415.

68. T. M. Smith et al., "Cyclical Nursing Patterns in Wild Orangutans," *Science Advances* 3, no. 5 （2017）, https://doi.org/10.1126/sciadv.1601517; Serge A. Wich, Han de Vries, Marc Ancrenaz, Lori Perkins, Robert W. Shumaker, Akira Suzuki, and Carel P. van Schaik, "Orangutan Life History Variation," in *Orangutans: Geographic Variation in Behavioral Ecology and Conservation*, ed. Serge A. Wich, S. Suci Utami Atmoko, Tatang Mitra Setia, and Carel P. van Schaik（New York: Oxford University Press, 2009）.

69. Pozzi et al., "Primate Phylogenetic Relationships."

70. D. P. Watts, "Infanticide in Mountain Gorillas—New Cases and a Reconsideration of the Evidence," *Ethology* 81, no. 1（1989）.

71. S. Rosenbaum, J. B. Silk, and T. S. Stoinski, "Male-Immature Relationships in Multi-Male Groups of Mountain Gorillas（*Gorilla beringei beringei*）," *American Journal of Primatology* 73, no. 4 （2011）, https://doi.org/10.1002/ajp.20905.

72. M. M. Robbins and A. M. Robbins, "Variation in the Social Organization of Gorillas: Life History and Socioecological Perspectives," *Evolutionary Anthropology* 27, no. 5（2018）, https://doi. org/10.1002/evan.21721.

73. S. Rosenbaum et al., "Caring for Infants Is Associated with Increased Reproductive Success for Male Mountain Gorillas," *Scientific Reports* 8（2018）, https://doi.org /10.1038/s41598-018-33380-4.

74. Martin N. Muller, Richard W. Wrangham, and David R. Pilbeam, eds., *Chimpanzees and Human Evolution*（Cambridge, MA: Belknap Press of Harvard University Press, 2017）.

75. E. E. Wroblewski et al., "Male Dominance Rank," *Animal Behavior* 77, no. 4（2009）, https://doi. org/10.1016/j.anbehav.2008.12.014.

76. F. B. de Waal, *Chimpanzee Politics*（London: Jonathan Cape, 1982）.

77. J. T. Feldblum et al., "Sexually Coercive Male Chimpanzees Sire More Offspring," *Current Biology* 24, no. 23（2014）, https://doi.org/10.1016/j.cub.2014.10.039.

78. Jane Goodall, *The Chimpanzees of Gombe: Patterns of Behavior*（Cambridge, MA: Harvard University Press, 1986）; J. H. Manson and R. W. Wrangham, "Intergroup Aggression in Chimpanzees and Humans," *Current Anthropology* 32, no. 4（1991）, https://doi. org/10.1086/203974; C. Boesch et al., "Intergroup Conflicts among Chimpanzees in Tai National Park: Lethal Violence and the Female Perspective," *American Journal of Primatology* 70, no. 6 （2008）, https://doi.org/10.1002/ajp.20524.

79. A. E. Lowe et al., "Intra-Community Infanticide in Wild, Eastern Chimpanzees: A 24-Year Review," *Primates* 61, no. 1（2020）, https://doi.org/10.1007/s10329-019-00730-3.

80. C. M. Murray et al., "Chimpanzee Fathers Bias Their Behaviour towards Their Offspring," *Royal Society Open Science* 3, no. 11（2016）, https://doi.org/10.1098 /rsos.160441; J. Lehmann, G. Fickenscher, and C. Boesch, "Kin Biased Investment in Wild Chimpanzees," *Behaviour* 143（2006）, https://doi.org/10.1163 /156853906778623635.

81. B. Hare, V. Wobber, and R. Wrangham, "The Self-Domestication Hypothesis: Evolution of Bonobo Psychology Is Due to Selection against Aggression," *Animal Behaviour* 83, no. 3（2012）, https://

doi.org/10.1016/j.anbehav.2011.12.007.

82. B. G. Blount, "Issues in Bonobo (*Panpaniscus*) Sexual-Behavior," *American Anthropologist* 92, no. 3 (1990) , https://doi.org/10.1525/aa.1990.92.3.02a00100.

83. Hare et al., "The Self-Domestication Hypothesis."

84. Hare et al., "The Self-Domestication Hypothesis."

85. F. B. de Waal, *Bonobo: The Forgotten Ape* (Berkeley: University of California Press, 1997) .

86. Nicholas B. Davies, John R. Krebs, and Stuart A. West, *An Introduction to Behavioural Ecology*, 4th ed. (West Sussex, UK: Wiley-Blackwell, 2012) .

87. H. Gottfried et al., "Aggression by Male Bonobos against Immature Individuals Does Not Fit with Predictions of Infanticide," *Aggressive Behavior* 45, no. 3 (2019) , https://doi.org/10.1002/ab.21819.

88. T. Gruber and Z. Clay, "A Comparison between Bonobos and Chimpanzees: A Review and Update," *Evolutionary Anthropology* 25, no. 5 (016) , https://doi.org/10.1002/evan.21501.

89. R. Schacht and K. L. Kramer, "Are We Monogamous? A Review of the Evolution of Pair-Bonding in Humans and Its Contemporary Variation Cross-Culturally," *Frontiers in Ecology and Evolution* 7 (2019) , https://doi.org/10.3389/fevo.2019.00230.

90. H. Kaplan et al., "A Theory of Human Life History Evolution: Diet, Intelligence, and Longevity," *Evolutionary Anthropology* 9, no. 4 (2000) .

91. H. S. Kaplan, P. L. Hooper, and M. Gurven, "The Evolutionary and Ecological Roots of Human Social Organization," *Philosophical Transactions of the Royal Society B: Biological Sciences* 364, no. 1533 (2009) , https://doi.org/10.1098/rstb.2009.0115.

92. K. Hawkes, "Showing Off—Tests of an Hypothesis about Men's Foraging Goals," *Ethology and Sociobiology* 12, no. 1 (1991) , https://doi.org/10.1016/0162-3095 (91) 90011-E.

93. E. A. Smith, "Why Do Good Hunters Have Higher Reproductive Success?," *Human Nature* 15, no. 4 (2004) , https://doi.org/10.1007/s12110-004-1013-9.

94. M. Gurven and K. Hill, "Why Do Men Hunt? A Reevaluation of `Man the Hunter' and the Sexual Division of Labor," *Current Anthropology* 50, no. 1 (2009) , https://doi.org/10.1086/595620.

95. K. Hawkes and J. E. Coxworth, "Grandmothers and the Evolution of Human Longevity: A Review of Findings and Future Directions," *Evolutionary Anthropology* 22, no. 6 (2013) , https://doi.org/10.1002/evan.21382; K. Hawkes, J. F. O'Connell, and N. G. B. Jones, "Hadza Women's Time Allocation, Offspring Provisioning, and the Evolution of Long Postmenopausal Life Spans," *Current Anthropology* 38, no. 4 (1997) , https://doi.org/10.1086/204646.

96. Martin N. Muller, Richard W. Wrangham, and David R. Pilbeam, *Chimpanzees and Human Evolution* (Cambridge, MA: Belknap Press of Harvard University Press, 2017a) .

97. A. Fischer et al., "Bonobos Fall within the Genomic Variation of Chimpanzees," *PloS One* 6, no. 6 (011) , https://doi.org/10.1371/journal.pone.0021605; Brian Hare and Richard Wrangham, "Equal, Similar, But Different: Convergent Bonobos and Conserved Chimpanzees," in *Chimpanzees and Human Evolution*, ed. Martin Muller, Richard Wrangham, and David Pilbeam (Cambridge, MA: Harvard University Press, 2017a) .

98. 这种性别上的劳动分工并不是绝对的。在当代的狩猎采集（或觅食）人群中，并非男性只负责狩猎，女性只负责采集。有很多社会都报告过女性狩猎情况，她们通常狩猎较小的猎物（Anderson, Chilczuk, Nelson, Ruther, & Wall-Scheffler, 2023; Reyes-García, Díaz-Reviriego, Duda, Fernández-Llamazares, & Gallois, 2020）。男性也会采集植物性食物。然而，在狩猎采集社会中，男性狩猎的频率始终高于女性，而女性采集的频率也始终高于男性（Murdock & Provost, 1973; Reyes-García et al., 2020）。A. Anderson, S. Chilczuk, K. Nelson, R. Ruther, and C. Wall-Scheffler, "The Myth of Man the Hunter: Women's Contribution to the Hunt across Ethnographic Contexts, *PLoS One* 18, no. 6（2023）, https://doi.org/10.1371/journal.pone.0287101; G. P. Murdock and C. Provost, "Factors in the Division of Labor by Sex: A Cross-Cultural Analysis," *Ethnology* 12 no. 2:（1973）: 203–225; V. Reyes-García, I. Díaz- Reviriego, R. Duda, A. Fernández-Llamazares, and S. Gallois. "Hunting Otherwise: Women's Hunting in Two Contemporary Forager-Horticulturalist Societies," *Human Nature: An Interdisciplinary Biosocial Perspective* 31 no. 3（2020）: 203–221, https://doi.org/10.1007/s12110-020-09375-4.

99. I. Alger et al., "Paternal Provisioning Results from Ecological Change," *Proceedings of the National Academy of Sciences* 117, no. 20（2020）, https://doi.org/10.1073 /pnas.1917166117.

100. C. O. Lovejoy, "The Origin of Man," *Science* 211, no. 4480（1981）, https://doi.org/10.1126/science.211.4480.341.

101. S. Gavrilets, "Human Origins and the Transition from Promiscuity to Pair- Bonding," *Proceedings of the National Academy of Sciences* 109, no. 25（2012）, https:// doi.org/10.1073/pnas.1200717109; Beverly Strassman, "Sexual Selection, Paternal Care, and Concealed Ovultion in Humans," *Ethology and Sociobiology* 2（1981）, https://doi.org/10.1016/0162-3095（81）90020-0.

102. C. M. Gomes and C. Boesch, "Wild Chimpanzees Exchange Meat for Sex on a Long-Term Basis," *PloS One* 4, no. 4（2009）, https://doi.org/10.1371/journal.pone.0005116.

103. Gurven and Hill, "Why Do Men Hunt?"

104. John Marshall, "The Hunters," Documentary Educational Resources, 1958.

105. Marjorie Shostak, *Nisa, the Life and Words of a !Kung Woman*（New York: Vintage Books, 1983）.

106. Gavrilets, "Human Origins and the Transition from Promiscuity to Pair- Bonding."

107. R. Nielsen et al., "A Scan for Positively Selected Genes in the Genomes of Humans and Chimpanzees," *PLoS Biology* 3, no. 6（2005）, https://doi.org/10.1371/journal.pbio.0030170.

108. Lovejoy, "The Origin of Man"; R. D. Alexander and KM. Nonnan, "Concealment of Ovulation, Parental Care and Human Social Evolution," in *Evolutionary Biology and Human Social Behavior: An Anthropological Perspective*, ed. N.A. Chagnon and W.G. Irons（North Scituate, MA: Duxbury Press, 1979）.

109. Melissa Emery Thompson, Martin N. Muller, Sonya M. Kahlenbergand, and Richard W. Wrangham "Sexual Coercion by Male Chimps Shows That Female Choice May Be More Apparent Than Real," *Behavioral Ecology and Sociobiology* 65（2011）.

110. G. Hohmann and B. Fruth, "Intra- and Inter-Sexual Aggression by Bonobos in the Context of Mating," *Behaviour* 140（2003）, https://doi.org 10.1163/156853903771980648; M. Surbeck et al., "Male Reproductive Skew Is Higher in Bonobos Than Chimpanzees," *Current Biology* 27, no. 13（2017）, https://doi.org/10.1016/j.cub.2017.05.039.

111. R. W. Wrangham, "Hypotheses for the Evolution of Reduced Reactive Aggression in the Context of Human Self-Domestication," *Frontiers in Psychology* 10（2019）, https://doi.org/ARTN191410.3389/fpsyg.2019.01914.

112. R. L. Cieri et al., "Craniofacial Feminization, Social Tolerance, and the Origins of Behavioral Modernity," *Current Anthropology* 55, no. 4（2014）, https://doi.org/10.1086/677209.

113. Wrangham, "Hypotheses."

114. Richard W. Wrangham, *The Goodness Paradox: The Strange Relationship between Virtue and Violence in Human Evolution*（New York: Pantheon Books, 2019）.

115. H. Kaplan et al., "A Theory of Human Life History Evolution: Diet, Intelligence, and Longevity," *Evolutionary Anthropology* 9, no. 4（2000）; Smith et al., "Cyclical Nursing Patterns"; Serge A. Wich, Han deVries, Marc Ancrenaz, Lori Perkins, Robert W. Shumaker, Akira Suzuki, and Carel P. van Schaik, "Orangutan Life History Variation," in *Orangutans: Geographic Variation in Behavioral Ecology and Conservation*, ed. Serge A. Wich, S. Suci Utami Atmoko, Tatang Mitra Setia, and Carel P. van Schaik（New York: Oxford University Press, 2009）; M. Emery Thompson et al., "Aging and Fertility Patterns in Wild Chimpanzees Provide Insights into the Evolution of Menopause," *Current Biology* 17, no. 24（2007）, https://doi.org/10.1016/j.cub.2007.11.033; M. D. Gurven and R. J. Davison, "Periodic Catastrophes over Human Evolutionary History Are Necessary to Explain the Forager Population Paradox," *Proceedings of the National Academy of Sciences* 116, no. 26（2019）, https://doi.org/10.1073/pnas.1902406116.

116. Kaplan et al., "A Theory of Human Life History Evolution"; Gurven and Davison, "Periodic Catastrophes over Human Evolutionary History Are Necessary to Explain the Forager Population Paradox."

117. J. C. Mitani and D. Watts, "The Evolution of Nonmaternal Caretaking among Anthropoid Primates: Do Helpers Help?" *Behavioral Ecology and Sociobiology* 40, no. 4（1997）: 213–220, https://doi.org/10.1007/s002650050335.

118. K. Isler and C. P. van Schaik, "Allomaternal Care, Life History and Brain Size Evolution in Mammals," *Journal of Human Evolution* 63, no. 1（2012）, https://doi.org /10.1016/j.jhevol.2012.03.009.

119. Y. M. Bar-On, R. Phillips, and R. Milo, "The Biomass Distribution on Earth," *Proceedings of the National Academy of Sciences* 115, no. 25（2018）, https://doi.org/10.1073/pnas.1711842115.

120. K. L. Kramer, "Cooperative Breeding and Its Significance to the Demographic Success of Humans," *Annual Review of Anthropology* 39（2010）, https://doi.org/10.1146/annurev.anthro.012809.105054; R. Boyd, P.J. Richerson, and J. Henrich, "The Cultural Niche: Why Social Learning Is Essential for Human Adaptation," *Proceedings of the National Academy of Sciences* 108, suppl. 2（2011）, https://doi.org/10.1073 /pnas.1100290108.

121. L. C. Aiello and P. Wheeler, "The Expensive-Tissue Hypothesis: The Brain and the Digestive-System in Human and Primate Evolution," *Current Anthropology* 36, no. 2（1995）, https://doi.org/0.1086/204350.

122. J. Michael Plavcan, "Sexual Dimorphism in Hominin Ancestors," in *The International Encyclopedia of Anthropology*, ed. Hilary Callan（Hoboken, NJ: Wiley, 2018）; M. Grabowski et

243

al., "Body Mass Estimates of Hominin Fossils and the Evolution of Human Body Size," *Journal of Human Evolution* 85（2015）, https://doi.org/10.1016/j.jhevol.2015.05.005; H. M. Mchenry, "Behavioral Ecological Implications of Early Hominid Body-Size," *Journal of Human Evolution* 27, no. 1–3（1994）, https://doi.org/0.1006/jhev.1994.1036.

123. Alger et al., "Paternal Provisioning Results from Ecological Change."

124. D. J. Kruger, "Male Facial Masculinity Influences Attributions of Personality and Reproductive Strategy," *Personal Relationships* 13, no. 4（2006）, https://doi.org/10.1111/j.1475–6811.2006.00129.x.

125. Kruger, "Male Facial Masculinity Influences Attributions."

126. Marlowe, "Paternal Investment and the Human Mating System."

127. A. N. Crittendena and F. W. Marlowe, "Allomaternal Care among the Hadza of Tanzania.," *American Journal of Physical Anthropology*（2006）.

128. Barry S. Hewlett, *Intimate Fathers: The Nature and Context of Aka Pygmy Paternal Infant Care*（Ann Arbor: University of Michigan, 1991）.

129. C. Helfrecht et al., "Life History and Socioecology of Infancy," *American Journal of Physical Anthropology* 173, no. 4（2020）, https://doi.org/10.1002/ajpa.24145.

130. C. L. Meehan, "The Effects of Residential Locality on Parental and Alloparental Investment among the Aka Foragers of the Central African Republic," *Human Nature* 16, no. 1（2005）, https://doi.org/10.1007/s12110-005-1007-2.

131. H. N. Fouts, "Father Involvement with Young Children among the Aka and Bofi Foragers," *Cross-Cultural Research* 42, no. 3（2008）, https://doi.org/10.1177/1069397108317484.

132. J. Winking et al., "The Goals of Direct Paternal Care among a South Amerindian Population," *American Journal of Physical Anthropology* 139, no. 3（2009）, https:// doi.org/10.1002/ajpa.20981.

第三章

1. D. J. Handelsman, A. L. Hirschberg, and S. Bermon, "Circulating Testosterone as the Hormonal Basis of Sex Differences in Athletic Performance," *Endocrine Reviews* 39, no. 5（2018）, https://doi.org/10.1210/er.2018-00020.

2. Carole Hooven, *T: The Story of Testosterone, the Hormone That Dominates and Divides Us*（New York: Holt, 2021）; Rebecca M. Jordan-Young and Katrina Alicia Karkazis, *Testosterone: An Unauthorized Biography*（Cambridge, MA: Harvard University Press, 2019）; Cordelia Fine, *Testosterone Rex: Myths of Sex, Science, and Society*（New York: Norton, 2017）.

3. J. Archer, "Testosterone and Human Aggression: An Evaluation of the Challenge Hypothesis," *Neuroscience and Biobehavioral Review* 30, no. 3（2006）, https://doi.org /10.1016/ j.neubiorev.2004.12.007; Jordan-Young and Karkazis, *Testosterone*.

4. 这个例子来自哈佛大学的 Dan Gilbert。"Testosterone: The Hormone that Dominates and Divides Us," YouTube video, 1:02:58, October 25, 2021, https://youtu.be/cbMjHLpc0Sc.

5. Hooven, *T: The Story of Testosterone.*

6. Handelsman et al., "Circulating Testosterone."

7.   Archer, "Testosterone and Human Aggression."

8.   S. N. Geniole and J. M. Carre, "Human Social Neuroendocrinology: Review of the Rapid Effects of Testosterone," *Hormones and Behavior*（2018）, https://doi.org/10.1016/j.yhbeh.2018.06.001.

9.   Handelsman et al., "Circulating Testosterone."

10. M. Becker and V. Hesse, "Minipuberty: Why Does it Happen?," *Hormone Research in Paediatrics* 93, no. 2（2020）, https://doi.org/10.1159/000508329.

11. J. M. Tanner, *Fetus into Man*（Cambridge, MA: Harvard University Press, 1990）.

12. K. J. Ottenbacher et al., "Androgen Treatment and Muscle Strength in Elderly Men: A Meta-Analysis," *Journal of the American Geriatrics Society* 54, no. 11（2006）, https://doi.org/10.1111/j.1532-5415.2006.00938.x; M. M. Fernandez-Balsells et al., "Clinical Review 1: Adverse Effects of Testosterone Therapy in Adult Men: A Systematic Review and Meta-Analysis," *Journal of Clinical Endocrinology and Metabolism* 95, no. 6（2010）, https://doi.org/10.1210/jc.2009-25756; J. L. Vingren, W.J. Kraemer, N. A. Ratamess,J. M. Anderson,J. S. Volek, and C. M. Maresh, "Testosterone Physiology in Resistance Exercise and Training: The Upstream Regulatory Elements" *Sports Med* 40, no. 12（2010）, 1037–1053. https://doi.org/10.2165/11536910-000000000-00000.

13. Tanner, *Fetus into Man*.

14. B. J. Dixson and P. L. Vasey, "Beards Augment Perceptions of Men's Age, Social Status, and Aggressiveness, But Not Attractiveness," *Behavioral Ecology* 23, no. 3（2012）, https://doi.org/10.1093/beheco/arr214.

15. P. J. Rizk et al., "Testosterone Therapy Improves Erectile Function and Libido in Hypogonadal Men," *Current Opinion in Urology* 27, no. 6（2017）, https://doi.org/10.1097/MOU.0000000000000442; M. N. Muller, "Testosterone and Reproductive Effort in Male Primates," *Hormones and Behavior* 91（2017）, https://doi.org/10.1016/j.yhbeh.2016.09.001; C. Eisenegger,J. Haushofer, and E. Fehr, "The Role of Testosterone in Social Interaction," *Trends in Cognitive Sciences* 15, no. 6（2011）, https://doi.org/10.1016/j.tics.2011.04.008; E. Domonkos et al., "On the Role of Testosterone in Anxiety-Like Behavior across Life in Experimental Rodents," *Frontiers in Endocrinology* 9（2018）, https://doi.org/10.3389/fendo.2018.004417.

16. Eisenegger et al., "The Role of Testosterone in Social Interaction"; Allan Mazur, *Biosociology of Dominance and Deference*（New York: Rowman and Littlefield, 2005）; Muller, "Testosterone and Reproductive Effort in Male Primates."

17. J. D. Ligon et al., "Male Male Competition, Ornamentation and the Role of Testosterone in Sexual Selection in Red Jungle Fowl," *Animal Behaviour* 40（1990）, https://doi.org/10.1016/S0003–3472（05）80932–7.

18. P. B. Gray et al., "Human Reproductive Behavior, Life History, and the Challenge Hypothesis: A 30-Year Review, Retrospective and Future Directions," *Hormones and Behavior* 123（2020）, https://doi.org/10.1016/j.yhbeh.2019.04.017.

19. Timothy H. Clutton-Brock, *The Evolution of Parental Care*（Princeton, NJ: Princeton University Press, 1991）.

20. John C. Wingfield et al., "The "Challenge Hypothesis": Theoretical Implications for Patterns of Testosterone Secretion, Mating Systems and Breeding Strategies," *American Naturalist* 136, no. 6

（1990），https://www.jstor.org/stable/2462170.

21. B. Apfelbeck, H. Flinks, and W. Goymann, "Variation in Circulating Testosterone during Mating Predicts Reproductive Success in a Wild Songbird," *Frontiers in Ecology and Evolution* 4（2016），https://doi.org/10.3389/fevo.2016.00107.

22. J. C. Wingfield, "Androgens and Mating Systems—Testosterone-Induced Polygyny in Normally Monogamous Birds," *Auk* 101, no. 4（1984），https://doi.org/10.2307/4086893.

23. P. Marler et al., "The Role of Sex Steroids in the Acquisition and Production of Birdsong," *Nature* 336, no. 6201（1988），https://doi.org/10.1038/336770a0.

24. G. F. Ball, L. V. Riters, and J. Balthazart, "Neuroendocrinology of Song Behavior and Avian Brain Plasticity: Multiple Sites of Action of Sex Steroid Hormones," *Frontiers in Neuroendocrinology* 23, no. 2（2002），https://doi.org/10.1006/frne.2002.0230.

25. F. Mougeot et al., "Testosterone, Immunocompetence, and Honest Sexual Signaling in Male Red Grouse," *Behavioral Ecology* 15, no. 6（2004），https://doi.org/10.1093/beheco/arh087.

26. W. L. Reed et al., "Physiological Effects on Demography: A Long-Term Experimental Study of Testosterone's Effects on Fitness," *American Naturalist* 167, no. 5（2006），https://doi.org/10.1086/503054.

27. A. M. Dufty, "Testosterone and Survival—a Cost of Aggressiveness," *Hormones and Behavior* 23, no. 2（1989），https://doi.org/10.1016/0018–506x（89）90059–7.

28. Mougeot et al., "Testosterone, Immunocompetence, and Honest Sexual Signaling."

29. E. D. Ketterson et al., "Testosterone and Avian Life Histories: The Effect of Experimentally Elevated Testosterone on Corticosterone and Body Mass in Dark-Eyed Juncos," *Hormones and Behavior* 25, no. 4（1991），https://doi.org/10.1016/0018-506x（91）90016-b.

30. M. B. Mathur et al., "Perceived Stress and Telomere Length: A Systematic Review, Meta-Analysis, and Methodologic Considerations for Advancing the Field," *Brain, Behavior, and Immunity* 54（2016），https://doi.org/10.1016/j.bbi.2016.02.002.

31. B. J. Heidinger et al., "Experimentally Elevated Testosterone Shortens Telomeres across Years in a Free-Living Songbird," *Molecular Ecology*（2021），https://doi.org/10.1111/mec.15819.

32. C. Alonso-Alvarez et al., "Testosterone and Oxidative Stress: The Oxidation Handicap Hypothesis," *Philosophical Transactions of the Royal Society B: Biological Sciences* 274, no. 1611（2007），https://doi.org/10.1098/rspb.2006.3764.

33. E. D. Ketterson et al., "Testosterone and Avian Life Histories—Effects of Experimentally Elevated Testosterone on Behavior and Correlates of Fitness in the Dark- Eyed Junco（*Junco hyemalis*），" *American Naturalist* 140, no. 6（1992），https://doi.org /10.1086/285451.

34. B. Silverin, "Effects of Long-Acting Testosterone Treatment on Free-Living Pied Flycatchers, *Ficedula hypoleuca*, during the Breeding Period," *Animal Behaviour* 28, no.（1980），https://doi.org/10.1016/S0003–3472（80）80152–7; R. E. Hegner and J. C. Wingfield, "Effects of Experimental Manipulation of Testosterone Levels on Parental Investment and Breeding Success in Male House Sparrows," *Auk* 104, no. 3（1987），https://doi.org/10.2307/4087545.

35. W. Goymann and P. F. Davila, "Acute Peaks of Testosterone Suppress Paternal Care: Evidence from Individual Hormonal Reaction Norms," *Philosophical Transactions of the Royal Society B*:

Biological Sciences 284, no. 1857（2017）, https://doi.org/10.1098/rspb.2017.0632.

36. Hegner and Wingfield, "Effects of Experimental Manipulation."

37. E. M. Tuttle, "Alternative Reproductive Strategies in the White-Throated Sparrow: Behavioral and Genetic Evidence," *Behavioral Ecology* 14, no. 3（2003）, https:// doi.org/10.1093/beheco/14.3.425.

38. B. M. Horton, I. T. Moore, and D. L. Maney, "New Insights into the Hormonal and Behavioural Correlates of Polymorphism in White-Throated Sparrows, *Zonotrichia albicollis*," *Animal Behaviour* 93（2014）, https://doi.org/10.1016/j.anbehav.2014.04.015.

39. F. Macrides, A. Bartke, and S. Dalterio, "Strange Females Increase Plasma Testosterone Levels in Male Mice," *Science* 189, no. 4208（1975）, https://doi.org/10.1126 /science.1162363.

40. K. Purvis and N. B. Haynes, "Effect of Odor of Female Rat Urine on Plasma Testosterone Concentrations in Male Rats," *Journal of Reproduction and Fertility* 53, no. 1（1978）, https://doi.org/10.1530/jrf.0.0530063.

41. P. J. James and J. G. Nyby, "Testosterone Rapidly Affects the Expression of Copulatory Behavior in House Mice（*Musmusculus*）," *Physiology and Behavior* 75, no. 3（2002）, https://doi.org/10.1016/S0031–9384（01）00666–7.

42. W. J. Zielinski and J. G. Vandenbergh, "Testosterone and Competitive Ability in Male House Mice, *Mus musculus*—Laboratory and Field Studies," *Animal Behaviour* 45, no. 5（1993）, https://doi.org/10.1006/anbe.1993.1108.

43. Sarah Hrdy, "Infanticide among Animals: A Review, Classification and Examination of the Implications for the Reproductive Strategies of Females," *Ethology and Sociobiology* 1（1979）: 13–40; Sarah Blaffer Hrdy, *Mothers and Others*（Cambridge, MA: Harvard University Press, 2009）.

44. G. Perrigo, W. C. Bryant, and F. S. Vomsaal, "Fetal, Hormonal and Experiential Factors Influencing the Mating-Induced Regulation of Infanticide in Male House Mice," *Physiology and Behavior* 46, no. 2（1989）, https://doi.org/10.1016/0031–9384（89）90244–8.

45. R. E. Brown, "Social and Hormonal Factors Influencing Infanticide and Its Suppression in Adult Male Long-Evans Rats（*Rattus*）," *Journal of Comparative Psychology* 100, no. 2（1986）, https://doi.org/10.1037/0735–7036.100.2.155.

46. J. S. Schneider et al., "Progesterone Receptors Mediate Male Aggression toward Infants," *Proceedings of the National Academy of Sciences* 100, no. 5（2003）, https:// doi.org/10.1073/pnas.0130100100; J. S. Schneider et al., "Effects of Progesterone on Male-Mediated Infant-Directed Aggression," *Behavioural Brain Research* 199, no. 2（2009）, https://doi.org/10.1016/j.bbr.2008.12.019.

47. M. Garratt, H. Try, and R. C. Brooks, "Access to Females and Early Life Castration Individually Extend Maximal But Not Median Lifespan in Male Mice," *Geroscience* 43, no. 3（2021）, https://doi.org/10.1007/s11357-020-00308-8.

48. V. L. Hughes and S. E. Randolph, "Testosterone Depresses Innate and Acquired Resistance to Ticks in Natural Rodent Hosts: A Force for Aggregated Distributions of Parasites," *Journal of Parasitology* 87, no. 1（2001）, https://doi.org/10.1645/0022-3395（2001）

087[0049:TDIAAR]2.0.CO;2.

49. A. J. Bradley,I. R. Mcdonald, and A. K. Lee, "Stress and Mortality in a Small Marsupial（*Antechinus stuartii, Macleay*）," *General and Comparative Endocrinology* 40, no. 2（1980）, https://doi.org/0.1016/0016–6480（80）90122–7; R. Naylor, S. J. Richardson, and B. M. McAllan, "Boom and Bust: A Review of the Physiology of the Marsupial Genus Antechinus," *Journal of Comparative Physiology B: Biochemical Systems and Environmental Physiology* 178, no. 5（2008）, https://doi.org/10.1007/s00360-007-0250-8.

50. R. E. Brown et al., "Hormonal Responses of Male Gerbils to Stimuli from Their Mate and Pups," *Hormones and Behavior* 29, no. 4（1995）, https://doi.org/10.1006/ hbeh.1995.1275.

51. M. M. Clark and B. G. Galef, "Why Some Male Mongolian Gerbils May Help at the Nest: Testosterone, Asexuality and Alloparenting," *Animal Behaviour* 59（2000）, https://doi.org/10.1006/anbe.1999.1365.

52. M. M. Clark and B. G. Galef, "A Testosterone-Mediated Trade-Off between Parental and Sexual Effort in Male Mongolian Gerbils（*Meriones unguiculatus*）," *Journal of Comparative Psychology* 113, no. 4（1999）, https://doi.org/10.1037/0735–7036.113.4.388.

53. B. C. Trainor et al., "Variation in Aromatase Activity in the Medial Preoptic Area and Plasma Progesterone Is Associated with the Onset of Paternal Behavior," *Neuroendocrinology* 78, no. 1（2003）, https://doi.org/10.1159/000071704.

54. B. C. Trainor and C. A. Marler, "Testosterone Promotes Paternal Behaviour in a Monogamous Mammal via Conversion to Estrogen," *American Zoologist* 41, no. 6（2001）, https://doi.org/10.1098/rspb.2001.1954.

55. 雌激素实际上是一类激素，而我们这里特别指的是雌二醇这种激素。

56. Trainor et al., "Variation in Aromatase Activity."

57. B. C. Trainor and C. A. Marler, "Testosterone Promotes Paternal Behaviour in a Monogamous Mammal via Conversion to Oestrogen," *Philosophical Transactions of the Royal Society B: Biological Sciences* 269, no. 1493（2002）, https://doi.org/10.1098 /rspb.2001.1954.

58. G. A. Lincoln, F. Guinness, and R. V. Short, "Way in Which Testosterone Controls the Social and Sexual Behavior of the Red Deer Stag（*Cervus elaphus*）," *Hormones and Behavior* 3, no. 4（1972）, https://doi.org/10.1016/0018–506x（72）90027-X.

59. A. F. Malo et al., "What Does Testosterone Do for Red Deer Males?," *Philosophical Transactions of the Royal Society B: Biological Sciences* 276, no. 1658（2009）, https:// doi.org/10.1098/ rspb.2008.13672.

60. Malo et al., "What Does Testosterone Do for Red Deer Males?"

61. C. M. Murray, M. A. Stanton, E. V. Lonsdorf, E. E. Wroblewski, and A. E. Pusey, "Chimpanzee Fathers Bias Their Behaviour towards Their Offspring," *R Soc Open Sci* 3, no.（2016）: 160441, https://doi.org/10.1098/rsos.160441; J. Lehmann, G. Fickenscher,and C. Boesch, "Kin Biased Investment in Wild Chimpanzees," *Behaviour* 143（2006）: 931–955. https://doi.org/10.1163/156853906778623635.

62. Martin N. Muller and Richard W. Wrangham, "Dominance, Aggression and Testosterone in wild Chimpanzees: A Test of the 'Challenge Hypothesis,'" *Animal Behavior* 67（2004）, https://doi.

org/10.1016/j.anbehav.2003.03.013; M. E. Sobolewski,J. L. Brown, and J. C. Mitani, "Female Parity, Male Aggression, and the Challenge Hypothesis in Wild Chimpanzees," *Primates* 54, no. 1 (2013) , https://doi.org/10.1007/s10329-012-0332-4.

63.　Wroblewski et al., "Male Dominance Rank and Reproductive Success in Chimpanzees, *Pan troglodytes schweinfurthii.*"

64.　M. P. Muehlenbein, D. P. Watts, and P. L. Whitten, "Dominance Rank and Fecal Testosterone Levels in Adult Male Chimpanzees (*Pan troglodytes schweinfurthii*) at Ngogo, Kibale National Park, Uganda," *American Journal of Primatology* 64, no. 1 (2004) ; Muller and Wrangham, "Dominance, Aggression and Testosterone" ; Sobolewski et al., "Female Parity, Male Aggression."

65.　R. M. Sapolsky, "Endocrine Aspects of Social Instability in the Olive Baboon (*Papio anubis*) ," *American Journal of Primatology* 5, no. 4 (1983) , https://doi.org/10.1002/ajp.1350050406; R. M. Sapolsky, "Stress-Induced Elevation of Testosterone Concentration in High Ranking Baboons: Role of Catecholamines," *Endocrinology* 118, no. 4 (1986) , https://doi.org/10.1210/endo-118-4-1630; Robert M. Sapolsky, "Testicular Function, Social Rank and Personality among Wild Baboons," *Psychoneuroendocrinology* 16, no. 4(1991) , https://doi.org/10.1016/0306-4530 (91) 90015-L.

66.　Muller, "Testosterone and Reproductive Effort in Male Primates."

67.　Muller, "Testosterone and Reproductive Effort in Male Primates."

68.　P. Fedurek et al., "The Relationship between Testosterone and Long-Distance Calling in Wild Male Chimpanzees," *Behavioral Ecology and Sociobiology* 70, no. 5 (2016) , https://doi.org/10.1007/s00265-016-2087-1.

69.　M. E. Sobolewski, J. L. Brown, and J. C. Mitani, "Territoriality, Tolerance and Testosterone in Wild Chimpanzees," *Animal Behaviour* 84, no. 6(2012), https://doi.org/10.1016/j.anbehav.2012.09.018.

70.　J. M. Williams et al., "Causes of Death in the Kasekela Chimpanzees of Gombe National Park, Tanzania," *American Journal of Primatology* 70, no. 8(2008) , https:// doi.org/10.1002/ajp.20573.

71.　M. P. Muehlenbein and D. P. Watts, "The Costs of Dominance: Testosterone, Cortisol and Intestinal Parasites in Wild Male Chimpanzees," *Biopsychosocial Medicine* 4(2010) , https://doi. org/10.1186/1751-0759-4-21.

72.　M. N. Muller and R. W. Wrangham, "Mortality Rates among Kanyawara Chimpanzees," *Journal of Human Evolution* 66(2014) , https://doi.org/10.1016/j.jhevol.2013.10.004.

73.　T. E. Ziegler, S. L. Prudom, and S. R. Zahed, "Variations in Male Parenting Behavior and Physiology in the Common Marmoset," *American Journal of Human Biology* 21, no. 6 (2009) , https://doi.org/10.1002/ajhb.20920.

74.　T. E. Ziegler et al., "Neuroendocrine Response to Female Ovulatory Odors Depends upon Social Condition in Male Common Marmosets, *Callithrix jacchus*," *Hormones and Behavior* 47, no. 1 (2005) , https://doi.org/10.1016/j.yhbeh.2004.08.009.

75.　S. L. Prudom et al., "Exposure to Infant Scent Lowers Serum Testosterone in Father Common Marmosets (*Callithrix jacchus*) ," *Biology Letters* 4, no. 6 (2008) , https://doi.org/10.1098/rsbl.2008.0358.

76.　T. E. Ziegler et al., "Differential Endocrine Responses to Infant Odors in Common Marmoset (*Callithrix jacchus*) Fathers," *Hormones and Behavior* 59, no. 2 (2011) , https://doi.org/10.1016/

j.yhbeh.2010.12.0010.

77. S. Nunes,J. E. Fite, and J. A. French, "Variation in Steroid Hormones Associated with Infant Care Behaviour and Experience in Male Marmosets（*Callithrix kuhlii*）," *Animal Behaviour* 60（2000）, https://doi.org/10.1006/anbe.2000.1524; S. Nunes et al., "Interactions among Paternal Behavior, Steroid Hormones, and Parental Experience in Male Marmosets（*Callithrix kuhlii*）," *Hormones and Behavior* 39, no. 1（2001）, https://doi.org/10.1006/hbeh.2000.1631.

78. C. N. Ross, J. A. French, and K. J. Patera, "Intensity of Aggressive Interactions Modulates Testosterone in Male Marmosets," *Physiology and Behavior* 83, no. 3（2004）, https://doi.org/10.1016/j.physbeh.2004.08.036.

79. J. R. Roney, A. W. Lukaszewski, and Z. L. Simmons, "Rapid Endocrine Responses of Young Men to Social Interactions with Young Women," *Hormones and Behavior* 52, no. 3（2007）, https://doi.org/10.1016/j.yhbeh.2007.05.008.

80. J. R. Roney, S. V. Mahler, and D. Maestripieri, "Behavioral and Hormonal Responses of Men to Brief Interactions with Women," *Evolution and Human Behavior* 24, no. 6（2003）, https://doi.org/10.1016/S1090-5138（03）00053-9.

81. R. Ronay and W. von Hippel, "The Presence of an Attractive Woman Elevates Testosterone and Physical Risk Taking in Young Men," *Social Psychological and Personality Science* 1, no. 1（2010）, https://doi.org/10.1177/1948550609352807.

82. S. L. Miller,J. K. Maner, and J. K. McNulty, "Adaptive Attunement to the Sex of Individuals at a Competition: The Ratio of Opposite- to Same-Sex Individuals Correlates with Changes in Competitors' Testosterone Levels," *Evolution and Human Behavior* 33, no. 1（2012）, https://doi.org/10.1016/j.evolhumbehav.2011.05.006.

83. S. L. Miller and J. K. Maner, "Scent of a Woman: Men's Testosterone Responses to Olfactory Ovulation Cues," *Psychological Science* 21, no. 2（2010）, https://doi.org/10.1177/0956797609357733.

84. M. V. Flinn, D. Ponzi, and M. P. Muehlenbein, "Hormonal Mechanisms for Regulation of Aggression in Human Coalitions," *Human Nature* 23, no. 1（2012）, https://doi.org/10.1007/s12110-012-9135-y.

85. S. Zilioli et al., "Interest in Babies Negatively Predicts Testosterone Responses to Sexual Visual Stimuli among Heterosexual Young Men," *Psychological Science* 27, no. 1（2016）, https://doi.org/10.1177/0956797615615868.

86. James R. Roney and Lee T. Gettler, "The Role of Testosterone in Human Romantic Relationships," *Current Opinion in Psychology* 1（2015）, https://doi.org/10.1016/j.copsyc.2014.11.003.

87. Gray et al., "Human Reproductive Behavior."

88. M. Peters, L. W. Simmons, and G. Rhodes, "Testosterone Is Associated with Mating Success But Not Attractiveness or Masculinity in Human Males," *Animal Behaviour* 76（2008）, https://doi.org/10.1016/j.anbehav.2008.02.008; T. V. Pollet et al., "Testosterone Levels and Their Associations with Lifetime Number of Opposite Sex Partners and Remarriage in a Large Sample of American Elderly Men and Women," *Hormones and Behavior* 60, no. 1（2011）, https://doi.org/10.1016/j.yhbeh.2011.03.005.

89. C. Klimas et al., "Higher Testosterone Levels Are Associated with Unfaithful Behavior in Men," *Biological Psychology* 146 (2019) , https://doi.org/10.1016/j.biopsy cho.2019.107730.

90. A. Booth and J. M. Dabbs, "Testosterone and Men's Marriages," *Social Forces* 72, no. 2 (1993) , https://doi.org/10.2307/2579857.

91. Pollet et al., "Testosterone Levels."

92. Roney and Gettler, "The Role of Testosterone."

93. L. T. Gettler, T. W. McDade, A. B. Feranil, and C. W. Kuzawa, "Longitudinal Evidence That Fatherhood Decreases Testosterone in Human Males," *Proceedings of the National Academy of Sciences of the United States of America* 108, no. 39 (2011) : 16194–16199. https://doi.org/10.1073/pnas.1105403108.

94. M. R. Fales, K. A. Gildersleeve, and M. G. Haselton, "Exposure to Perceived Male Rivals Raises Men's Testosterone on Fertile Relative to Nonfertile Days of their Partner's Ovulatory Cycle," *Hormones and Behavior* 65, no. 5 (2014) , https://doi.org /10.1016/j.yhbeh.2014.04.002.

95. J. R. Roney et al., "Reading Men's Faces: Women's Mate Attractiveness Judgments Track Men's Testosterone and Interest in Infants," *Philosophical Transactions of the Royal Society B: Biological Sciences* 273, no. 1598 (2006) , https://doi.org/10.1098 /rspb.2006.3569.

96. J. J. M. O'Connor et al., "Perceptions of Infidelity Risk Predict Women's preferences for Low Male Voice Pitch in Short-Term over Long-Term Relationship Contexts," *Personality and Individual Differences* 56 (2014) , https://doi.org/10.1016/j.paid.2013.08.029.

97. E. C. Shattuck and M. P. Muehlenbein, "Human Sickness Behavior: Ultimate and Proximate Explanations," *American Journal of Physical Anthropology* 157, no. 1 (2015a) , https://doi.org/10.1002/ajpa.22698; E. C. Shattuck and M. P. Muehlenbein, "Mood, Behavior, Testosterone, Cortisol, and Interleukin-6 in Adults during Immune Activation: A Pilot Study to Assess Sickness Behaviors in Humans," *American Journal of Human Biology* 27, no. 1 (2015b) , https://doi.org/10.1002/ajhb.22608; Z. L. Simmons and J. R. Roney, "Androgens and Energy Allocation: Quasi-Experimental Evidence for Effects of Influenza Vaccination on Men's Testosterone," *American Journal of Human Biology* 21, no. 1 (2009) , https://doi.org/10.1002/ajhb.20837.

98. G. Rhodes et al., "Does Sexual Dimorphism in Human Faces Signal Health?," *Philosophical Transactions of the Royal Society B: Biological Sciences* 270 (2003) , https:// doi.org/10.1098/ rsbl.2003.0023; R. Thornhill and S. W. Gangestad, "Facial Sexual Dimorphism, Developmental Stability, and Susceptibility to Disease in Men and Women," *Evolution and Human Behavior* 27, no. 2 (2006) , https://doi.org/10.1016/j.evolhumbehav.2005.06.001.

99. K. G. Phalane et al., "Facial Appearance Reveals Immunity in African Men," *Scientific Reports* 7 (2017) , https://doi.org/10.1038/s41598-017-08015-9.

100. H. Greiling and D. M. Buss, "Women's Sexual Strategies: The Hidden Dimension of Extra-Pair Mating," *Personality and Individual Differences* 28, no. 5 (2000) , https://doi.org/10.1016/S0191– 8869 (99) 00151–8.

101. D. Cohen et al., "Insult, Aggression, and the Southern Culture of Honor: An 'Experimental Ethnography,'" *Journal of Personality and Social Psychology* 70, no. 5 (1996) , https://doi.org/10.1037//0022-3514.70.5.945.

251

102. K. V. Casto and D. A. Edwards, "Testosterone, Cortisol, and Human Competition," *Hormones and Behavior* 82（2016）, https://doi.org/10.1016/j.yhbeh.2016.04.004.

103. P. H. Mehta and R. A. Josephs, "Testosterone Change after Losing Predicts the Decision to Compete Again," *Hormones and Behavior* 50, no. 5（2006）, https://doi.org /10.1016/j.yhbeh.2006.07.001.

104. G. D. Sherman et al., "The Interaction of Testosterone and Cortisol Is Associated with Attained Status in Male Executives," *Journal of Personality and Social Psychology* 110, no. 6（2016）, https://doi.org/10.1037/pspp00000639.

105. P. H. Mehta and R. A. Josephs, "Testosterone and Cortisol Jointly Regulate Dominance: Evidence for a Dual-Hormone Hypothesis," *Hormones and Behavior* 58, no. 5（2010）, https://doi.org/10.1016/j.yhbeh.2010.08.020.

106. T. J. Scaramella and W. A. Brown, "Serum Testosterone and Aggressiveness in Hockey Players," *Psychosomatic Medicine* 40, no. 3（1978）, http://www.ncbi.nlm.nih.gov/pubmed/663054.

107. K. Christiansen and E. M. Winkler, "Hormonal, Anthropometrical, and Behavioral-Correlates of Physical Aggression in Kung-San Men of Namibia," *Aggressive Behavior* 18, no. 4（1992）, https://doi.org/10.1002/1098-2337（1992）18:4<271:: AID-AB2480180403>3.0.CO;2-6.

108. J. C. Dreher et al., "Testosterone Causes Both Prosocial and Antisocial StatusEnhancing Behaviors in Human Males," *Proceedings of the National Academy of Sciences* 113, no. 41（2016）, https://doi.org/10.1073/pnas.1608085113.

109. Gray et al., "Human Reproductive Behavior."

110. Gettler et al., "Longitudinal Evidence."

111. A. Alvergne, C. Faurie, and M. Raymond, "Variation in Testosterone Levels and Male Reproductive Effort: Insight from a Polygynous Human Population," *Hormones and Behavior* 56, no. 5（2009）, https://doi.org/10.1016/j.yhbeh.2009.07.013; P. B. Gray, "Marriage, Parenting, and Testosterone Variation among Kenyan Swahili Men," *American Journal of Physical Anthropology* 122, no. 3（2003）, https://doi.org/10.1002/ajpa.10293.

112. E. J. Hermans, P. Putman, and J. van Honk, "Testosterone Administration Reduces Empathetic Behavior: A Facial Mimicry Study," *Psychoneuroendocrinology* 31, no. 7（2006）, https://doi.org/10.1016/j.psyneuen.2006.04.002.

113. D. Olweus et al., "Testosterone, Aggression, Physical, and Personality Dimensions in Normal Adolescent Males," *Psychosomatic Medicine* 42, no. 2（1980）, http:// www.ncbi.nlm.nih.gov/pubmed/7454920; J. Agrawal et al., "Chronic Testosterone Increases Impulsivity and Influences the Transcriptional Activity of the Alpha-2A Adrenergic Receptor Signaling Pathway in Rat Brain," *Molecular Neurobiology* 56, no. 6（2019）, https://doi.org/10.1007/s12035-018-1350-z; A. Aluja et al., "Interactions among Impulsiveness, Testosterone, Sex Hormone Binding Globulin and Androgen Receptor Gene CAG Repeat Length," *Physiology and Behavior* 147（2015）, https://doi.org/10.1016/j.physbeh.2015.04.022.

114. Alison S. Fleming et al., "Testosterone and Prolactin Are Associated with Emotional Responses to Infant Cries in New Fathers," *Hormones and Behavior* 42, no. 4（2002）, https://doi.org/10.1006/hbeh.2002.1840.

115. Muller et al., "Testosterone and Paternal Cares."

116. L. T. Gettler et al., "Does Cosleeping Contribute to Lower Testosterone Levels in Fathers? Evidence from the Philippines," *PloS One* 7, no. 9（2012）, https://doi.org/10.1371/journal.pone.0041559.

117. S. Gelstein et al., "Human Tears Contain a Chemosignal," *Science* 331, no. 6014（2011）, https://doi.org/10.1126/science.1198331.

118. J. S. Mascaro, P. D. Hackett, and J. K. Rilling, "Testicular Volume Is Inversely Correlated with nurturing-related brain activity in human fathers," *Proceedings of the National Academy of Sciences* 110, no. 39（2013）, https://doi.org/10.1073/pnas.1305579110; Weisman, Zagoory-Sharon, and Feldman, "Oxytocin Administration, Salivary Testosterone, and Father-Infant Social Behavior"；O. Weisman, O. Zagoory- Sharon, and R. Feldman, "Oxytocin Administration to Parent Enhances Infant Physiological and Behavioral Readiness for Social Engagement," *Biological Psychiatry* 72, no. 12（2012）: 982–989, https://doi.org/10.1016/j.biopsych.2012.06.011.

119. D. E. Saxbe et al., "Fathers' Decline In Testosterone and Synchrony with Partner Testosterone during Pregnancy Predicts Greater Postpartum Relationship Investment," *Hormones and Behavior* 90（2017）, https://doi.org/10.1016/j.yhbeh.2016.07.005, https://www.ncbi.nlm.nih.gov/pubmed/27469070.

120. R. S. Edelstein et al., "Prospective and Dyadic Associations between Expectant Parents' Prenatal Hormone Changes and Postpartum Parenting Outcomes," *Developmental Psychobiology* 59, no. 1（2017）, https://doi.org/10.1002/dev.21469.

121. D. E. Saxbe et al., "High Paternal Testosterone May Protect against Postpartum Depressive Symptoms in Fathers, But Confer Risk to Mothers and Children," *Hormones and Behavior* 95（2017）, https://doi.org/10.1016/j.yhbeh.2017.07.014.

122. S. J. Berg and K. E. Wynne-Edwards, "Changes in Testosterone, Cortisol, and Estradiol Levels in Men Becoming Fathers," *Mayo Clinic Proceedings* 76, no. 6（2001）, https://doi.org/10.4065/76.6.582.

123. S. M. van Anders, R. M. Tolman, and B. L. Volling, "Baby Cries and Nurturance Affect Testosterone in Men," *Hormones and Behavior* 61, no. 1（2012）, https://doi.org /10.1016/j.yhbeh.2011.09.012.

124. Fleming et al., "Testosterone and Prolactin"；van Anders et al., "Baby Cries and Nurturance."

125. J. Thornton, J. L. Zehr, and M. D. Loose, "Effects of Prenatal Androgens on Rhesus Monkeys: A Model System to Explore the Organizational Hypothesis in Primates," *Hormones and Behavior* 55, no. 5（2009）, https://doi.org/10.1016/j.yhbeh.2009.03.015.

126. L. Ahnert et al., "Fathering Behavior, Attachment, and Engagement in Childcare Predict Testosterone and Cortisol," *Developmental Psychobiology* 63, no. 6（2021）, https://doi.org/10.1002/dev.22149.

127. C. M. Worthman and M. J. Konner, "Testosterone Levels Change with Subsistence Hunting Effort in Kung San Men," *Psychoneuroendocrinology* 12, no. 6（1987）, https://doi.org/10.1016/0306–4530（87）90079–5.

128. E. T. Schroeder et al., "Are Acute Post-Resistance Exercise Increases in Testosterone, Growth Hormone, and IGF-1 Necessary to Stimulate Skeletal Muscle Anabolism and Hypertrophy?," *Medicine and Science in Sports and Exercise* 45, no. 11（2013）, https://doi.org/10.1249/

Mss.0000000000000147.

129. B. C. Trumble et al., "Successful Hunting Increases Testosterone and Cortisol in a Subsistence Population," *Philosophical Transactions of the Royal Society B: Biological Sciences* 281, no. 1776 （2014）, https://doi.org/10.1098/rspb.2013.2876.

130. A. H. Boyette et al., "Testosterone, Fathers as Providers and Caregivers, and Child Health: Evidence from Fisher-Farmers in the Republic of the Congo," *Hormones and Behavior* 107（2019）, https://doi.org/10.1016/j.yhbeh.2018.09.006.

131. B. C. Trumble et al., "Age-Independent Increases in Male Salivary Testosterone during Horticultural Activity among Tsimane Forager-Farmers," *Evolution and Human Behavior* 34, no. 5 （2013）, https://doi.org/10.1016/j.evolhumbehav.2013.06.002.

132. L. C. Alvarado et al., "The Paternal Provisioning Hypothesis: Effects of Workload and Testosterone Production on Men's Musculature," *American Journal of Physical Anthropology* 158, no. 1（2015）, https://doi.org/10.1002/ajpa.22771.

133. P. X. Kuo et al., "Individual Variation in Fathers' Testosterone Reactivity to Infant Distress Predicts Parenting Behaviors with Their 1-Year-Old Infants," *Developmental Psychobiology* 58, no. 3 （2016）; van Anders et al., "Baby Cries and Nurturance."

134. E. Roellke et al., "Infant Crying Levels Elicit Divergent Testosterone Response in Men," *Parenting: Science and Practice* 19, no. 1–2（2019）, https://doi.org/10.1080/15295192.2019.1555425.

135. Richard G. Bribiescas, *Men: Evolutionary and Life History*（Cambridge, MA: Harvard University Press, 2006）.

136. B. C. Campbell et al., "Androgen Receptor CAG Repeats and Body Composition among Ariaal Men," *International Journal of Andrology* 32, no. 2（2009）, https://doi.org/10.1111/j.1365-2605.2007.00825.x.

137. L. T. Gettler et al., "Adiposity, CVD Risk Factors and Testosterone Variation by Partnering Status and Residence with Children in US Men," *Evolution Medicine and Public Health*, no. 1（2017）, https://doi.org/10.1093/emph/eox005.

138. M. Z. Hossin, "The Male Disadvantage in Life Expectancy: Can We Close the Gender Gap?," *International Health* 13, no. 5（2021）, https://doi.org/10.1093/inthealth/ihaa106.

139. J. F. Lemaitre et al., "Sex Differences in Adult Lifespan and Aging Rates of Mortality across Wild Mammals," *Proceedings of the National Academy of Sciences* 117, no. 15（2020）, https://doi.org/10.1073/pnas.1911999117.

140. Worldometer, "Life Expectancy of the World Population," https://www.worldometers.info/demographics/life-expectancy/.

141. Lemaitre et al., "Sex Differences in Adult Lifespan."

142. I. P. F. Owens, "Sex Differences in Mortality Rate," *Science* 297, no. 5589（2002b）, https://doi.org/10.1126/science.1076813.

143. Martin Daly and Margo Wilson, *Homicide*（New York: Aldine de Gruyter, 1988）.

144. Owens, "Sex Differences in Mortality Rate."

145. Hossin, "The Male Disadvantage."

146. K. J. Min, C. K. Lee, and H. N. Park, "The Lifespan of Korean Eunuchs," *Current Biology* 22, no.

18（2012），https://doi.org/10.1016/j.cub.2012.06.036.

147. H. Horwitz, J. T. Andersen, and K. P. Dalhoff, "Health Consequences of Androgenic Anabolic Steroid Use," *Journal of Internal Medicine* 285, no. 3（2019），https://doi.org/10.1111/joim.12850.

148. M. Parssinen et al., "Increased Premature Mortality of Competitive Powerlifters Suspected to Have Used Anabolic Agents," *Internal Journal of Sports Medicine* 21, no. 3（2000），https://doi.org/10.1055/s-2000-3048.

149. J. A. Kettunen et al., "All-Cause and Disease-Specific Mortality among Male, Former Elite Athletes: An Average 50-Year Follow-Up," *British Journal of Sports Medicine* 49, no. 13（2015），https://doi.org/10.1136/bjsports-2013-093347.

150. A. Bjornebekk et al., "Long-Term Anabolic-Androgenic Steroid Use Is Associated with Deviant Brain Aging," *Biological Psychiatry: Cognitive Neuroscience and Neuroimaging* 6, no. 5（2021），https://doi.org/10.1016/j.bpsc.2021.01.001.

151. M. Estrada, A. Varshney, and B. E. Ehrlich, "Elevated Testosterone Induces Apoptosis in Neuronal Cells," *Journal of Biological Chemistry* 281, no. 35（2006），https://doi.org/10.1074/jbc.M603193200 9.

152. F. Saad et al., "Differential Effects of 11 Years of Long-Term Injectable Testosterone Undecanoate Therapy on Anthropometric and Metabolic Parameters in Hypogonadal Men with Normal Weight, Overweight and Obesity in Comparison with Untreated Controls: Real-World Data from a Controlled Registry Study," *International Journal of Obesity* 44, no. 6（2020），https://doi.org/10.1038/s41366-019-0517-7; F. Comhaire, "Hormone Replacement Therapy and Longevity," *Andrologia* 48, no. 1（2016），https://doi.org/10.1111/and.12419.

153. Z. L. Simmons and J. R. Roney, "Variation in CAG Repeat Length of the Androgen Receptor Gene Predicts Variables Associated with Intrasexual Competitiveness in Human Males," *Hormones and Behavior* 60, no. 3（2011），https://doi.org/10.1016/j.yhbeh.2011.06.006.

154. L. T. Gettler et al., "The Role of Testosterone in Coordinating Male Life History Strategies: The Moderating Effects of the Androgen Receptor CAG Repeat Polymorphism," *Hormones and Behavior* 87（2017），https://doi.org/10.1016/j.yhbeh.2016.10.012.

第四章

1. H. J. Lee et al., "Oxytocin: The Great Facilitator of Life," *Progress in Neurobiology* 88, no. 2（2009），https://doi.org/10.1016/j.pneurobio.2009.04.001.

2. A. Meyer-Lindenberg et al., "Oxytocin and Vasopressin in the Human Brain: Social Neuropeptides for Translational Medicine," *Nature Reviews Neuroscience* 12, no. 9（2011），https://doi.org/10.1038/nrn3044; H. E. Ross and L. J. Young, "Oxytocin and the Neural Mechanisms Regulating Social Cognition and Affiliative Behavior," *Frontiers in Neuroendocrinology* 30, no. 4（2009），https://doi.org/10.1016/j.yfrne.2009.05.004.

3. J. K. Rilling and L. J. Young, "The Biology of Mammalian Parenting and Its Effect on Offspring Social Development," *Science* 345, no. 6198（2014），https://doi.org/10.1126/science.1252723.

4. M. Numan, "Motivational Systems and the Neural Circuitry of Maternal Behavior in the Rat," *Developmental Psychobiology* 49, no. 1（2007），https://doi.org/10.100 2/dev.20198.

5.　　D. E. Olazabal, "Role of Oxytocin in Parental Behaviour," *Journal of Neuroendocrinology* 30, no. 7（2018）, https://doi.org/10.1111/jne.12594.

6.　　F. Champagne et al., "Naturally Occurring Variations in Maternal Behavior in the Rat Are Associated with Differences in Estrogen-Inducible Central Oxytocin Receptors," *Proceedings of the National Academy of Sciences* 98, no. 22（2001）, https://doi.org /10.1073/pnas.221224598.

7.　　R. Feldman, I. Gordon, and O. Zagoory-Sharon, "Maternal and Paternal Plasma, Salivary, and Urinary Oxytocin and Parent-Infant Synchrony: Considering Stress and Affiliation Components of Human Bonding," *Developmental Science* 14, no. 4（2011）, https://doi.org/10.1111/j.1467-7687.2010.01021.x.

8.　　T. A. Thul et al., "Oxytocin and Postpartum Depression: A Systematic Review," *Psychoneuroendocrinology* 120（2020）, https://doi.org/10.1016/j.psyneuen. 2020.104793.

9.　　K. Bernard et al., "Association between Maternal Depression and Maternal Sensitivity from Birth to 12 Months: A Meta-Analysis," *Attachment and Human Development* 20, no. 6（2018）, https://doi.org/10.1080/14616734.2018.1430839; S. Brummelte and L. A. Galea, "Postpartum Depression: Etiology, Treatment and Consequences for Maternal Care," *Hormones and Behavior* 77（2016）, https://doi.org/10.1016/j.yhbeh.2015.08.008; M. C. Lovejoy et al., "Maternal Depression and Parenting Behavior: A Meta-Analytic Review," *Clinical Psychology Review* 20, no. 5（2000）, https://doi.org/10.1016/S0272-7358（98）00100-7; J. L. Pawluski, J. S. Lonstein, and A. S. Fleming, "The Neurobiology of Postpartum Anxiety and Depression," *Trends in Neuroscience* 40, no. 2（2017）, https://doi.org/10.1016/j.tins.2016.11.009.

10.　　R. Feldman et al., "Natural Variations in Maternal and Paternal Care Are Associated with Systematic Changes in Oxytocin following Parent-Infant Contact," *Psychoneuroendocrinology* 35, no. 8（2010）, https://doi.org/10.1016/j.psyneuen. 2010.01.013; S. Kim et al., "Maternal Oxytocin Response Predicts Mother-to-Infant Gaze," *Brain Research* 1580（2014）, https://doi.org/10.1016/j.brainres.2013.10.050.

11.　　L. Strathearn et al., "Adult Attachment Predicts Maternal Brain and Oxytocin Response to Infant Cues," *Neuropsychopharmacology* 34, no. 13（2009）, https://doi.org/10.1038/npp.2009.103.

12.　　J. K. Rilling, "A Potential Role for Oxytocin in the Intergenerational Transmission of Secure Attachment," *Neuropsychopharmacology* 34, no. 13（2009）, https://doi.org/10.1038/npp.2009.136.

13.　　A. S. McNeilly et al., "Release of Oxytocin and Prolactin in Response to Suckling," *British Medical Journal (Clinical Research Edition)* 286, no. 6361（1983）, http:// www.ncbi.nlm.nih.gov/pubmed/6402061; A. M. Stuebe, K. Grewen, and S. Meltzer- Brody, "Association between Maternal Mood and Oxytocin Response to Breastfeeding," *Journal of Women's Health* 22, no. 4（2013）, https://doi.org/10.1089/jwh. 2012.3768.

14.　　L. Strathearn et al., "Does Breastfeeding Protect against Substantiated Child Abuse and Neglect? A 15-Year Cohort Study," *Pediatrics* 123, no. 2（2009）, https://doi.org/10.1542/peds.2007-3546.

15.　　K. J. Michalska et al., "Genetic Imaging of the Association of Oxytocin Receptor Gene（OXTR）Polymorphisms with Positive Maternal Parenting," *Frontiers in Behavioral Neuroscience* 8（2014）, https://doi.org/10.3389/fnbeh.2014.00021; M. J. Bakermans-Kranenburg and M. H. van

Ijzendoorn, "Oxytocin Receptor（OXTR）and Serotonin Transporter（5-HTT）Genes Associated with Observed Parenting," *Social Cognitive and Affective Neuroscience* 3, no. 2（2008）, https://doi.org/10.1093/scan /nsn004; A. M. Klahr, K. Klump, and S. A. Burt, "A Constructive Replication of the Association between the Oxytocin Receptor Genotype and Parenting," *Journal of Family Psychology* 29, no. 1（2015）, https://doi.org/10.1037/fam0000034.

16. W. Yuan et al., "Role of Oxytocin in the Medial Preoptic area（MPOA）in the Modulation of Paternal Behavior in Mandarin Voles," *Hormones and Behavior* 110（2019）, https://doi.org/10.1016/j.yhbeh.2019.02.014.

17. W. M. Kenkel et al., "Neuroendocrine and Behavioural Responses to Exposure to an Infant in Male Prairie Voles," *Journal of Neuroendocrinology* 24, no. 6（2012）, https://doi.org/10.1111/j.1365-2826.2012.02301.x.

18. J. M. Borland et al., "Sex-Dependent Regulation of Social Reward by Oxytocin: An Inverted U Hypothesis," *Neuropsychopharmacology* 44, no. 1（2019）, https://doi.org/10.1038/s41386-018-0129-2.

19. K. Macdonald and D. Feifel, "Oxytocin's Role in Anxiety: A Critical Appraisal," *Brain Research*（2014）, https://doi.org/10.1016/j.brainres.2014.01.025.

20. W. M. Kenkel, G. Suboc, and C. S. Carter, "Autonomic, Behavioral and Neuroendocrine Correlates of Paternal Behavior in Male Prairie Voles," *Physiological Behavior* 128（2014）, https://doi.org/10.1016/j.physbeh.2014.02.006.

21. M. J. Woller et al., "Differential Hypothalamic Secretion of Neurocrines in Male Common Marmosets: Parental Experience Effects?," *Journal of Neuroendocrinology* 24, no. 3（2012）, https://doi.org/10.1111/j.1365-2826.2011.02252.x.

22. J. H. Taylor and J. A. French, "Oxytocin and Vasopressin Enhance Responsiveness to Infant Stimuli in Adult Marmosets," *Hormones and Behavior* 75（2015）, https://doi.org/10.1016/j.yhbeh.2015.10.002.

23. A. Saito and K. Nakamura, "Oxytocin Changes Primate Paternal Tolerance to Offspring in Food Transfer," *Journal of Comparative Physiology. A Neuroethology, Sensory, Neural, and Behavior Physiology* 197, no. 4（2011）, https://doi.org/10.1007/s00359-010-0617-2.

24. Sarah Blaffer Hrdy, *Mothers and Others*（Cambridge, MA: Harvard University Press, 2009）.

25. J. R. Madden and T. H. Clutton-Brock, "Experimental Peripheral Administration of Oxytocin Elevates a Suite of Cooperative Behaviours in a Wild Social Mammal," *Philosophical Transactions of the Royal Society B: Biological Sciences* 278, no. 1709（2011）, https://doi.org/10.1098/rspb.2010.1675.

26. C. Finkenwirth et al., "Oxytocin Is Associated with Infant-Care Behavior and Motivation in Cooperatively Breeding Marmoset Monkeys," *Hormones and Behavior* 80（2016）, https://doi.org/10.1016/j.yhbeh.2016.01.008.

27. I. Gordon et al., "Oxytocin and the Development of Parenting in Humans," *Biological Psychiatry* 68, no. 4（2010）, https://doi.org/10.1016/j.biopsych.2010.02.005.

28. J. S. Mascaro, P. D. Hackett, and J. K. Rilling, "Differential Neural Responses to Child and Sexual Stimuli in Human Fathers and Non-Fathers and Their Hormonal Correlates. "

Psychoneuroendocrinology 46（2014）：153–163, https://doi.org/10.1016/j.psyneuen.2014.04.014; Gordon et al., "Oxytocin and the Development of Parenting in Hhumans."

29.　Gordon et al., "Oxytocin and the Development of Parenting in Humans."

30.　Gordon et al., "Oxytocin and the Development of Parenting in Humans."

31.　A. R. Morris et al., "Physical Touch during Father-Infant Interactions Is Associated with Paternal Oxytocin Levels," *Infant Behavior and Development* 64（2021）, https://doi.org/10.1016/j.infbeh.2021.101613. 在人类研究中，催产素通常通过血液或唾液进行测量。这些测量可以告诉我们除大脑以外的身体部分（即外周）的催产素水平。这是因为催产素从身体进入大脑的能力非常有限，难以穿越血脑屏障。通常，当我们试图理解催产素对人类行为（如亲代行为）的影响时，我们认为大脑中的催产素水平最为相关。然而，在人类受试者中测量大脑催产素水平非常困难，因为这需要采集脑脊液样本，这是一种痛苦且具有高度侵入性的操作。尽管催产素在大脑和身体之间传递困难，但有一些神经元似乎能够将催产素释放到身体和大脑中，从而实现这两个区域的协调释放。还有研究表明，大脑和血液中的催产素水平之间存在正相关关系。因此，体内的催产素水平可能可以作为大脑催产素水平的一种替代指标。也有可能是外周催产素本身具有行为效应。例如，催产素可以通过外周的迷走神经影响大脑功能，甚至可能刺激大脑释放催产素。

32.　X. Cong et al., "Parental Oxytocin Responses during Skin-to-Skin Contact in PreTerm Infants," *Early Human Development* 91, no. 7（2015）, https://doi.org/10.1016/j.earlhumdev.2015.04.012; D. Vittner et al., "Increase in Oxytocin from Skin-to-Skin Contact Enhances Development of Parent-Infant Relationship," *Biological Research for Nursing* 20, no. 1（2018）, https://doi.org/10.1177/1099800417735633.

33.　L. T. Gettler et al., "Fathers' Oxytocin Responses to First Holding Their Newborns: Interactions with Testosterone Reactivity to Predict Later Parenting Behavior and Father-Infant Bonds," *Developmental Psychobiology* 63, no. 5（2021）, https://doi.org/10.1002/dev.22121.

34.　Feldman et al., "Natural Variations."

35.　Y. Rassovsky et al., "Martial Arts Increase Oxytocin Production," *Science Reports* 9, no. 1（2019）, https://doi.org/10.1038/s41598-019-49620-0.

36.　研究催产素对人类影响的研究人员通常通过鼻腔给药的方式使用催产素，其假设依据是鼻腔给药能让催产素通过血脑屏障进入大脑。至少在某些情况下，鼻喷催产素似乎能够提升大脑和体内的催产素水平。因此，目前尚不清楚鼻喷催产素所产生的行为效应是由于其在体内还是大脑中的作用，或是两者兼有。评估这一问题的一种方法是比较静脉注射与鼻腔给药的效果，因为只有后者应该能够使催产素进入大脑。

37.　对于鼻喷催产素研究的结果应持谨慎态度，因为现在已经明确，其中许多研究在统计上效力不足，即参与者数量太少，无法检测到预期的效果大小。这意味着一些阳性结果，甚至是很多阳性结果可能实际上是假阳性。解决这一问题的办法是开展样本量更大、统计效力更强的研究。当鼻喷催产素研究的结果与基于动物研究的预期一致时，我们可以对其有效性更有信心。

38.　O. Weisman, O. Zagoory-Sharon, and R. Feldman, "Oxytocin Administration to Parent Enhances Infant Physiological and Behavioral Readiness for Social Engagement," *Biological Psychiatry* 72, no. 12（2012）, https://doi.org/10.1016/j.biopsych.2012.06.011.

39. O. Weisman et al., "Oxytocin Shapes Parental Motion during Father-Infant Interaction," *Biological Letters* 9, no. 6（2013）, https://doi.org/10.1098/rsbl. 2013.0828.

40. F. Naber et al., "Intranasal Oxytocin Increases Fathers' Observed Responsiveness during Play with Their Children: A Double-Blind within-Subject Experiment," *Psychoneuroendocrinology* 35, no. 10 （2010）, https://doi.org/10.1016/j.psyneuen. 2010.04.007.

41. Weisman et al., "Oxytocin Administration to Parent."

42. S. G. Shamay-Tsoory and A. Abu-Akel, "The Social Salience Hypothesis of Oxytocin," *Biological Psychiatry* 79, no. 3（2016）, https://doi.org/10.1016/j.biopsych.2015.07.020.

43. A. J. Guastella, P. B. Mitchell, and M. R. Dadds, "Oxytocin Increases Gaze to the Eye Region of Human Faces," *Biological Psychiatry* 63, no. 1（2008）, https://doi.org/10.1016/j.biopsych. 2007.06.026.

44. G. Domes et al., "Oxytocin Improves 'Mind-Reading" in Humans,' *Biological Psychiatry* 61, no. 6 （2007）, https://doi.org/10.1016/j.biopsych.2006.07.015.

45. S. Korb et al., "Sniff and Mimic—Intranasal Oxytocin Increases Facial Mimicry in a Sample of Men," *Hormones and Behavior* 84（2016）, https://doi.org/10.1016/j.yhbeh. 2016.06.003.

46. A. Abu-Akel et al., "Oxytocin Increases Empathy to Pain When Adopting the Other—But Not the Self-Perspective," *Society for Neuroscience* 10, no. 1（2015）, https://doi.org/10.1080/17470919. 2014.948637.

47. Numan, "Motivational Systems."

48. J. S. Mascaro, P. D. Hackett, and J. K. Rilling, "Testicular Volume is Inversely Correlated with Nurturing-Related Brain Activity in Human Fathers," *Proc Natl Acad Sci U S A* 110, no. 39（2013）: 15746–15751, https://doi.org/10.1073/pnas.1305579110; T. Li et al., "Intranasal Oxytocin, But Not Vasopressin, Augments Neural Responses to Toddlers in Human Fathers," *Hormones and Behavior* 93（2017）, https://doi.org/10.1016/j.yhbeh.2017.01.006.

49. Macdonald and Feifel, "Oxytocin's Role in Anxiety."

50. M. Heinrichs et al., "Social Support and Oxytocin Interact to Suppress Cortisol and Subjective Responses to Psychosocial Stress," *Biological Psychiatry* 54, no. 12（2003）, https://doi. org/10.1016/S0006-3223（03）00465-7.

51. Bosch, "Maternal Aggression in Rodents: Brain Oxytocin and Vasopressin Mediate Pup Defence," *Philosophical Transactions of the Royal Society of London B: Biological Sciences* 368, no. 1631 （2013）, https://doi.org/10.1098/rstb.2013.0085.

52. B. L. Mah et al., "Oxytocin Promotes Protective Behavior in Depressed Mothers: A Pilot Study with the Enthusiastic Stranger Paradigm," *Depression and Anxiety* 32, no. 2（2014）, https://doi. org/10.1002/da.22245.

53. J. N. Ferguson et al., "Social Amnesia in Mice Lacking the Oxytocin Gene," *Nature Genetics* 25, no. 3（2000）, https://doi.org/10.1038/77040.

54. O. J. Bosch and L. J. Young, "Oxytocin and Social Relationships: From Attachment to Bond Disruption," *Current Topics in Behavioral Neuroscience* 35（2018）, https://doi. org/10.1007/7854_2017_10.

55. R. Hurlemann et al., "Oxytocin Enhances Amygdala-Dependent, Socially Reinforced Learning

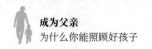
and Emotional Empathy in Humans," *Journal of Neuroscience* 30, no. 14（2010）, https://doi.org/10.1523/JNEUROSCI.5538–09.2010.

56. Ann Pusey, "Magnitude and Sources of Variation in Female Reproductive Performance," in *The Evolution of Primate Societies*, ed. John C. Mitani et al.（Chicago: University of Chicago Press, 2012）.

57. K. A. Lynch and J. B. Greenhouse, "Risk-Factors for Infant-Mortality in 19th-Century Sweden," *Population Studies* 48, no. 1（1994）:117–133, https://doi.org/10.1080/0032472031000147506; S. K. Mishra et al., "Birth Order, Stage of Infancy and Infant Mortality in India," *Journal of Biosocial Science* 50, no. 5（2018）, https://doi.org/10.1017/S0021932017000487.

58. A. P. Moller, "The Evolution of Monogamy: Mating Relationships, Parental Care, and Sexual Selection," in *Monogamy: Mating Strategies and Partnerships in Birds, Humans, and Other Mammals*, edited by U. H. Reichard and C. Boesch, 29–41. Cambridge: Cambridge University Press, 2003.

59. J. R. Williams et al., "Oxytocin Administered Centrally Facilitates Formation of a Partner Preference in Female Prairie Votes（*Microtus ochrogaster*）," *Journal of Neuroendocrinology* 6, no. 3（1994）, https://doi.org/10.1111/j.1365–2826.1994.tb00579.x.

60. Bosch and Young, "Oxytocin and Social Relationships."

61. Bosch and Young, "Oxytocin and Social Relationships."

62. I. Schneiderman et al., "Oxytocin during the Initial Stages of Romantic Attachment: Relations to Couples' Interactive Reciprocity," *Psychoneuroendocrinology* 37, no. 8（2012）, https://doi.org/10.1016/j.psyneuen.2011.12.021.

63. J. Holt-Lunstad, W. C. Birmingham, and K. C. Light, "Relationship Quality and Oxytocin: Influence of Stable and Modifiable Aspects of Relationships," *Journal of Social and Personal Relationships* 32, no. 4（2015）, https://doi.org/10.1177/0265407514536294; K. M. Grewen et al., "Effects of Partner Support on Resting Oxytocin, Cortisol, Norepinephrine, and Blood Pressure before and after Warm Partner Contact," *Psychosomatic Medicine* 67, no. 4（2005）, https://doi.org/10.1097/01.psy.0000170341.88395.47.

64. D. Scheele et al., "Oxytocin Enhances Brain Reward System Responses in Men Viewing the Face of their Female Partner," *Proceedings of the National Academy of Sciences* 110, no. 50（2013）, https://doi.org/10.1073/pnas.1314190110.

65. M. Kosfeld et al., "Oxytocin Increases Trust in Humans," *Nature* 435, no. 7042（2005）, https://doi.org/10.1038/nature03701.

66. G. Nave, C. Camerer, and M. McCullough, "Does Oxytocin Increase Trust in Humans? A Critical Review of Research," *Perspectives on Psychological Science* 10, no. 6（2015）, https://doi.org/10.1177/1745691615600138.

67. H. Kurokawa et al., "Oxytocin-Trust Link in Oxytocin-Sensitive Participants and Those without Autistic Traits," *Frontiers in Neuroscience* 15（2021）, https://doi.org/10.3389/fnins.2021.659737; J. A. Bartz et al., "Social effects of oxytocin in Humans: Context and Person Matter," *Trends in Cognitive Sciences* 15, no. 7（2011）, https://doi.org/10.1016/j.tics.2011.05.002.

68. X. Zheng et al., "Intranasal Oxytocin May Help Maintain Romantic Bonds by Decreasing Jealousy

Evoked by Either Imagined or Real Partner Infidelity," *Journal of Psychopharmacology* 35, no. 6 (2021) , https://doi.org/10.1177/0269881121991576.

69. B. Ditzen et al., "Intranasal Oxytocin Increases Positive Communication and Reduces Cortisol Levels during Couple Conflict," *Biological Psychiatry* 65, no. 9 (2009) , https://doi.org/10.1016/j.biopsych.2008.10.011.

70. D. Scheele et al., "Oxytocin Modulates Social Distance between Males and Females," *Journal of Neuroscience* 32, no. 46 (14 2012) , https://doi.org/10.1523/JNEUROSCI.2755-12.2012.

71. M. S. Carmichael et al., "Plasma Oxytocin Increases in the Human Sexual Response," *Journal of Clinical Endocrinology and Metabolism* 64, no. 1 (1987) , https:// doi.org/10.1210/jcem-64-1-27.

72. R. M. Costa and S. Brody, "Women's Relationship Quality Is Associated with Specifically Penile-Vaginal Intercourse Orgasm and Frequency," *Journal of Sex and Marital Therapy* 33, no. 4 (2007), https://doi.org/10.1080/00926230701385548; J. K. McNulty, C. A. Wenner, and T. D. Fisher, "Longitudinal Associations among Relationship Satisfaction, Sexual Satisfaction, and Frequency of Sex in Early Marriage," *Archives of Sexual Behavior* 45, no. 1 (2016) , https://doi.org/10.1007/s10508-014 -0444-6.

73. C. Heim et al., "Lower CSF Oxytocin Concentrations in Women with a History of Childhood Abuse," *Molecular Psychiatry* 14, no. 10 (2009) , https://doi.org/10.1038/mp.2008.1120.

74. L. B. King et al., "Variation in the Oxytocin Receptor Gene Predicts Brain Region-Specific Expression and Social Attachment," *Biological Psychiatry* 80, no. 2 (2016) , https://doi.org/10.1016/j.biopsych.2015.12.008.

75. A. M. Perkeybile et al., "Early Nurture Epigenetically Tunes the Oxytocin Receptor," *Psychoneuroendocrinology* 99 (2019) , https://doi.org/10.1016/j.psyneuen. 2018.08.037.

76. GTEx Consortium, "The GTEx Consortium Atlas of Genetic Regulatory Effects across Human Tissues," *Science* 369, no. 6509 (2020) : 1318–1330, https://doi.org/10.1126/science.aaz1776.

77. K. M. Krol et al., "Epigenetic Dynamics in Infancy and the Impact of Maternal Engagement," *Science Advances* 5, no. 10 (2019) , https://doi.org/10.1126/sciadv.aay0680.

78. Z. Wang, C. F. Ferris, and G. J. De Vries, "Role of Septal Vasopressin Innervation in Paternal Behavior in Prairie Voles (*Microtus ochrogaster*) ," *Proceedings of the National Academy of Sciences* 91, no. 1 (1994) , https://doi.org/10.1073/pnas.91.1.400.

79. E. A. Hammock and L. J. Young, "Oxytocin, Vasopressin and Pair Bonding: Implications for Autism," *Philosophical Transactions of the Royal Society of London Series B: Biological Sciences* 361, no. 1476 (2006) , https://doi.org/10.1098/rstb.2006.1939.

80. Y. Kozorovitskiy et al., "Fatherhood Affects Dendritic Spines and Vasopressin V1a Receptors in the Primate Prefrontal Cortex," *Nature Neuroscience* 9, no. 9 (2006) , https://doi.org/10.1038/nn1753.

81. Y. Apter-Levi, O. Zagoory-Sharon, and R. Feldman, "Oxytocin and Vasopressin Support Distinct Configurations of Social Synchrony," *Brain Research* 1580 (2014) , https://doi.org/10.1016/j.brainres.2013.10.052.

82. C. C. Cohen-Bendahan et al., "Explicit and Implicit Caregiving Interests in Expectant Fathers: Do Endogenous and Exogenous Oxytocin and Vasopressin Matter?," *Infant Behavior and Development* 41 (2015) , https://doi.org/10.1016/j.infbeh.2015.06.007.

83. M. Nagasawa et al., "Social Evolution. Oxytocin-Gaze Positive Loop and the Coevolution of Human-Dog Bonds," *Science* 348, no. 6232（17 2015）, https://doi.org /10.1126/science.1261022.

84. Tom McGrath, dir. *The Boss Baby*. Century City, CA: 20th Century Fox, 2017.

85. C. K. De Dreu et al., "The Neuropeptide Oxytocin Regulates Parochial Altruism in Intergroup Conflict among Humans," *Science* 328, no. 5984（2010）, https://doi.org/328/5984/10.1126/science.1189047.

86. Sebastian Junger, *War*（New York: Twelve, 2010）.

87. C. Feng et al., "Oxytocin and Vasopressin Effects on the Neural Response to Social Cooperation Are Modulated by Sex in Humans," *Brain Imaging and Behavior* 9, no. 4（2015）, https://doi.org/10.1007/s11682-014-9333-9.

88. L. Samuni et al., "Oxytocin Reactivity during Intergroup Conflict in Wild Chimpanzees," *Proceedings of the National Academy of Sciences* 114, no. 2（2016）, https://doi.org/10.1073/pnas.1616812114.

第五章

1. Z. Wu et al., "Galanin Neurons in the Medial Preoptic Area Govern Parental Behaviour," *Nature* 509, no. 7500（2014）, https://doi.org/10.1038/nature13307.

2. Paul D. MacLean, *The Triune Brain in Evolution: Role in Paleocerebral Functions*（New York: Plenum Press, 1990）.

3. M. R. Murphy, P. D. MacLean, and S. C. Hamilton, "Species-Typical Behavior of Hamsters Deprived from Birth of the Neocortex," *Science* 213, no. 4506（1981）, http://www.ncbi.nlm.nih.gov/pubmed/7244642.

4. Michael Numan, *The Parental Brain: Mechanisms, Development and Evolution*（New York: Oxford University Press, 2020）.

5. Numan, *The Parental Brain*.

6. Numan, *The Parental Brain*.

7. C. A. Pedersen et al., "Oxytocin Activates the Postpartum Onset of Rat Maternal Behavior in the Ventral Tegmental and Medial Preoptic Areas," *Behavioral and Brain Sciences* 108, no. 6（1994）, https://doi.org/10.1037//0735-7044.108.6.1163.

8. Numan, *The Parental Brain*; J. Kohl, A. E. Autry, and C. Dulac, "The Neurobiology of Parenting: A Neural Circuit Perspective," *Bioessays* 39, no. 1（2017）, https://doi.org/10.1002/bies.201600159.

9. Numan, *The Parental Brain*.

10. T. W. Robbins and B. J. Everitt, "Neurobehavioural Mechanisms of Reward and Motivation," *Current Opinion in Neurobiology* 6, no. 2（1996）, https://doi.org/10.1016 /s0959-4388（96）80077-8.

11. J. Kohl and C. Dulac, "Neural Control of Parental Behaviors," *Current Opinion in Neurobiology* 49（2018）, https://doi.org/10.1016/j.conb.2018.02.002.

12. Numan, *The Parental Brain*.

13. N. D. Volkow, G. F. Koob, and A. T. McLellan, "Neurobiologic Advances from the Brain Disease Model of Addiction," *New England Journal of Medicine* 374, no. 4（2016）, https://doi.

org/10.1056/NEJMra1511480.

14. N. D. Volkow, G. J. Wang, and R. D. Baler, "Reward, Dopamine and the Control of Food Intake: Implications for Obesity," *Trends in Cognitive Sciences*15, no. 1（2011）, https://doi.org/10.1016/j.tics.2010.11.001.

15. Kohl and Dulac, "Neural Control of Parental Behaviors."

16. W. Romero-Fernandez et al., "Evidence for the Existence of Dopamine D2- Oxytocin Receptor Heteromers in the Ventral and Dorsal Striatum with Facilitatory Receptor-Receptor Interactions," *Molecular Psychiatry* 18, no. 8（2013）, https://doi.org/10.1038/mp.2012.103.

17. O. J. Bosch, "Maternal Aggression in Rodents: Brain Oxytocin and Vasopressin Mediate Pup Defence," *Philosophical Transactions of the Royal Society of London B: Biological Sciences* 368, no. 1631（2013）, https://doi.org/10.1098/rstb.2013.0085.

18. Numan, *The Parental Brain*; Bosch, "Maternal Aggression in Rodents."

19. Numan, *The Parental Brain*.

20. M. L. Glocker et al., "Baby Schema Modulates the Brain Reward System in Nulliparous Women," *Proceedings of the National Academy of Sciences* 106, no. 22（2009）, https://doi.org/10.1073/pnas.0811620106.

21. N. K. Logothetis, "The Neural Basis of the Blood-Oxygen-Level-Dependent Functional Magnetic Resonance Imaging Signal.," *Philosophical Transactions of the Royal Society B: Biological Sciences* 357, no. 1424（2002）, https://doi.org/10.1098/rstb.2002.1114.

22. Hrdy, Sarah Blaffer, *Mothers and Others*（Cambridge, MA: Harvard University Press, 2009）.

23. L. Strathearn, P. Fonagy, J. Amico, and P. R. Montague, "Adult Attachment Predicts Maternal Brain and Oxytocin Response to Infant Cues," *Neuropsychopharmacology* 34, no. 13（2009）: 2655–2666, https://doi.org/10.1038/npp.2009.103.

24. S. Atzil, T. Hendler, and R. Feldman, "Specifying the Neurobiological Basis of human Attachment: Brain, Hormones, an d Behavior in Synchronous and Intrusive Mothers," *Neuropsychopharmacology* 36, no. 13（2011）, https://doi.org/10.1038/npp.2011.172.

25. S. Atzil et al., "Dopamine in the Medial Amygdala Network Mediates Human Bonding," *Proceedings of the National Academy of Sciences* 114, no. 9（2017）, https:// doi.org/10.1073/pnas.1612233114.

26. Atzil et al., "Dopamine in the Medial Amygdala Network."

27. P. Rigo et al., "Specific Maternal Brain Responses to Their Own Child's Face: An fMRI Meta-Analysis," *Developmental Review* 51（2019）, https://doi.org/10.1016/j.dr.2018.12.001.

28. M. H. Bornstein et al., "Neurobiology of Culturally Common Maternal Responses to Infant Cry," *Proceedings of the National Academy of Sciences* 114, no. 45（2017）, https://doi.org/10.1073/pnas.1712022114; J. P. Lorberbaum et al., "A Potential Role for Thalamocingulate Circuitry in Human Maternal Behavior," *Biological Psychiatry* 51, no. 6（2002）, https://doi.org/10.1016/s0006-3223（01）01284-7; H. K. Laurent and J. C. Ablow, "A Cry in the Dark: Depressed Mothers Show Reduced Neural Activation to Their Own Infant'sCry," *Social Cognitive and Affective Neuroscience* 7, no. 2（2012）, https://doi.org/10.1093/scan/nsq091.

29. C. Post and B. Leuner, "The Maternal Reward System in Postpartum Depression," *Archives of*

Women's Mental Health 22, no. 3（2019）, https://doi.org/10.1007 /s00737-018-0926-y; H. K. Laurent and J. C. Ablow, "A Cry in the Dark: Depressed Mothers Show Reduced Neural Activation to Their Own Infant's Cry," *Social Cognitive and Affective Neuroscience* 7, no. 2（2012）, https:// doi.org/10.1093/scan/nsq091; H. K. Laurent and J. C. Ablow, "A Face a Mother Could Love: Depression-Related Maternal Neural Responses to Infant Emotion Faces," *Social Neuroscience* 8, no. 3（2013）, https://doi.org/10.1080/17470919.2012.762039.

30. R. Gregory et al., "Oxytocin Increases VTA Activation to Infant and Sexual Stimuli in Nulliparous and Postpartum Women," *Hormones and Behavior* 69（2015）, https://doi.org/10.1016/ j.yhbeh.2014.12.009.

31. M. M. Riem et al., "Oxytocin Modulates Amygdala, Insula, and Inferior Frontal Gyrus Responses to Infant Crying: A Randomized Controlled Trial," *Biological Psychiatry* 70, no. 3（2011）, https:// doi.org/10.1016/j.biopsych.2011.02.006.

32. G. Rizzolatti and M. Fabbri-Destro, "Mirror Neurons: From Discovery to Autism," *Experimental Brain Research* 200, no.（3–4）, https://doi.org/10.1007/s00221-009-2002-3.

33. D. Lenzi et al., "Neural Basis of Maternal Communication and Emotional Expression Processing during Infant Preverbal Stage," *Cerebral Cortex* 19, no. 5（2009）, https://doi.org/10.1093/Cercor/ Bhn153.

34. H. K. Laurent, A. Stevens, and J. C. Ablow, "Neural Correlates of Hypothalamic- Pituitary-Adrenal Regulation of Mothers with Their Infants," *Biological Psychiatry* 70, no. 9（2011）, https://doi. org/10.1016/j.biopsych.2011.06.011.

35. J. S. Rosenblatt, S. Hazelwood, and J. Poole, "Maternal Behavior in Male Rats: Effects of Medial Preoptic Area Lesions and Presence of Maternal Aggression," *Hormones and Behavior* 30, no. 3 （1996）, https://doi.org/10.1006/hbeh.1996.0025; J. D. Sturgis and R. S. Bridges, "N-Methyl-DL- Aspartic Acid Lesions of the Medial Preoptic Area Disrupt Ongoing Parental Behavior in Male Rats," *Physiological Behavior* 62, no. 2（1997）, https://doi.org/10.1016/s0031-9384（97）88985-8.

36. J. S. Rosenblatt and K. Ceus, "Estrogen Implants in the Medial Preoptic Area Stimulate Maternal Behavior in Male Rats," *Hormones and Behavior* 33, no. 1（1998）, https://doi.org/10.1006/ hbeh.1997.1430.

37. A. W. Lee and R. E. Brown, "Medial Preoptic Lesions Disrupt Parental Behavior in Both Male and Female California Mice（*Peromyscus californicus*）," *Behavioral Neuroscience* 116, no. 6（2002）, https://doi.org/10.1037/0735-7044.116.6.968; T. R. de Jong et al., "From Here to Paternity: Neural Correlates of the Onset of Paternal Behavior in California Mice（*Peromyscus californicus*）," *Hormones and Behavior* 56, no. 2（2009）, https://doi.org/10.1016/j.yhbeh.2009.05.001.

38. E. R. Glasper et al., "More Than Just Mothers: The Neurobiological and Neuroendocrine Underpinnings of Allomaternal Caregiving," *Frontiers in Neuroendocrinology* 53（2019）, https:// doi.org/10.1016/j.yfrne.2019.02.005.

39. Wu et al., "Galanin Neurons."

40. B. Wang et al., "Behavioral Responses to Pups in Males with Different Reproductive Experiences Are Associated with Changes in Central OT, TH and OTR, D1R, D2R mRNA Expression in Mandarin Voles," *Hormones and Behavior* 67（2015）, https:// doi.org/10.1016/j.yhbeh.2014.11.013;

Yuan et al., "Role of Oxytocin in the Medial Preoptic Area（MPOA）in the Modulation of Paternal Behavior in Mandarin Voles."

41. Wang et al., "Behavioral Responses to Pups."

42. B. C. Trainor, I. M. Bird, N. A. Alday, B. A. Schlinger, and C. A. Marler, "Variation in Aromatase Activity in the Medial Preoptic Area and Plasma Progesterone Is Associated with the Onset of Paternal Behavior," *Neuroendocrinology* 78, no. 1（2003）: 36–44. https://doi.org/10.1159/000071704.

43. M. M. Hyer et al., "Neurogenesis and Anxiety-Like Behavior in Male California Mice during the Mate's Postpartum Period," *European Journal ofNeuroscience* 43, no. 5（2016）, https://doi.org/10.1111/ejn.13168.

44. C. L. Franssen et al., "Fatherhood Alters Behavioural and Neural Responsiveness in a Spatial Task," *Journal of Neuroendocrinology* 23, no. 11（2011）, https://doi.org/10.1111/j.1365-2826.2011.02225.x.

45. G. K. Mak and S. Weiss, "Paternal Recognition of Adult Offspring Mediated by Newly Generated CNS Neurons," *Nature Neuroscience* 13, no. 6（2010）, https://doi.org/10.1038/nn.2550.

46. Y. Kozorovitskiy, M. Hughes, K. Lee, and E. Gould, "Fatherhood Affects Dendritic Spines and Vasopressin V1a Receptors in the Primate Prefrontal Cortex," *Nature Neuroscience* 9, no. 9（2006）: 1094–1095, https://doi.org/10.1038/nn1753.

47. J. S. Mascaro, P. D. Hackett, and J. K. Rilling, "Testicular Volume Is Inversely Correlated with Nurturing-Related Brain Activity in Human Fathers," *Proc Natl Acad Sci USA* 110, no. 39（2013）: 15746–15751, https://doi.org/10.1073/pnas.1305579110.

48. T. Li, X. Chen, J. Mascaro, E. Haroon, and J. K. Rilling, "Intranasal Oxytocin, but Not Vasopressin, Augments Neural Responses to Toddlers in Human Fathers," *Hormones and Behavior* 93（2017）: 193–202, https://doi.org/10.1016/j.yhbeh.2017.01.006.

49. P. X. Kuo et al., "Neural Responses to Infants Linked with Behavioral Interactions and Testosterone in Fathers," *Biological Psychiatry* 91, no. 2（Aug 10 2012）, https://doi.org/10.1016/j.biopsycho.2012.08.002.

50. P. Kim et al., "A Prospective Longitudinal Study of Perceived Infant Outcomes at 18–24 Months: Neural and Psychological Correlates of Parental Thoughts and Actions Assessed during the First Month Postpartum," *Frontiers in Psychology* 6（2015）, https://doi.org/10.3389/fpsyg.2015.01772.

51. M. L. Kringelbach and E. T. Rolls, "The Functional Neuroanatomy of the Human Orbitofrontal Cortex: Evidence from Neuroimaging and Neuropsychology," *Progress in Neurobiology* 72, no. 5 （2004）, https://doi.org/10.1016/j.pneurobio.2004.03.006.

52. Mascaro, Hackett, and Rilling, "Differential Neural Responses to Child and Sexual Stimuli in Human Fathers and Non-Fathers and Their Hormonal Correlates."

53. P. X. Kuo, J. Carp, K. C. Light, and K. M. Grewen, "Neural Responses to Infants Linked with Behavioral Interactions and Testosterone in Fathers," *Biological Psychiatry* 91, no. 2（2012）: 302–306, https://doi.org/10.1016/j.biopsycho.2012.08.002.

54. J. S. Mascaro et al., "Child Gender Influences Paternal Behavior, Language, and Brain Function," *Behavioral Neuroscience* 131, no. 3（2017）, https://doi.org/10.1037 /bne0000199.

55. L. Cossette et al., "Emotional Expressions of Female and Male Infants in a Social and a Nonsocial Context," *Sex Roles* 35, no. 11–12（1996）, https://doi.org/10.1007 /Bf01544087; M. LaFrance, M. A. Hecht, and E. L. Paluck, "The Contingent Smile: A Meta-Analysis of Sex Differences in Smiling," *Psychological Bulletin* 129, no. 2（2003）, https://doi.org/10.1037/0033-2909.129.2.305.

56. R. G. Barr, "Preventing Abusive Head Trauma Resulting from a Failure of Normal Interaction between Infants and Their Caregivers," *Proc Natl Acad Sci USA* 109 Suppl 2（2012）: 17294–17301, https://doi.org/10.1073/pnas.1121267109.

57. J. S. Mascaro et al., "Behavioral and Genetic Correlates of the Neural Response to Infant Crying among Human Fathers," *Social Cognitive and Affective Neuroscience* 9, no. 11（2014）, https:// doi.org/10.1093/scan/nst1669.

58. T. Li et al., "Explaining Individual Variation in Paternal Brain Responses to Infant Cries," *Physiology and Behavior* 193, pt. A（2018）, https://doi.org/10.1016/j.physbeh.2017.12.033.

59. A. M. Witte et al., "The Effects of Oxytocin and Vasopressin Administration on Fathers' Neural Responses to Infant Crying: A Randomized Controlled Within- Subject Study," *Psychoneuroendocrinology* 140（2022）, https://doi.org/10.1016/j.psyneuen.2022.105731.

60. J. K. Rilling et al., "The Neural Correlates of Paternal Consoling Behavior and Frustration in Response to Infant Crying," *Developmental Psychobiology*（2021）, https://doi.org/10.1002/ dev.22092.

61. E. Abraham et al., "Father's Brain Is Sensitive to Childcare Experiences," *Proceedings of the National Academy of Sciences* 111, no. 27（2014）, https://doi.org/10.1073/ pnas.1402569111.

62. Numan, *The Parental Brain*.

63. Abraham et al., "Father's Brain Is Sensitive."

64. Abraham et al., "Father's Brain Is Sensitive."

65. M. M. E. Riem et al., "A Soft Baby Carrier Intervention Enhances Amygdala Responses to Infant Crying in Fathers: A Randomized Controlled trial," *Psychoneuroendocrinology* 132（2021）, https://doi.org/10.1016/j.psyneuen.2021.105380.

66. E. A. Amadei et al., "Dynamic Corticostriatal Activity Biases Social Bonding in Monogamous Female Prairie Voles," *Nature* 546, no. 7657（2017）, https://doi.org/10.1038/nature22381.

67. J. K. Rilling et al., "Intranasal Oxytocin Modulates Neural Functional Connectivity during Human Social Interaction," *American Journal of Primatology* 80, no. 10（2018）, https://doi.org/10.1002/ ajp.22740.

68. E. Abraham et al., "Empathy Networks in the Parental Brain and Their Long- Term Effects on Children's Stress Reactivity and Behavior Adaptation," *Neuropsychologia* 116（2018）, https://doi. org/0.1016/j.neuropsychologia.2017.04.015.

69. E. Hoekzema et al., "Pregnancy Leads to Long-Lasting Changes in Human Brain Structure," *Nat Neuroscience* 20, no. 2（2017）, https://doi.org/10.1038/nn.4458.

70. Tomas Paus et al., "Structural Maturation of Neural Pathways in Children and Adolescents: In Vivo Study," *Science* 283（1999）: 1908–1911, https://doi.org/10.1126 /science.283.5409.1908.

71. A. S. LaMantia and P. Rakic, "Axon Overproduction and Elimination in the Cerebral Cortex of the Developing Rhesus Monkey," *Journal of Neuroscience* 10（1990）, https://doi.org/10.1523/

JNEUROSCI.10-07-02156.

72. J. L. Pawluski et al., "Less Can Be More: Fine Tuning the Maternal Brain," *Neuroscience and Biobehavioral Reviews* 133（2022）, https://doi.org/10.1016/j.neubiorev. 2021.11.045.

73. E. Hoekzema et al., "Becoming a Mother Entails Anatomical Changes in the Ventral Striatum of the Human Brain That Facilitate Its Responsiveness to Offspring Cues," *Psychoneuroendocrinology* 112（2020）, https://doi.org/10.1016/j.psyneuen.2019.104507.

74. M. Paternina-Die et al., "The Paternal Transition Entails Neuroanatomic Adaptations That Are Associated with the Father's Brain Response to His Infant Cues," *Cerebral Cortex Communications* 1, no. 1（2020）, https://doi.org/10.1093/texcom/tgaa082.

75. M. Martinez-Garcia et al., "Characterizing the Brain Structural Adaptations across the Motherhood Transition," *Frontiers in Global Women's Health* 2（2021）, https://doi.org/10.3389/fgwh.2021.742775.

76. P. Kim et al., "The Plasticity of Human Maternal Brain: Longitudinal Changes in Brain Anatomy during the Early Postpartum Period," *Behavioral Neuroscience* 124, no. 5（2010）, https://doi.org/10.1037/a0020884.

77. Kim et al., "Neural Plasticity in Fathers of Human Infants."

78. Y. Cao et al., "Neonatal Paternal Deprivation Impairs Social Recognition and Alters Levels of Oxytocin and Estrogen Receptor Alpha mRNA Expression in the MeA and NAcc, and Serum Oxytocin in Mandarin Voles," *Hormones and Behavior* 65, no. 1（2014）, https://doi.org/10.1016/j.yhbeh.2013.11.005.

79. R. Jia et al., "Neonatal Paternal Deprivation or Early Deprivation Reduces Adult Parental Behavior and Central Estrogen Receptor Alpha Expression in Mandarin Voles（*Microtus mandarinus*）," *Behavioural Brain Research* 224, no. 2（31 2011）, https:// doi.org/10.1016/j.bbr.2011.05.042.

80. Cao et al., "Neonatal Paternal Deprivation."

81. C. Helmeke et al., "Paternal Deprivation during Infancy Results in Dendrite- and Time-Specific Changes of Dendritic Development and Spine Formation in the Orbitofrontal Cortex of the Biparental Rodent *Octodon degus*," *Neuroscience* 163, no. 3（2009）, https://doi.org/10.1016/j.neuroscience.2009.07.008.

82. J. Hiser and M. Koenigs, "The Multifaceted Role of the Ventromedial Prefrontal Cortex in Emotion, Decision Making, Social Cognition, and Psychopathology," *Biological Psychiatry* 83, no. 8（2018）, https://doi.org/10.1016/j.biopsych.2017.10.030.

83. Sergio M. Pellis, Vivien C. Pellis, and Heather C. Bell, "The Function of Play in the Development of the Social Brain," *American Journal of Play* 2, no. 3（2010）, https://eric.ed.gov/?id=EJ1069225.

84. F. D. Rogers and K. L. Bales, "Revisiting Paternal Absence: Female Alloparental Replacement of Fathers Recovers Partner Preference Formation in Female, but Not Male Prairie Voles," *Developmental Psychobiology* 62, no. 5（2020）: 573–590, https://doi.org/10.1002/dev.21943; F. D. Rogers, S. M. Freeman, M. Anderson, M. C. Palumbo, and K. L. Bales, "Compositional Variation in Early-Life Parenting Structures Alters Oxytocin and Vasopressin 1a Receptor Development in Prairie Voles," *Journal of Neuroendocrinology* 33, no. 8（2021）, https://doi.org/10.1111/jne.13001.

第六章

1. G. L. Brown, S. M. Kogan, and J. Kim, "From Fathers to Sons: The Intergenerational Transmission of Parenting Behavior among African American Young Men," *Family Process* 57, no. 1（2018）, https://doi.org/10.1111/famp.12273.

2. E. Pougnet et al., "The Intergenerational Continuity of Fathers' Absence in a Socioeconomically Disadvantaged Sample," *Journal of Marriage and Family* 74, no. 3（2012）, https://doi.org/10.1111/j.1741-3737.2012.00962.x.

3. Brown et al., "From Fathers to Sons."

4. S. L. Hofferth, J. H. Pleck, and C. K. Vesely, "The Transmission of Parenting from Fathers to Sons," *Parenting: Science and Practice* 12, no. 4（2012）, https://doi.org/10.1080/15295192.2012.709153.

5. Joshua Kendall, "Obama's Most Unusual Legacy? Being a Good Dad," *Washington Post*, June 19, 2016.

6. G. V. Pepper and D. Nettle, "The Behavioural Constellation of Deprivation: Causes and Consequences," *Behavioral and Brain Sciences* 40（2017）, https://doi.org/10.1017/S0140525X1600234X; D. S. Roubinov and W. T. Boyce, "Parenting and SES: Relative Values or Enduring Principles?," *Current Opinion in Psychology* 15（2017）, https://doi.org/10.1016/j.copsyc.2017.03.001.

7. J. C. Koops, A. C. Liefbroer, and A. H. Gauthier, "Having a Child within a Cohabiting Union in Europe and North America: What Is the Role of Parents' Socio-Economic Status?," *Population Space and Place* 27, no. 6（2021）, https://doi.org/10.1002/psp.2434.

8. W. E. Johnson, "Paternal Involvement among Unwed Fathers," *Children and Youth Services Review* 23, no. 6–7（2001）, https://doi.org/10.1016/S0190–7409（01）00146–3.

9. D. Nettle, "Dying Young and Living Fast: Variation in Life History across English Neighborhoods," *Behavioral Ecology* 21, no. 2（2010）, https://doi.org/10.1093/beheco /arp202.

10. M. Minkov and K. Beaver, "A Test of Life History Strategy Theory as a Predictor of Criminal Violence across 51 Nations," *Personality and Individual Differences* 97（2016）, https://doi.org/10.1016/j.paid.2016.03.063.

11. N. Barber, "Single Parenthood as a Predictor of Cross-National Variation in Violent Crime," *Cross-Cultural Research* 38, no. 4（2004）, https://doi.org/10.1177/1069397104267479.

12. Pepper and Nettle, "The Behavioural Constellation of Deprivation."

13. S. E. Johns, "Perceived Environmental Risk as a Predictor of Teenage Motherhood in a British Population," *Health and Place* 17, no. 1（2011）, https://doi.org/10.1016/j.healthplace.2010.09.006; M. Imamura et al., "Factors Associated with Teenage Pregnancy in the European Union Countries: A Systematic review," *European Journal of Public Health* 17, no. 6（2007）, https://doi.org/10.1093/eurpub/ckm014; Nettle, "Dying Young and Living Fast."

14. R. Sear, "Do Human 'Life History Strategies' Exist?," *Evolution and Human Behavior* 41, no. 6（2020）, https://doi.org/10.1016/j.evolhumbehav.2020.09.004.

15. B. J. Ellis et al., "Developmental Programming of Oxytocin through Variation in Early-Life Stress: Four Meta-Analyses and a Theoretical Reinterpretation," *Clinical Psychology Review* 86（2021）,

https://doi.org/10.1016/j.cpr.2021.101985.

16. Roubinov and Boyce, "Parenting and SES?".

17. B. S. Hewlett, "Demography and Child-Care in Preindustrial Societies," *Journal of Anthropological Research* 47, no. 1（1991）, https://www.jstor.org/stable/3630579.

18. Martin Daly and Margo Wilson, *Homicide*（New York: Aldine deGruyter, 1988）.

19. Gray and Anderson, *Fatherhood: Evolution and Human Paternal Behavior*; William Marsiglio and Ramon Hinojosa, "Stepfathers' Lives," in *The Role of the Father in Child Development*（Hoboken, NJ: John Wiley and Sons, 2010）; K. G. Anderson, H. Kaplan, and J. Lancaster, "Paternal Care by Genetic Fathers and Stepfathers I: Reports from Albuquerque Men," *Evolution and Human Behavior* 20, no. 6（1999）, https://doi.org /10.1016/S1090–5138（99）00023–9.

20. K. G. Anderson, H. Kaplan, and J. B. Lancaster, "Confidence of Paternity, Divorce, and Investment in Children by Albuquerque Men," *Evolution and Human Behavior* 28, no. 1（2007）, https://doi.org/10.1016/j.evolhumbehav.2006.06.004.

21. C. L. Apicella and F. W. Marlowe, "Men's Reproductive Investment Decisions: Mating, Parenting, and Self-Perceived Mate Value," *Human Nature* 18, no. 1（2007）, https://doi.org/10.1007/BF02820844.

22. J. Hartung, "Matrilineal Inheritance—New Theory and Analysis," *Behavioral and Brain Sciences* 8, no. 4（1985）, https://doi.org/10.1017/S0140525x00045520.

23. B. Hohmann-Marriott, "Coparenting and Father Involvement in Married and Unmarried Coresident Couples," *Journal of Marriage and Family* 73, no. 1（2011）, https://doi.org/10.1111/j.1741-3737.2010.00805.x; G. L. Brown et al., "Observed and Reported Supportive Coparenting as Predictors of Infant-Mother and Infant-Father Attachment Security," *Early Child Development and Care* 180, no. 1–2（2010）, https://doi.org/10.1080/03004430903415015.

24. J. Fagan and M. Barnett, "The Relationship between Maternal Gatekeeping, Paternal Competence, Mothers' Attitudes about the Father Role, and Father Involvement," *Journal of Family Issues* 24, no. 8（2003）, https://doi.org/10.1177/0192513x03256397.

25. S. J. Schoppe-Sullivan et al., "Who Are the Gatekeepers? Predictors of Maternal Gatekeeping," *Parenting: Science and Practice* 15, no. 3（2015）, https://doi.org/10.1080 /15295192.2015.1053321.

26. S. J. Schoppe-Sullivan et al., "Maternal Gatekeeping, Coparenting Quality, and Fathering Behavior in Families with Infants," *Journal of Family Psychology* 22, no. 3（2008）, https://doi.org/10.1037/0893-3200.22.3.389.

27. Schoppe-Sullivan et al., "Who Are the Gatekeepers?"

28. John W. M. Whiting and Beatrice Whiting, "Aloofness and Intimacy of Husbands and Wives: A Cross-Cultural Study," *Ethos* 3, no. 2（1975）, https://www.jstor.org/stable/640228.

29. Shawna J. Lee, Joyce Y. Lee, and Olivia D. Chang, "The Characteristics and Lived Experience of Modern Stay-at-Home Fathers," in *Handbook of Fathers and Child Development*, ed. Hiram Fitzgerald et al.（Berlin: Springer, 2020）.

30. Melvin Konner, *Women After All: Sex, Evolution, and the End of Male Supremacy*（New York: Norton, 2015）.

31. N. Blom and B. Hewitt, "Becoming a Female-Breadwinner Household in Australia: Changes in Relationship Satisfaction," *Journal of Marriage and Family* 82, no. 4（2020）, https://doi.org/10.1111/jomf.12653.

32. Lee et al., "Characteristics and Lived Experience."

33. R. L. Coles, "Single-Father Families: A Review of the Literature," *Journal of Family Theory & Review* 7, no. 2（2015）: 144–166, https://doi.org/10.1111/jftr.12069.

34. T. J. Wade, S. Veldhuizen, and J. Cairney, "Prevalence of Psychiatric Disorder in Lone Fathers and Mothers: Examining the Intersection of Gender and Family Structure on Mental Health," *Canadian Journal of Psychiatry* 56, no. 9（2011）: 567–573, https://doi.org/10.1177/070674371105600908.

35. Kerstin Aumann, Ellen Galinsky, and Kenneth Matos, *The New Male Mystique*（Palisades, NY: Families and Work Institute, 2011）, https://www.familiesandwork.org/research.

36. Ellen Galinsky, Kerstin Aumann, and James T. Bond, *Times Are Changing: Gender and Generation at Work and at Home*（Palisades, NY: Families and Work Institute, 2009）, https://www.familiesandwork.org/research.

37. H. Dinh et al., "Parents' Transitions into and out of Work–family Conflict and Children's Mental Health: Longitudinal Influence via Family Functioning," *Social Science and Medicine* 194（2017）, https://doi.org/10.1016/j.socscimed.2017.10.017.

38. B. E. Robinson and L. Kelley, "Adult Children of Workaholics: Self-Concept, Anxiety, Depression, and Locus of Control," *American Journal of Family Therapy* 26, no. 3（1998）, https://doi.org/10.1080/01926189808251102.

39. K. Nishiyama and J. V. Johnson, "Karoshi—Death from Overwork: Occupational Health Consequences of Japanese Production Management," *International Journal of Health Services* 27, no. 4（1997）, https://doi.org/10.2190/1jpc-679v-Dynt-Hj6g.

40. Linda Haas and C. Philip Hwang, "The Impact of Taking Parental Leave on Fathers' Participation in Childcare and Relationships with Children: Lessons from Sweden," *Community, Work and Family* 11, no. 1（2008）, https://doi.org/10.1080/13668800701785346.

41. M. C. Huerta et al., "Fathers' Leave and Fathers' Involvement: Evidence from Four OECD Countries," *European Journal of Social Security* 16, no. 4（2014）, https:// doi.org/10.1177/138826271401600403.

42. R. J. Petts and C. Knoester, "Are Parental Relationships Improved if Fathers Take Time Off of Work after the Birth of a Child?," *Social Forces* 98, no. 3（2020）, https:// doi.org/10.1093/sf/soz014.

43. C. Knoester, R. J. Petts, and B. Pragg, "Paternity Leave-Taking and Father Involvement among Socioeconomically Disadvantaged U.S. Fathers," *Sex Roles* 81, no. 5–6（2019）, https://doi.org/10.1007/s11199-018-0994-5.

44. Knoester et al., "Paternity Leave-Taking."

45. Claire Cain Miller, "The World 'Has Found a Way to Do This': The U.S. Lags on Paid Leave," *New York Times*, October 25, 2021, https://www.nytimes.com/2021/10 /25/upshot/paid-leave-democrats.html.

46. J. Ekberg, R. Eriksson, and G. Friebel, "Parental Leave: A Policy Evaluation of the Swedish

'Daddy-Month' Reform," *Journal of Public Economics* 97（2013）, https://doi.org/10.1016/j.jpubeco.2012.09.001; S. Cools, J. H. Fiva, and L. J. Kirkeboen, "Causal Effects of Paternity Leave on Children and Parents," *Scandinavian Journal of Economics* 117, no. 3（2015）, https://doi.org/10.1111/sjoe.12113.

47. Alexa L. Secrest, "Daddy Issues: Why Do Swedish Fathers Claim Paternity Leave at Higher Rates Than French Fathers?," *Student Publications*, 2020, https://cupola.gettysburg.edu/student_scholarship/784.

48. Joe Pinsker, "Why Icelandic Dads Take Parental Leave and Japanese Dads Don't," *The Atlantic*, January 23, 2020, https://www.theatlantic.com/family/archive /2020/01/japan-paternity-leave-koizumi/605344/.

49. Secrest, "Daddy Issues."

50. Cindy Brooks Dollar, "Sex Ratios, Single Motherhood, and Gendered Structural Relations: Examining Female-Headed Families across Racial-Ethnic Populations," *Sociological Focus* 50, no. 4（2017）, https://doi.org/10.1080/00380237.2017.1313100.

51. F. W. Marlowe, "Male Care and Mating Effort among Hadza Foragers," *Behav Ecol Sociobiol* 46, no. 1（1999）, 57–64, https://doi.org/10.1007/s002650050592.

52. James K. Rilling, Paige Gallagher, and Minwoo Lee, "Mating-Related Stimuli Induce Rapid Shifts in Fathers' Assessments of Infants," *Evolution and Human Behavior* 45, no. 1（2024）: 13–19.

53. R. Schacht and M. B. Mulder, "Sex Ratio Effects on Reproductive Strategies in Humans," *Royal Society Open Science* 2, no. 1（2015）, https://doi.org/10.1098/rsos.140402.

54. Leila Morsey and Richard Rothstein, *Mass Incarceration and Children's Outcomes: Criminal Justice Policy Is Education Policy*（Washington, DC: Economic Policy Insti-tute, 2016）.

55. Morsey and Rothstein, *Mass Incarceration*.

56. Patricia Draper and Henry Harpending, "Father Absence and Reproductive Strategy: An Evolutionary Perspective," *Journal of Anthropological Research* 38（1982）, https://www.jstor.org/stable/3629848.

57. M. Konner, "Is History the Same as Evolution? No. Is it Independent of Evolution? Certainly Not," *Evolutionary Psychology* 20, no. 1（2022）, https://doi.org/10.1177/1474704921106913.

58. M. Chudek and J. Henrich, "Culture-Gene Coevolution, Norm-Psychology and the Emergence of Human Prosociality," *Trends in Cognitive Sciences* 15, no. 5（2011）, https://doi.org/10.1016/j.tics.2011.03.003.

59. Bradd Shore, *Culture in Mind*（New York: Oxford University Press, 1996）.

60. S. P. Prall and B. A. Scelza, "Why Men Invest in Non-Biological Offspring: Paternal Care and Paternity Confidence among Himba Pastoralists," *Philosophical Transactions of the Royal Society B: Biological Sciences* 287, no. 1922（2020）, https://doi.org /10.1098/rspb.2019.2890.

61. Richard Wike, "French More Accepting of Infidelity Than People in Other Countries," Pew Research Center, January 14, 2014, https://www.pewresearch.org /short-reads/2014/01/14/french-more-accepting-of-infidelity-than-people-in-other -countries/.

62. J. Henrich, "Cultural Group Selection, Coevolutionary Processes and Large- Scale Cooperation," *Journal of Economic Behavior and Organization* 53, no. 1（2004）, https://doi.org/10.1016/

S0167-2681（03）00094-5; Samuel Bowles and Herbert Gintis, *A Cooperative Species: Human Reciprocity and Its Evolution*（Princeton, NJ: Princeton University Press, 2011）.

63. E. Fehr and U. Fischbacher, "The Nature of Human Altruism," *Nature* 425, no. 6960（2003）, https://doi.org/10.1038/nature02043.

64. J. Moll et al., "Opinion: The Neural Basis of Human Moral Cognition," *Nature Reviews Neuroscience* 6, no. 10（2005）, https://doi.org/10.1038/nrn1768; U. Wagner et al., "Guilt-Specific Processing in the Prefrontal Cortex," *Cerebral Cortex* 21, no. 11（2011）, https://doi.org/10.1093/cercor/bhr016; R. Zhu et al., "Differentiating Guilt and Shame in an Interpersonal Context with Univariate Activation and Multivariate Pattern Analyses," *NeuroImage* 186（2019）, https://doi.org/10.1016/j.neuroimage.2018.11.012; F. A. Jonker etal., "The Role of the Orbitofrontal Cortex in Cognition and Behavior," *Reviews in the Neurosciences* 26, no. 1（2015）, https://doi.org/10.1515 / revneuro-2014-0043.

65. Antonio R. Damasio, *Descartes' Error: Emotion, Reason, and the Human Brain*（New York: Putnam, 1994）.

66. Jonker et al., "The Role of the Orbitofrontal Cortex."

67. C. J. Donahue et al., "Quantitative Assessment of Prefrontal Cortex in Humans Relative to Nonhuman Primates," *Proceedings of the National Academy of Sciences* 115, no. 22（2018）, https://doi.org/10.1073/pnas.1721653115.

68. J. K. Rilling and T. R. Insel, "The Primate Neocortex in Comparative Perspective Using Magnetic Resonance Imaging," *Journal of Human Evolution* 37, no. 2（1999）, https://doi.org/10.1006/jhev.1999.0313; K. Zilles et al., "The Human Pattern of Gyrification in the Cerebral Cortex," *Anatomy and Embryology* 179, no. 2（1988）, https:// doi.org/10.1007/BF00304699.

69. Richard E. Passingham, *What Is Special about the Human Brain*（Oxford: Oxford University Press, 2008）.

70. R. Boyd, P. J. Richerson, and J. Henrich, "The Cultural Niche: Why Social Learning Is Essential for Human Adaptation," *Proc Natl Acad Sci US A* 108 Suppl 2（2011）: 10918–10925, https://doi.org/10.1073/pnas.1100290108; C. Tennie,J. Call, and M. Tomasello, "Ratcheting Up the Ratchet: On the Evolution of Cumulative Culture," Comparative Study, *Philosophical Transactions of the Royal Society B: Biological Sciences* 364, no. 1528（2009）, https://doi.org/10.1098/rstb.2009.0052.

71. K. Abernathy, L. J. Chandler, and J. J. Woodward, "Alcohol and the Prefrontal Cortex," *International Review of Neurobiology* 91（2010）, https://doi.org/10.1016 /S0074-7742（10）91009-X.

72. M. H. Teicher et al., "The Effects of Childhood Maltreatment on Brain Structure, Function and Connectivity," *Nature Reviews Neuroscience* 17, no. 10（2016）, https:// doi.org/10.1038/nrn.2016.111.

73. J. Henrich, S. J. Heine, and A. Norenzayan, "The Weirdest People in the World?," *Behavioral and Brain Sciences* 33, no. 2–3（2010）, https://doi.org/10.1017 /S0140525X0999152X; J. Henrich, S. J. Heine, and A. Norenzayan, "Most People Are Not WEIRD," *Nature* 466, no. 7302（2010）, https:// doi.org/10.1038/466029a.

74. J. P. Henrich, *The Weirdest People in the World: How the West Became Psychologically Peculiar and Particularly Prosperous*（New York: Farrar, Straus and Giroux, 2020）.

75. Mwenda Ntarangwi, David Mills, and Mustafa H. M. Babiker, *African Anthropologies: History, Critique, And Practice*（London: Zed Books, 2006）.

76. H. Miner, "Body Ritual among the Nacirema," *American Anthropologist* 58, no. 3（1956）, https://doi.org/10.1525/aa.1956.58.3.02a00080.

77. F. W. Marlowe, "Paternal Investment and the Human Mating System," *Behavioural Processes* 51, nos. 1–3（2000）: 45–61, https://doi.org/10.1016/S0376-6357（00）00118-2.

78. A. N. Crittenden and F. W. Marlowe, "Allomaternal Care among the Hadza of Tanzania," *Human Nature* 19, no. 3（2008）, https://doi.org/10.1007/s12110-008-9043-3.

79. Hewlett, *Intimate Fathers*.

80. Hewlett, "Demography and Child-Care in Preindustrial Societies."

81. Crittenden and Marlowe, "Allomaternal Care among the Hadza."

82. Barry S. Hewlett et al., "Intimate Living: Sharing Space among Aka and Other Hunter-Gatherers," in *Towards a Broader View of Hunter-Gatherer Sharing*, ed. Noa Lavi and David E. Friesem（Cambridge: McDonald Institute for Archaeological Research, 2019）.

83. Gray and Anderson, *Fatherhood*.

84. Whiting and Whiting, "Aloofness and Intimacy."

85. M. M. Katz and M. J. Konner, "The Role of the Father: An Anthropological Perspective," in *The Role of the Father in Child Development*, ed. M. E. Lamb（New York: Wiley, 1981）.

86. B. S. Hewlett and S. J. MacFarlan, "Fathers' Roles in Hunter-Gatherer and Other Small-Scale Cultures," in *The Role of the Father in Child Development*, edited by M. E. Lamb, 413–434（Hoboken, NJ: John Wiley and Sons, 2010）; S. Harkness and C. M. Super, "The Cultural Foundations of Fathers' Roles: Evidence from Kenya and the United States," in *Father–Child Relations: Cultural and Biosocial Contexts* ed. B. S. Hewlett（New York: Aldine deGruyter, 1992）.

87. Katz and Konner, "The Role of the Father."

88. Whiting and Whiting, "Aloofness and Intimacy."

89. B. S. Hewlett, "Culture, History, and Sex: Anthropological Contributions to Conceptualizing Father Involvement," *Marriage and Family Review* 29, no. 2–3（2000）, https://doi.org/10.1300/J002v29n02_05.

90. C. L. Meehan, "The Effects of Residential Locality on Parental and Alloparental Investment among the Aka Foragers of the Central African Republic," *Human Nature* 16, no. 1（2005）: 58–80, https://doi.org/10.1007/s12110-005-1007-2.

91. H. N. Fouts, "Father Involvement with Young Children among the Aka and Bofi Foragers," *Cross-Cultural Research* 42, no. 3（2008）: 290–312, https://doi.org/10.1177 /1069397108317484.

92. J. Winking, M. Gurven, H. Kaplan, and J. Stieglitz, "The Goals of Direct Paternal Care among a South Amerindian Population," *Am JPhysAnthropol* 139, no. 3（2009）: 295–304, https://doi.org/10.1002/ajpa.20981.

93. Stephen Beckerman and Paul Valentine, eds., *Cultures of Multiple Fathers: The Theory and*

Practice of Partible Paternity in Lowland South America（Gainesville: University of Florida Press, 2002）; Sarah B. Hrdy, "The Optimal Number of Fathers: Evolution, Demography and History in the Shaping of Female Mate Preferences," in *Evolutionary Psychology: Alternative Approaches*, ed. Steven J. Scher and Frederick Rauscher（Norwell, MA: Kluwer, 2003）.

94. Ryan Ellsworth, "Book Review: The Human That Never Evolved," *Evolutionary Psychology* 9, no. 3（2011）: 325–335, https://doi.org/10.1177/147470491100900305.

95. Hewlett, "Fathers' Roles in Hunter-Gatherer and Other Small-Scale Cultures."

96. X. Li, "Fathers' Involvement in Chinese Societies: Increasing Presence, Uneven Progress," *Child Development Perspectives* 14, no. 3（2020）, https://doi.org/10.1111/cdep.12375.

97. Nandita Chaundhary, "The Father's Role in the Indian Family: A Story That Must Be Told," in *Fathers in Cultural Context*, ed. David W. Shwalb, Barbara J. Shwalb, and Michael E. Lamb（New York: Routledge, 2013）.

98. Ana Cecilia de Sousa Bastos et al., "Fathering in Brazil: A Diverse and Unknown Reality," in *Fathers in Cultural Context*, ed. David W. Shwalb, Barbara J. Shwalb, and Michael E. Lamb（New York: Routledge, 2013）.

99. Gretchen Livingston and Kim Parker, "8 Facts about American Dads," Pew Research Center, June 12, 2019, https://www.pewresearch.org/short-reads/2019/06 /12/fathers-day-facts/.

100. K. E. Cherry and E. D. Gerstein, "Fathering and Masculine Norms: Implications for the Socialization of Children's Emotion Regulation," *Journal of Family Theory and Review* 13, no. 2（2021）, https://doi.org/10.1111/jftr.1241; K. Elliott, "Caring Masculinities: Theorizing an Emerging Concept," *Men and Masculinities* 19, no. 3（2016）, https://doi.org/10.1177/1097184x15576203; J. H. Pleck, "Fatherhood and Masculinity," in *The Role of the Father in Child Development*, ed. Michael Lamb（Hoboken, NJ: Wiley, 2010）.

101. Xuan Li and Michael Lamb, "Fathers in Chinese Culture," in *Fathers in Cultural Context*, ed. David W. Shwalb, Barbara J. Shwalb, and Michael E. Lamb（New York: Routledge, 2013）.

102. Ahmed, "The Father's Role in the Arab World."

103. S. Madhavan, N. W. Townsend, and A. I. Garey, " 'Absent Breadwinners': Father–Child Connections and Paternal Support in Rural South Africa," *Journal of Southern African Studies* 34（2008）: 647–663.

104. Jennifer Ultrata, Jean M. Ispa, and Simone Ispa-Landa, "Men on The Margins of Family Life: Fathers in Russia," in *Fathers in Cultural Context*, ed. David W. Shwalb, Barbara J. Shwalb, and Michael E. Lamb（New York: Routledge, 2013）.

105. E. Brainerd, "Mortality in Russia since the Fall of the Soviet Union," *Comparative Economic Studies* 63, no. 4（2021）, https://doi.org/10.1057/s41294-021-00169-w.

106. Juliana Menasce Horowitz, "Despite Challenges at Home and Work, Most Working Moms and Dads Say Being Employed Is What's Best for Them," Pew Research Center, September 12, 2019, https://www.pewresearch.org/short-reads /2019/09/12/despite-challenges-at-home-and-work-most-working-moms-and-dads -say-being-employed-is-whats-best-for-them/.

107. Karen E. McFadden and Catherine S. Tamis-LeMonda, "Fathers in the U.S.," in *Fathers in Cultural Context*, ed. David W. Shwalb, Barbara J. Shwalb, and Michael E. Lamb（New York: Routledge, 2013）.

108. Gretchen Livingston and Kim Parker, "8 Facts about American Dads"; Kerstin Aumann, Ellen Galinsky, and Kenneth Matos, *The New Male Mystique* (Families and Work Institute, 2011), http://familiesandwork.org.

109. Bruce M. Smyth et al., "Fathers in Australia: A Contemporary Snapshot," in *Fathers in Cultural Context*, ed. David W. Shwalb, Barbara J. Shwalb, and Michael E. Lamb (New York: Routledge, 2013).

110. W. Van denBerg and T. Makusha, "State of South Africa's Fathers 2018" (Cape Town: Sonke Gender Justice & Human Sciences Research Council, 2018).

111. M. E. Connor and J. L. White, "Fatherhood in Contemporary Black America: An Invisible Presence," *Black Scholar* 37, no. 2 (2007), https://doi.org/10.1080/00064246.2007.11413389.

112. Stephanie Kramer, "U.S. Has World's Highest Rate of Children Living in Single- Parent Households," Pew Research Center, December 12, 2019, https://www.pewre-search.org/short-reads/2019/12/12/u-s-children-more-likely-than-children-in-other -countries-to-live-with-just-one-parent/.

113. Li, "Fathers' Involvement in Chinese Societies"; Li and Lamb, "Fathers in Chinese Culture"; Chaundhary, "The Father's Role in the Indian Family"; Bastos et al., "Fathering in Brazil"; Madhavan et al., "'Absent Breadwinners'"; Nicholas W. Townsend, "The Complications of Fathering in Southern Africa: Separation, Uncertainty, and Multiple Responsibilities," in *Fathers in Cultural Context*, ed. David W. Shwalb, Barbara J. Shwalb, and Michael E. Lamb (New York: Routledge, 2013); Ultrata et al., "Men on the Margins"; Brainerd, "Mortality in Russia"; Gulya, "Adolescent Pregnancy in Russia"; Ahmed, "The Father's Role in the Arab World"; Smyth et al., "Fathers in Australia;" McFadden and Tamis-LeMonda, "Fathers in the U.S."

114. E. K. Holmes et al., "Do Responsible Fatherhood Programs Work? A Comprehensive Meta-Analytic Study," *Family Relations* 69, no. 5 (2020), https://doi.org/10.1111/fare.12435; J. B. Henry et al., "Fatherhood Matters: An Integrative Review of Fatherhood Intervention Research," *Journal of School Nursing* 36, no. 1 (2020), https://doi.org/10.1177/1059840519873380.

115. M. H. van IJzendoorn et al., "Improving Parenting, Child Attachment, and Externalizing Behaviors: Meta-Analysis of the First 25 Randomized Controlled Trials on the Effects of Video-Feedback Intervention to Promote Positive Parenting and Sensitive Discipline," *Development and Psychopathology* (2022), https://doi.org/10.1017/S0954579421001462.

116. C. Panter-Brick et al., "Practitioner Review: Engaging Fathers— Recommendations for a Game Change in Parenting Interventions Based on a Systematic Review of the Global Evidence," *Journal of Child Psychology and Psychiatry* 55, no. 11 (2014), https://doi.org/10.1111/jcpp.12280.

117. Sophie S. Havighurst et al., "Dads Tuning into Kids: A Randomized Controlled Trial of an Emotion Socialization Program for Fathers," *Social Development* 28 (2019), https://doi.org/10.1111/sode.12375.

118. A. Chacko et al., "Engaging Fathers in Effective Parenting for Preschool Children Using Shared Book Reading: A Randomized Controlled Trial," *Journal of Clinical Child and Adolescent Psychology* 47, no. 1 (2018), https://doi.org/10.1080/15374416.2016.1266648.

119. C. Hechler et al., "Prenatal Predictors of Postnatal Quality of Caregiving Behavior in Mothers and Fathers," *Parenting-Science and Practice* 19, no. 1–2（2019）, https:// doi.org/10.1080/15295192. 2019.1556010.

120. W. J. Doherty, M. F. Erickson, and R. LaRossa, "An Intervention to Increase Father Involvement and Skills with Infants during the Transition to Parenthood," *Journal of Family Psychology* 20, no. 3（2006）, https://doi.org/10.1037/0893-3200.20.3.438.

121. K. Alyousefivan Dijket al., "Development and Feasibility of the Prenatal Video-Feedback Intervention to Promote Positive Parenting for Expectant Fathers," *Journal of Reproductive and Infant Psychology*（2021）, https://doi.org/10.1080/02646838.2021.188625.

122. R. S. M. Buisman et al., "Fathers' Sensitive Parenting Enhanced by Prenatal Video-Feedback: A Randomized Controlled Trial Using Ultrasound Imaging," *Pediatric Research* 93, no. 4（2022）, https://doi.org/10.1038/s41390-022-02183-9.

第七章

1. K. Modig et al., "Payback Time? Influence of Having Children on Mortality in Old Age," *Journal of Epidemiology and Community Health* 71, no. 5（2017）, https://doi.org/10.1136/jech-2016- 207857.

2. K. Ning et al., "Parity Is Associated with Cognitive Function and Brain Age in Both Females and Males," *Scientific Reports* 10, no. 1（2020）, https://doi.org/10.1038 /s41598-020-63014-7.

3. M. Brandel, E. Melchiorri, and C. Ruini, "The DynamicsofEudaimonic Well-Being in the Transition to Parenthood: Differences between Fathers and Mothers," *Journal of Family Issues* 39, no. 9（2018）, https://doi.org/10.1177/0192513x18758344.

4. A. P. Wingoetal., "Purpose in Life Is a Robust Protective Factor of Reported Cognitive Decline among Late Middle-Aged Adults: The Emory Healthy Aging Study," *Journal of Affective Disorders* 263（2020）, https://doi.org/10.1016/j.jad.2019.11.124.

5. J. K. Rilling and C. Hadley, "A Mixed Methods Study of the Challenges and Rewards of Fatherhood in a Diverse Sample of U.S. Fathers," *Sage Open* 13, no. 3（2023）, https://doi. org/10.1177/21582440231193939.